近代日本を創った身体

編著
寒川恒夫

大修館書店

はじめに

明治という時代は、変化の大きさから眺めた時、他の時代を圧倒している。いつの時代も変化はある。そして変化は、外から新しい文化がもたらされるのがきっかけである場合が多い。古代に大陸からもたらされた米や儒教や仏教は、日本人のそれまでの在り方を一変させ、今日の我々がふつうに日本文化と呼ぶ内容を創ってしまった。しかし、そうした外来文化は、セットになっていちどきに日本にもたらされたものではなく、相前後して伝わり、長い時間をかけてゆっくりと日本列島に広まり、ゆるやかに日本人を創っていったものであった。

ところが、明治は違っている。

欧米の近代文化が、まるごと意図的に、それも国策として明治政府の下に一元化されて導入され、ごく短期間に国民を広く深く変えることが目論《もくろ》まれた。それまでの日本人とはまるで別人の近代人を創るためであった。その背景にあったのは、同時代の中国が経験していた欧米列強による植民地化への恐怖であった。この恐れという動機は、国と人を挙げて日本は変わるべきであり、近代化されねばならないという至上命令を発する。徴兵制や帝国憲法、四民平等、義務教育、資本主義経済、鉄道、洋装、肉食など、文化と日常生活のおよそすべての面において近代化は推進されたが、「からだ」も例外でなかった。それまでの「からだ」を脱却して、近代社会に固有な「からだ」をもつことが要請されたのである。近代社会は、これを動かすのに、特別の「からだ」を必要とするのだ。もちろん、ここでいう「からだ」とは心身を孕《はら》んだ身体の意味である。身体の動かし方から、身体についての考え方まで、ともかく近代社会は「近代のからだ」によって動いている。近代社会には、近代社会にふさわしい「からだ」があるのだ。

こうした「からだ」は「強いからだ」である。「強いからだ」、それは当時列強が中国に投げかけた「東亜《とうあ》病夫《びょうふ》」を反面教師とすべく望まれた「植民地主義的マスキュリニティーのからだ」でもあった。

こうした展望の下に本書は、日本人が初めて経験する「近代のからだ」を再構成しようとしている。日本人は「近代にふさわしい身体」をどのように創っていったのか、を問いたいのである。

考察の対象は、国際比較の中で発見された日本人の「劣った身体」や近代社会が否定する「はだか」から、臣民に求められた身体、国家をリードする官僚の卵である帝国大学生に求められた身体、近代企業が期待する身体、さらには、人を国の人的資源とみて、休むことさえ管理する「リ・クリエイトされる身体」まで及んでいる。

本書がめざしたのは、今日の我々も共有する近代日本人の身体を浮き彫りにすることであった。そしてそのために、近世の身体との断絶性を強調することに重きが置かれた。もちろん、近代化に関わらず継承される基層的身体の存在することは承知するものの、この魅力的な問題は、また別の書を必要とする。本書の編纂は、編者が担当していた東京大学大学院教育学研究科の「スポーツ人類学」の授業の討論がきっかけとなっている。日本人の身体の基層部分と近代部分のうち、今回、近代部分が日の目を見た。積み残した基層的身体について、いつの日か上梓できれば、それは当時議論を闘わした執筆者一同の喜びとするところである。

最後に、研究者の性癖といえる硬い長文を見やすい構成によって魅力的にしてくださった大修館書店編集部の松井貴之氏に、心からお礼を述べたい。

二〇一六 年一〇月一〇日

編者　寒川恒夫

目次

第一章

江戸の身体から明治の身体へ

嘉納治五郎の柔道にみる近代の身体

嘉納治五郎は明治一五年、それまでおこなわれていた柔術を母体に、柔道を創造する。東京帝国大学を卒業し、のちに東京高等師範学校校長やアジア初の国際オリンピック委員会（IOC）委員を務める当代第一級の知識人であった嘉納が創り上げた柔道、そこにはどのような身体が期待されていたのか、本章で取り扱いたいのは、この問題である。

一．嘉納治五郎が創り上げた柔道に期待された身体

嘉納の柔道体系論

嘉納治五郎が柔道に期待した身体を考えるために、嘉納の柔道はどのような内容のものであったのかを、あらかじめ理解しておく必要がある。というのは、今日、我々がイメージする柔道とピッタリ重なるというものではなかったからである。

嘉納が彼の柔道観を最もまとまった形で発表したのは、明治二二年の「柔道一班ならびにその教育上の価値」[1]と題した講演においてであった。講演は大日本教育会の依頼を受けて、文部大臣やイタリア公使など政府要人を前におこなわれた晴れがましいものであった。講道館を興してわずか七年後という短い期間だが、その背景には、明治一九年に初めて参加した警視庁武術大会における講道館の圧勝（九勝一引き分け）と、その快挙・評判を受けての入門者の急増、同時に慶応義塾、東京帝国大学、海軍兵学校といった影響力の大きい諸学校

での柔道の実施という国内における柔道の急速にしてめざましい普及が働いていた。文明開化の時世にあって旧来の武術が衰微する中、明治国家を支える高級官僚を期待された帝国大学卒のインテリが始めた柔道は驚きの目をもって世に迎えられたのである。

柔道勝負法

講演の中で嘉納は、柔道が「柔道体育法」[2)]、「柔道修心法」[3)]、「柔道勝負法」[4)]によって構成されることを宣言する。

柔道勝負法について、嘉納は次のように述べている。

「柔道勝負法では勝負と申すことを狭い意味に用いまして人を殺そうと思えば殺すことが出来、傷めようと思えば傷めることが出来、捕えようと思えば捕えることが出来、また向うより自分にそのようなことを仕掛けて参ったときこちらではよくこれを防ぐことの出来る術の練習を申します」[5)]。

つまり、柔道勝負法は、それまでおこなわれていた戦時と平時における殺傷捕縛術としての柔術のことで、形《かた》すなわち、敵がこう攻めてくれば、こうかわして敵を投げ、当て、蹴り、関節とりなどして制する一連の動きをマスターすることに目的が置かれていた。江戸時代の柔術の諸流派は、それぞれ独自の形を（現実には多くの形が名称を違えて、流派間で重複していたのだが）三〇〇以上も備えているのが普通であった。嘉納は、明治という新しい時代においてもなお、柔術の護身機能を評価して、勝負法の名の下に存続せしめたのである。

柔道体育法

柔道体育法は、これとは一八〇度異なる狙いをもった。「筋肉を適当に発達させること身体を壮健にすることと力を強うすること身体四肢の働きを自在にすることなど」[6]、つまり柔道体育法では身体の調和のとれた育成がめざされたのである。この目的を達成するにはどのような運動がよいのか。全身的な動きと適切な運動量とを保証し、そしてなにより安全でなければならない。危険の排除がめざされたのであった。江戸時代に完成した柔術は殺傷捕縛を目的としたため、当然ながら形は危険な動きから成っていた。投げるにも関節を逆に取り、つまり相手の関節を痛めつつ投げるというものであった。柔術をいかに体育目的に再編するか。嘉納の関心はこの点に集中する。安全を担保した空間において体育目的でおこなう柔術。嘉納の柔道体育法はこういってよいものであるが、それはもはや柔術と呼べるものではなかった。

柔道という名称が採用されたのも、従来のイメージの柔術と差別化するためであった。投げられた時の衝撃を和らげるための「受身」、相手の身体を損なうことなく投げるための（つまり関節を痛めないで投げるための）「重心くずし」の原理、殺傷捕縛でなく互いが体育目的を実現するための練習法である「乱取」など、新しい工夫が導入され、徹底した安全確保がはかられたのであった。もちろん、柔術においても一部の流派で受身や乱取は実施されていたが、それさえも殺傷捕縛という最終目的に組み込まれていたのであり、嘉納のいう体育目的はベクトルの埒外《らちがい》にあった。嘉納の柔道体育法の真骨頂は、まさにここにある。講演に先立って『日本文学』誌に寄せた「柔術およびその起原」[7]の中で嘉納は、柔術の「発達進歩」[8]の今日的段階というニュアンスで、「かくのごとくなるときは、すでに純粋の勝負術たる性質を脱し、手練の軽妙を競うてこれを愉快とするに至れるものなりというべし」[9]と述べている。まさしく、生命のやりとりをする武術である柔術の域を出た嘉納柔道の競技宣言といえる内容である。

確かに柔術では投げは目的ではなかった。例えば、竹内流の紅葉狩[10]と称する形では、打ちくる敵をまず逆をとりつつ一本背負いで投げ（投げても敵の右手は離さぬままに）、仰向けの敵の右脇下に当身を入れ、さらに敵の上で一回転して敵を俯せにし、その右脇下に蹴込みを入れ、握った敵の右手首関節を逆に極めあげてとどめとする。つまり、投げは敵を完全制圧するための手段にすぎないのである。この手段であった投げだけを取り出し、いかに安全かつ上手に投げるかを目的と位置づけ直したのが嘉納の柔道体育法であった。今日の我々が柔道といって一般に思い浮かべるのは、柔道体育法乱取がさらに競技化したものなのである。

柔道修心法

さて、柔道修心法とはいかなるものであるのか。心に対する教育すなわち知育と徳育を自覚的に柔道練習の中で実現するいとなみに対し、嘉納は柔道修心法の名辞を当てる。嘉納は独特の用語を用いて柔道で知育が可能であると説く。例えば「試験」[11]、これは今日のテストの意味ではなく、仮説を検証する実験を意味させている。柔道の技の上達は、いわれてみれば確かにあれこれ技を試し、試行錯誤を繰り返した結果の、なるほど不断の実験の賜なのである。さらに技の学習には「観察」[12]力や「記憶」[13]力が不可欠だし、また自分の動きについて考えたり、これを人に説明するには「言語」[14]化がなされなければならない。こうして、柔道の練習によって「智力を練る」[15]ことが可能となる。

他方、徳育について嘉納は、柔道体育法と柔道修心法智力によって完成した青年が向かうべき方向として、愛国を挙げる。「愛国の心」[16]、「自国を重んじ、自国の事物を愛し」[17]と、日本人が初めて経験する近代国民国家の倫理を揚げるのである。そして「柔道と申すものは体育に最も適当のもので御座いまして兼ねて修身のみではなく一層広く修心の教えで御座いますから、この学科を全国の教育の科目の中に入れましたならば…」[18]と、柔道の三育主義的総合教育力について語るのである。

二、三育主義教育と柔道

江戸の柔術との断絶性

嘉納の柔道はこのように、体育法、修心法、勝負法から成るものだが、勝負法において江戸時代の柔術との連続性を示し、体育法と修心法において断絶性を示している。断絶性は、そのまま嘉納柔道のオリジナリティーを示すものだが、これは近代日本の学校教育の原理である三育主義思想との出会いがもたらしたものであった。政府は明治五年に学制を発布して義務教育に着手するが、その際、モデルとしたのが当時欧米で一般的であった三育主義教育制度であった。いわゆるお雇い外国人であるアメリカ人のマレーが明治六年に政府に提出した「学監申報」はその後の日本の学校教育を方向づけたものであったが、そこには三育のことが「身体の康寧知識の敏捷修身の完全等是皆教育に因て成る」[19]と表現されていた（ちなみに三育のそれぞれの訳語が、知育、徳育、体育に固まるのは明治九年以降のことである）。また、三育主義思想を広めるのに大いに貢献したイギリス人のスペンサーが著した『Education, Intellectual, Moral, and Physical』（一八六一年）が邦訳されたのは明治一二年であり、英文で日記をつけるほど英語能力に秀でていた嘉納を含め、当時の教育関係者に三育主義思想は十分に浸透しており、そしてそこから、体育を実現する教科である体操（教科名が体育と改まるのは第二次大戦後のことであり、それ以前は体操であった）に武術を体育化して組み入れようとする発想も生じる。嘉納が明治二二年の講演の中で、後述するように柔道体育法乱取とともに「講道館の体操の形」[20]を提唱したのもその例だが、講演の前年に出版された清水国虎の剣術書『武道剣法手引草』には、早くも「體育養心論」[21]の章が設けられ、そこに「體育法」[22]、「體操法」[23]として剣術がいかに適しているかが語られている。しかし、剣術など他の武術にあってはいまだ嘉納のような徹底した体育化再構築は提案されず、それは日清戦争後に著される『体育演武必携』、『撃剣体操法』、『武道改良教授武術体操論』などを待たねばならなかった。武術の体育化の営みにおいて、嘉納の柔道は他を抜きん出ていたのである。

柔道体系化の契機

嘉納の柔道は、こうして、明治政府の学校教育政策に淵源するといってよいが、より直接的に彼の柔道体系論構想の契機となったのは、明治一七年に答申された撃剣柔術取調委員会報告であった。武士階級の消滅によって担い手を失った武術は、一方で興行の形をとってなおしばらくは命運をつなぎ、他方で逮捕護身術として警視庁に採用されるなどしたが、学校への導入を求める声は次第に高まってゆく。明治一一年発行の『文部省雑誌』には「世、或ハ撃剣等、武技ヲ以テ至良ノ術トナシ之ヲ学校ニ施行セント欲スル者アリト雖モ」[24]との発言をみることができる。こうした要望が強くなるにつれ、ついに文部省は明治一六年五月五日に体操伝習所に対し、剣術（撃剣）と柔術の体育教材としての利害調査を諮問する。答申は、利とするところ五点、害もしくは不便とするところ九点を挙げ、総合して不適とする結論をもって、一七年一〇月一三日に文部省へ報告された。利害それぞれの内容は次の通りであった。

「柔術の利とする方
（一）身體の発育を助く。
（二）長く體動に堪ふる力量を得しむ。
（三）精神を壮快にし志気を作興す。
（四）柔惰の風を去りて剛壮の姿格を収めしむ。
（五）不慮の危難に際して護身の基を得しむ。
害若くは不便とする方
（一）身體の発育往々平等均一を失はん。
（二）実習の際多少の危険あり。
（三）身體の運動適度を得しむること難く、強壮者脆弱者共に過劇に失し易し。
（四）精神激し易く、輙もすれば粗暴の気風を養ふべく。
（五）争闘の念志を盛んにして徒らに勝を制せんとの風を成じやすし。
（六）競進に似て却って非なる勝負の心を養ひがちなり。
（七）演習上毎人に監督を要し、一級全體一斉に授けがたし。
（八）教場の坪数を要すること甚大なり。
（九）柔術の演習は単に稽古着を要するのみなれども、剣術は更に稽古道具を要し、且常に其衣類及道具を清潔に保つこと、生徒の業には容易ならず。」[25]

答申をおこなった体操伝習所は、文部省が近代日本の学校体育を振興すべく、その科学的研究に当たらせるためにアメリカから医師リーランドを招き、明治一一年に東京神田に開設したもので、明治一八年に東京師範学校の付属となるまで、運動の医科学研究と体操科教員の養成・研修においてめざましい貢献をなした。明治一六年、諮問を受けた伝習所は東京帝国大学の医学部教授三宅秀、同教師ベルツおよびスクリバに調査を依頼する。調査は伝習所内において柔術剣術のいくつかの流派の師範に実演をさせたもので、もちろん嘉納の柔道はその対象に選ばれていない。いま、答申中の「害若くは不便とする方」九項目と明治二二年の嘉納の柔道講演を比較すれば、そこに奇妙な対応のあることがみてとれる。

柔道体育法は「害若くは不便とする方」の(一)、(二)、(三)を改善する内容になっているのである。また、嘉納が柔道体育法乱取と共に提唱した「講道館の体操の形」は柔道体育法乱取による(一)、(二)、(三)対策をさらに補強し、合わせて(七)、(八)、(九)への回答となっている。嘉納は、「乱捕だけでも大抵働かぬ筋肉とては御座いませぬけれど、なおごく精密に調べて見ますとある筋肉は他の筋肉よりもその必要の割合に余計働いたり少なく働いたりする都合になります。そこでその割合に少なく働く筋肉をその上に働かせように別段に方法を設けることが自然必要になって参ります。その方法はとりもなおさず形で御座います」[26]と述べて「講道館の体操の形」の位置づけをおこなっている。この体操の形では、相手を押したり引いたりして崩し、不安定の状態にしたところを、抱えるなり、腰に乗せるなり、背負うなどして持ち上げるもので、決して投げることをしない。嘉納は、体操の形の利点として、柔道衣でなく普段着で、しかも畳の上でなく道路などどのような場所でも、また老若を問わず歩ける人なら誰でも実施することができることを挙げているのだ。また、害とされた(四)、(五)、(六)すなわち精神問題については、柔道修心法徳育の克己(「自ら制するの習慣」[27])を持ち出すことで、これに答えようとしている。

以上を要するに嘉納の柔道は、学制の教育思想と伝習所答申とが示した文部省の体育理念を青写真に構想されたものであったといってよいであろう[28]。

三．物理学と心法

科学に立脚した柔道

敵はどのようにすれば投げることができるのか。こうした問いに柔術師範が真摯に答えることはなかった。嘉納は柔術修行時代を回想して、次のように語っている。

「隅返のよく出来る師があり、あまりに巧みに掛けるので、その理合を質問しても、「お出でなさい」といきなり投げ飛ばす。起き上がってまたたづねると、「なあにお前さん方がそんな事を聞いて判るものか、唯数さえかければ出来るようになる。さあお出でなさい」とて、投げつけて投げつけて、その技を體で会得さした」[29]。

一方で、「體で会得」ではなく、「理合」を概念化することの必要性を、嘉納は二一年の講演の中で「言語」の名辞によって語っている。それでは、嘉納は投の理合をどのように説明したのか。嘉納は次のように語る。

「人は平素二本の脚で立って居りますから全身の重みは両足の全体で支えて居ります。そうして斯く立って居る人を倒すに最も容易なる方法はその人の体をいずれかの一方へ傾かせ片足の一部分なり両足の踵なり成るべく小さな面積の所に全身の重みを載せさせかく重みの乗って居るか、これから乗ろうとする所を払ひなり引きなりしてその支点を外すのでございます」[30]。

また、「自分の体には安全の姿勢を保たせ置きながら相手の体を不安全の姿勢にならせるように」[31]する、とも述べている。

投の理合についての嘉納の説明の仕方は物理学に基づくもので、のち昭和一一年には「科学の教うる原理の応用」[32]、「力学の教えるところ」[33]と語り、またかつての柔術との差を次のようにまとめている。

「昔の先生はそういう道理から教えなかったから人によって教え方が違っていたのだ。昔風に教えられたものがそういう学理に基づいた研究に及ばなかったことは当然である。もちろん講道館柔道とてもすべての技について徹底的に科学に基づいた研究が出来ているわけではないが、大体において科学を応用して技を決定することに努めてきた…」[34]。

柔道は科学（物理学）に立脚している。嘉納はこの点における柔術との質の差を頻繁に発言する。柔術においての理合は身体知（あるいは経験知、暗黙知）のレベルにあったのに対し、嘉納はこれを科学知・エピステーメにおいてとらえようとしたといえよう。

柔術の読み替えと切り捨てによる柔道の構想

次に、科学による柔道の構想についてもう少し詳しくみていこう。このことをより明瞭にするために、嘉納がおこなった柔術（柔術文化といった方が適切であろうか）の読み替えと切り捨てについて言及される必要がある。嘉納は漢学をよくし、柔術諸流派の伝書にも明るく、江戸時代の柔術の奥義と称してよい心法について十分に承知していたが、柔道構想の過程で、この部分が変質させられる。

心法は、仏教語であり、煩悩から悟りまでの人の心のさまざまな在り様を意味したが、江戸時代の武術伝書ではしばしば悟りの意味に用いられ、修行の究極と位置づけられていた。もっとも、誤解のないように述べれば、修行の究極とはいっても、それは最終目標ではなかった。武術伝書の中では、究極の心は、敵を殺し、傷つけ、捕縛しようとする私自身の技をみごと実現するための心、すなわち目的たる技実現のための手段と位置づけられていたのである。ここに我々は、特異なる、技の日本文化を認める。

そうした心法の代表として、「本体」という概念を取り上げよう。嘉納は講演の中で、自らが学び、そして講道館柔道の母体と位置づけた天神真揚流と起倒流を実演した後で、投の理合を説明して、次のように述べている。

「今私がここに立っておりますところを人が来て投げようとしますには必ず前に引くか後へ押すか致して体を傾かせてそれから何か技を掛けるでしょう。しかし私が少しも体を崩さず真っすぐに立ったなりに引かれれば引かれた方に附いていき押されれば押された方に寄って行きしますと先方では仕方がございますまい。しかるに相手から何か仕掛けられると急に恐れてその本体を失い体を傾けるところから容易に投げられるようになるのです。起倒流の形ではこの本体という偏せざる体を守ることを練習させます。」[35]

それでは、起倒流で重視するという本体とは、何か。

起倒流についてのこれまでの研究では、この流派の今日に伝わる重要な伝書（本体、天巻、地巻、人巻、性鏡の五巻）は寛文年間（一六六一～一六七三年）までに整えられていたこと、また、延享元年（一七四四年）に大阪から江戸に出て名を成した滝野専右衛門貞高の門の竹中派からは、そののち飯久保恒年が出て、この飯久保から嘉納は起倒流を学び、彼から免許皆伝と彼が有した伝書一切を授けられたことが知られている[36]。

講演で言及された起倒流の「本体」は、伝書『天巻』に「当流に、本體と云事を始にしめす」[37]と語られるように起倒流においては最も基本的な概念であり、そこで同名の伝書『本體』も伝書五巻の中では修行者に最初に授けられるものとなっている[38]。伝書『本體』では「本體とは體の事理なり…。（筆者注：敵に勝つには）本と體の正を務むるを為すのみ。故に本體と云ふ」[39]と述べてその重要性を説くが、具体については言及がない。具体について述べたのは『天巻』で、そこでは次のように語られる。

「当流に、本體と云ふことを始めに示す。本體とは何を云かとなれば、心裏虚霊にして神気不動の貌をさして云ふ。敵に対するに、爰に敵ありとの意起るときは、動ずるもの顕はる。動ずるに至りては一身空し。敵と見てしかも心不動。虚霊にして安泰する所、本體備はるなり。是を不動智と云ふ」[40]。

ここでは、明らかに本體は不動智であると説かれる。

それでは不動智とは何か。不動智は、江戸前期の臨済宗の高僧沢庵（一五七三〜一六四五年）が将軍家剣術師範の柳生但馬守宗矩に与えた『不動智神妙録』に記された禅の心法であった。宗矩の求めに応じて著された『不動智神妙録』では剣術家が備えておくべき心構えが、無明住地煩悩、諸仏不動智、無心無念、事理、間不容髪、石火の機、電光の機、本心妄心、有心の心無心の心、応無所住而生其心、輪廻、空、放心、不退転、前後際断などの禅語を用いて説かれる。注意すべきは、これらが、心を一所に留めること、つまりあるものに執着することを強く戒める一点に収斂していることであり、次にこうした心構え（心法）が実際に敵を切り倒す技法より優先されるべきことが語られていることである。不動智は、心が一所に留まらない（つまり執著しない）いわば悟りの境地を表現したもので、「不動とは動かずと申文字にて候、智は智恵の智にて候、動かずと申て、石か木のやうに無性なる義理にてはなく候、向へも左へも右へも、十方八方へ心を動き度様に動きながら、卒度も留ぬ心を不動智と申候」[41]、また「人の一心の動かぬ所を申候、我心を動転せぬ事にて候、動転せぬとは物に心をとどめぬ事にて候」[42]と説かれる。剣をもって敵と闘う時、「太刀に心を置けば太刀に心をとられ候、拍子合に心を置けば亦拍子合に心をとられ候、我太刀に心を置けば我太刀に心をとられ候、是皆心の留りて手前の脱け申になり可申候」[43]と宗矩の家業に引寄せても説いている。

沢庵の「不動智」心法の影響は絶大であった。紙数の制約から詳述は割愛されるが、不動智は剣術にとどまらず、弓術、柔術、馬術など広く武術全般にわたって、その技術学習の基礎づけのために導入されていった。

柔術においてこの不動智概念を導入した比較的早い例が起倒流であった。『本體』の巻そのものが沢庵から直接に起倒流の祖とされる茨木俊房（専斎）に授けられたとの言説[44]があるほどに（例えば一七九一年の『起倒流秘書註解』）、本体概念は沢庵の不動智に遡るとみなされていた。それは、たびたび述べたように、禅的心法に外ならない。禅の修業とは、有心や妄心つまり物に心が留まる「初心稽古の位」[45]や「下段」[46]から、一所に心を留めぬ「至極」[47]や「上段」[48]へと心を陶冶してゆく過程であるが、これは武術においても可能であると説くのである。武術と禅の心法との初めての出会いであった。

嘉納が翻案した「本体」

さて、嘉納が講演において言及した「本体」について検討しよう。彼は、重心の平行移動をすれば投げられることはないと語ったあとで、「しかるに相手から何か仕掛けられると急に恐れてその本体を失い体を傾けるところから容易に投げられるようになるのです。起倒流での形ではこの本体という偏せざる体を守ることを練習させます」と述べている。この「本体」は、「急に恐れて」失い、その結果、「体を傾ける」ことになるから、心の状態、心の在るべき状態をいっていると解される。物理的重心ととれなくもないが、それなら、その直後に「今一つ起倒流の形の理合いを述べましょう」といって語った重心くずしと重複することになり、矛盾する。やはり、起倒流の奥義の心をいった不動智本体とみるのが自然である。「偏せざる」とは心を一所に片寄らせて置かないの意味で、「本体」、「偏せざる体」とは、すなわち、動転しない、恐れない、つまり恐怖という一所に心を留めない不動智をいっている。嘉納は、起倒流の投げの理合いとして、天神真楊流の場合と違って、禅的な心法と物理学の重心くずしの二つを披露した。実際、後述のように、起倒流には心法の修行程度を測る稽古法(「請立ノ残ル」稽古法)があったのである。

嘉納は近世武術の最重要概念である心法を十分に理解していた。しかし、この心法を彼は起倒流柔術の概念であると紹介し、自身考案の柔道のものとはしない。この点は、重要である。彼は「本体」を、心でなく物理学の問題、すなわち理想の身体姿勢の意味に翻訳したのである。講演では言及しないが、講演前年に嘉納が自身の『柔道雑記』[49]に記した「本体」の理解が、これを傍証する。彼は柔道の姿勢として「自然体」

と「自護体」を区別し、それぞれをさらに、「自然本体」、「右自然体」、「左自然体」、「自護本体」、「右自護体」、「左自護体」と名付けるが、ここでは明らかに「本体」は物理的に安定した身体姿勢の意味に用いられている。

自然体について嘉納は、これを柔道の基本姿勢と位置づけ、「いつでも両踵を少し離し、身体のどこにもことさら力を入れず、自然に直立している」[50]この姿勢の働きを「前後左右その他各種の方向に自由に動き、屈むことも、伸びることも、左右いずれの方向に捩ることも、自由にかつ敏捷に出来る」[51]こと、つまり自在なる身のこなしに求めているが、この身体姿勢そのものは嘉納の創案ではなかった。起倒流のものであった。嘉納の高弟で東京高等師範学校の教授を勤め、『柔道史攷』（昭和一〇年刊）の著書がある桜庭武は、その書の中で「起倒流でも嘉納先生の学んだ竹中派のものは、今日の如き自然體（当時は自然體とか自護體と云ふ名称はなかった）で、組方も今日の如きものであった」[52]と述べている。嘉納のオリジナリティーは、むしろ、江戸時代から伝わるこの姿勢を物理学によって概念化し直した点にある。これもまた、沢庵のいう「向へも左へも右へも、十方八方へ心を動き度《たき》様に動きながら、卒度《そつと》も留めぬ心」[53]、つまり心の自由自在を意味した不動智「本体」の物理学的翻訳であったのか。

嘉納は江戸時代の心法をそのまま柔道に引き継ぐことはなかった。我々は、ここに、技術を心法の表出、つまり制敵を自己の心法修養の必然の成果とみた江戸時代の学習論と敢えて決別し、技術を純粋に物理学の問題として定立し直そうとした嘉納の近代合理精神をみる。これは、技術学習を思弁的な心法から解放したともいえよう。

起倒流には心法に基づく独特の稽古法があったが、嘉納はこれをも拒否する。「請立ノ残ル」[54]稽古法である。「残る」とは技を掛けられても投げられない、踏みとどまるという意味である。江戸時代の柔術の稽古はたいてい形稽古で、それは二人が投げ役と投げられ役とに分かれ、あらかじめ定めた一連の動きに従って、投げ役が投げられ役を投げるというものであった。しかし起倒流は様子が違っていた。宝暦一四（一七六四）年に著された『燈下問答』によれば、投げ役（「取形」）[55]が投げられ役（「請立」）[56]を投げることができたのは、自身の心の中に湧き出る「勝気」[57]、「争気」[58]、「人欲」[59]を克服できた時であり、そこで請立の方では取方にそうした「偏倚」[60]、「業ニ泥ム」[61]（技に執着する）心ありと感じ取った時には、その非を知らしめるため、敢えて残らねばならなかった。

　ここには、技術の稽古にみえて実は不動智本体という心法の稽古が示されている。起倒流がこうした心法を殊の外重視したことは、『燈下問答』に当時の江戸の武芸諸流派が技術教授を専らとして心法を軽視することを嘆く中にもみてとれる。

「請立ノ残ル」稽古法は、また、取形と請立の双方を利する稽古であり、「取形ヲスル人、請立ノ人、同気ニ成テ、共ニ己ヲ磨ク」[62]ことが求められている。重要なのは「同気ニ成」ることであった。「同気」の対立概念は「相《あい》気《き》」[63]で、これは修行者にとって克服対象の筆頭といえる。「相気」は自身の気と相手の気とが正面切って対抗する状態をいう。『起倒流修行辨解』は「敵と相気を求めず」[64]、「敵の元気に相気せず」[65]と教え、また『天ノ巻辨』は「相気ニナリテ、敵ノ様子ヲ考ヘ、心ニテ色々ト求メ、如斯取扱ベキナド、思フ時ハ、心気滞リ、其了簡ノ如ク敵ヨリセザル時ハ、大キニ心気散乱スル也。一度心乱レテハ、心気本体ニ不備、故ニ一身虚シクナル也。」[66]と、「相気」が心の執着を誘発し、不動智本体の障害となることを説いている。『起倒流取方大概』に「当流ハ相気ヲ外シテ捕ル故…」[67]、また『燈下問答』に「当流ハ、…敵ノ気ニ随ヒ…」[68]とみるように、起倒流ではことのほか「相気」を嫌った。

「相気」では気と気、力と力、技と技とが衝突する。この状態は、『天巻』が「弱にして強を制し、柔にして剛を制す。我力を捨て、敵の力を以て勝つ。不然して吾力を頼み、我力を出す心あらば、勝利不全」[69]と説くように、避けられるべきものであった。

敵の力を以って敵に勝つ。この考えが何に由来するかはなお不明ながら[70]、起倒流を含めて江戸の柔術諸流派はさかんにこれを不動智心法的に読み替えて自流の基礎づけに用いた。嘉納もまた「柔の理」[71]として柔道の根本原理としている。しかし、嘉納の「柔の理」と起倒流の「敵ノ気ニ随ヒ」「相気を嫌う」とは質において異なっている。起倒流ではあくまでも「執着しない心」すなわち不動智という心法がその根にあるのに対し、嘉納の「柔の理」は「重心崩しによる敵の不安定化」という物理学に拠っているからである。嘉納の「柔の理」の説明には、上でみた「同気」、「相気」、「不動智」といった心法用語は一切出ないのである。

「請立ノ残ル」稽古では、いったい請立は何によって取形の「偏倚」する心を感じ取ったのか。このことについて伝書は何も語らない。しかし、取形の動きによってであろうことは想像に難くない。そして、この状態において重要なのは、矯正すべきは「動き」ではなく、そうした「動き」を生起せしめている心であると起倒流がとらえていた点である。しかし嘉納は、反対に、「動き」を重視した。物理学によって説明可能な「動き」こそを問題にしたのである。

嘉納は江戸時代の柔術稽古が形を重視したことに対し、それは約束の動きの学習の域を出ず、したがって予測不能が常に伴う実戦には十分役に立ち得ないと反省して、柔道では乱取を稽古の中心に据える宣言をする。乱取は、これまでの研究で起倒流の「請立ノ残ル」稽古法を源とする説が出されているが[72]、確かに嘉納はこの稽古法を高く評価している。講演で語った「よほど高尚な理論」[73]とは、彼が起倒流の師飯久保恒年とのある日の稽古を「自分の乱取の進歩の上に、一紀元を画した」[74]と回想する次の一文にヒントがみえる。

「多分明治一八年の頃とおもうが、或る日のこと、先生と乱取をしていると、自分の投げがよくきく。これまではこちらから投げることもあったが、ずいぶん先生から投げられたのに、その日はこれまでと違い、不思議にも先生からは一本もとられず、しかも自分のかける技がまことによくきく」[75]。

その理由を「崩し」つまり重心不安定化によって説明する嘉納に対し、飯久保は「いかにもその通りである。自分はこれから足下に教えるところはない」[76]と答え、ほどなく嘉納に起倒流の免許を皆伝する。飯久保が認めたように起倒流の投げを支えていたのは重心崩しであった。しかし、この理論の発露を「事」(現象)とし、これを生ぜしめる「理」(本質)としての心(「本体」)の修行を重くみる戦略を起倒流は有していた。嘉納が切り捨てたのは、この部分であった。

四. おわりに ―エスノサイエンス身体論からサイエンス身体論へ―

武術の心法は江戸時代初めの沢庵に始まる。しかし、茶、花、歌、能など他の文化領域における心法は、さらに古い歴史をもち、平安時代の歌人藤原俊成・定家父子にまで遡る。習いごとを単なる知識や技術の習得過程とみないで魂の修行とみる精神文化が日本では殊の外に発達し、基層文化として今日にまで生きている。こうした習いごと文化の起点となったのが俊成・定家の歌道であった。そしてそこには、六世紀の中国天台宗の僧智顗が著した仏教の修行論『摩訶止観』の影響がみられる。

智顗は仏教修行の方法として常座三昧、常行三昧、半行半座、非行非座の四種を提案する。常座三昧はじっと座しておこなう修法、常行三昧は歩と走とによっておこなう修法、半行半座は座と歩・走とを併用する修法、非行非座は座・歩・走以外の方法を用いる修法をいう。常座三昧の顕著な方法は座禅であり、また、阿弥陀仏を中心にぐるぐるまわったり、山伏が山中を駆けたり、チベットの五体投地、さらに踊り念法といったものは常行三昧に含まれる。これに対し非行非座は行・座以外の一切を修行の方法として採用するもので、朝起きて布団をたたむ、顔を洗う、飯を食う、庭を掃くといった日常行動のおよそすべてを修行とみる立場である。『摩訶止観』を導入することで、それまで仏教が禁じる十悪中の二悪つまり「妄言」と「綺語」に属するとして否定的にみられていた和歌は、初めて仏と縁付くことになった。俊成の「幽玄」、定家の「歌道」、世阿弥の「花」といった名辞も和歌や能を修行とみるところから造語されたものである。室町時代に入ると、こうした芸の世界の学習をいうのに仏教語である「修行」が当てられるようになり、いよいよ「芸道」の世界が立ちあがる[77]。武術の心法も、こうした基層文化の上に実をつけたもので、遅れて江戸時代のことであった。しかし、嘉納が心法を彼の柔道に取り入れることはなかった。嘉納は敢えて心法を封印したのである。

このように書き来ると、嘉納は心の問題を柔道において無視したかにみえるが、そうではない。柔道修心法で心の問題を論じている。

そもそも武術に関わる心には、二つのものがあった。技の上達や技の有効発現を担保する心、そして武術する私の社会的存在を保証する心である。前者は個人ベクトル、後者は社会ベクトルを持つ。このうち、後者の心については、近世の武術と嘉納の柔道とに違いはない。ともに儒教の徳の心が当てられたもので、孔子以来の伝統であった。違いは前者の技に関わる心にあらわれている。この心は、近世武術では仏教的心法が重要とされた。心法は武術においては敵をみごと殺す技を発現する心を意味し、仏教の「不動智」、また道教の「和」

がその具体的内容として求められた。こうした心法の背景を成したのは「事理一体」「道器一貫」の宇宙論であった。技もその一つである形而下の「事」や「器」は、その一切が、形而上の普遍なる「理」や「道」によって在らしめられ、秩序づけられているとする東洋の伝統的宇宙論である。武術伝書は、技の学習と実践に際し、技が持つこうした拘束性・限界性に気づくべきことを第一に求めている。

技には「理」や「道」が優先し、支配する。この考えは、畢竟、儒教のテキスト『礼記』（楽記）の「徳成りて上にあり、芸（技術）成りて下にあり」[78]の命題に遡る。嘉納はこれを思弁的と否定し、技を形而上的原理の呪縛から解放し、形而下の法則である物理学の下に置いた。「柔の理」、「言語」、「実験」など修心法知育は、ここに由来する。

嘉納がとった行動は、彼一人のものではなかった。こうした態度は、当時のリーダーたちに共有されたものであった。明治八年に武術の学校導入を説いた阪谷素は、西洋が世界制覇を果たした原因を自然科学の発達に認め、しかし西洋にあってもなお、その初期には葛藤があったことを、「洋人かつてその教法（キリスト教）の理学（自然科学）を妨げしを論ず」[79]と記している。阪谷は、まさに彼が生きる明治維新こそ、洋人の葛藤期に当たるとみたのである。「事理一体」や「道器一貫」と同じ古い東洋思想である〝木火土金水の五気が万物の生成消滅を司る〟という伝統的五行説を代表としてやり玉に挙げ、「支那五行の説これが禍《わざわい》をなすなり」[80]と断罪するのである。

慣れ親しんだ儒教、仏教、道教の哲学からいかに脱出するか。嘉納は葛藤の中から、その解答を西洋の近代科学に求め、柔道を創造する。

柔道がめざした身体、それは物理学と医学が構築する科学の身体であった。この身体は儒仏道が織り成す古代東洋の深い精神文化を孕んだエスノサイエンス身体ではなく、西洋の近代科学に立脚したサイエンス身体であった。さらに、この身体には特別の社会的ベクトルが要請された。欧米列強に伍しうる早急な近代日本の建設を教育とりわけ柔道によって実現しようとした嘉納は、柔道修心法徳育の第一に「愛国の心」を挙げた。明治維新期にあって焦眉の急を告げたのは、近代国民国家日本人というアイデンティティーをいかに創るかの問題であった。紙数の制約から詳述は割愛されるが、大和魂や武士道（江戸時代の武士道でなく建国神話に基づく天皇文化的新生武士道）は政府が勧める日本人アイデンティティーの原理であった。嘉納は、独自に、「愛国の心」を示す。それは他を排除する狭量なナショナリズムではなかった。科学のからだに、世界平和を願うインターナショナリズム愛国心を宿した身体。嘉納が柔道によってめざした身体は、こうまとめられよう。

（寒川恒夫）

注

1 嘉納治五郎大系　二、八八頁。
2 同書、一〇三頁。
3 同書、一二〇頁。
4 同書、一一三頁。
5 同書、一一三頁。
6 同書、一〇四頁。
7 同書、四頁。
8 同書、六頁。
9 同書、七頁。
10 竹内流編纂委員会、一七九―一八〇頁。
11 嘉納治五郎大系　二、一二四頁。
12 同書、一二四頁。
13 同書、一一四頁。
14 同書、一一五頁。
15 同書、一一四頁。
16 同書、一一一頁。
17 同書、一一一頁。
18 同書、一三四―一三五頁。
19 木下、三五頁。
20 嘉納治五郎大系　二、一一〇頁。
21 渡辺、一九七一年、七三頁。
22 同書、七三頁。
23 同書、七三頁。
24 寒川、二〇一四年、二九二頁。
25 渡辺、一九七一年、七七二頁。「本邦学校體操科施設沿革略」（文部省、明治二三年七月）を引く。
26 嘉納治五郎大系　二、一〇九頁。
27 同書、一一三頁。
28 筆者は、かつて、明治二二年の講演にみる嘉納の柔道体系論は本答申への対策として構想されたとの考えを提示したことがある（寒川、一九九四年）。
29 桜庭、二一五頁。
30 嘉納治五郎大系　二、九九―一〇〇頁。
31 同書、一一一頁。
32 嘉納治五郎大系　一、五四頁。
33 同書、五五頁。
34 同書、五五頁。
35 嘉納治五郎大系　二、九九頁。
36 桜庭、七七―七九頁。老松、三六九―二七〇頁。原・魚住、二一三―二一四頁。嘉納、一九九七年、五二頁。
37 老松・植芝、三七三頁。
38 同書、三七一頁。古くは一七六四年『燈卜問答』にみえる（渡辺、一九七九年、七四頁）。
39 桜庭、八二頁。
40 同書、八二頁。
41 廣谷、二一〇頁。
42 同書、二一一頁。
43 同書、二一〇頁。
44 老松・植芝、三七一頁。もちろん、この言説を史実とするのを疑う研究者は多い。例えば、老松（老松・植芝、三七一頁）を参照。
45 廣谷、二一九頁。

46▼同書、二一九頁。

47▼同書、二一九頁。

48▼同書、二一九頁。

49▼村田、四三頁に掲載された『柔道雑記』の当該頁写真を参照。『柔道雑記』が明治二二年に著されたことについては、池田・中村・秋山、三六頁を参照。

50▼嘉納治五郎大系　一、四二頁。

51▼同書、四二頁。

52▼桜庭、二一三頁。

53▼廣谷、二二〇頁。

54▼渡辺、一九七九年、七三頁。起倒流のこの稽古法についてのすぐれた研究として、原・魚住、二二八―二二九頁を参照。

55▼渡辺、一九七九年、七三頁。

56▼同書、七三頁。

57▼同書、七三頁。

58▼同書、七三頁。

59▼同書、七三頁。

60▼同書、七三頁。

61▼同書、七三頁。

62▼同書、七三頁。

63▼同書、七一頁。

64▼桜庭、八三頁。

65▼同書、八四頁。

66▼渡辺、一九七九年、七一頁。

67▼同書、七一頁。

68▼同書、六九頁。

69▼老松・植芝、三七三頁。

70▼寒川、二〇一四年、三〇七―三二二頁。

71▼嘉納治五郎大系　三、一五頁。

72▼藤堂、四七―四八頁。永木、五〇頁。

73▼嘉納治五郎大系　二、一〇〇頁。

74▼嘉納、一九九七年、五〇頁。

75▼同書、五〇頁。

76▼同書、五二頁。

77▼日本における芸道の発生と発展については佐々木、橋本 他を参照。『摩訶止観』は新田雅章氏のものを参照した。

78▼市原・今井・鈴木、（中）四四六頁。

79▼山室・中野目、（下）三一三頁。

80▼同書、三一三頁。

文献

▼橋本不美男・有吉保・藤原春男（校注・訳）『歌論集』小学館、二〇〇二年。
▼原丈二・魚住孝至、「起倒流が唱える「柔道」の意味」（『国際武道大学紀要』一八、二二一―二三四頁所収）、二〇〇二年。
▼廣谷雄太郎　編『武術叢書』廣谷国書刊行会、一九二五年。
▼市原亨吉・今井清・鈴木隆一『全釋漢文大系』一二：礼記（上・中・下）、集英社、一九七六―一九七九年。
▼池田拓人・中村民雄・秋山秀博、「明治期における「乱捕」の成立過程に関する研究」（『武道学研究』、三三―四二：三三―四一頁　所収）、二〇〇〇年。

▼嘉納治五郎『嘉納治五郎：私の生涯と柔道』日本国書センター、一九九七年。
▼嘉納治五郎『嘉納治五郎大系』全一四巻、本の友社、一九八八年。
▼木下秀明『日本体育史研究序説』不昧堂書店、一九七一年。
▼村田直樹、「嘉納治五郎師範に学ぶ、第八回：技術の開発」（月刊「武道」一九九九年八月号、四二―四六頁　所収）、一九九九年。
▼永木耕介『嘉納柔道思想の継承と変容』風間書房、二〇〇八年。
▼新田雅章『摩訶止観』厚徳社、一九八九年。
▼老松信一・植芝吉祥丸『日本武道大系』第六巻、同朋舎出版、一九八二年。
▼桜庭武『柔道史巧』目黒書店、一九三五年。
▼佐々木八郎『芸道』冨山房、一九五六年。
▼寒川恒夫、「「柔道一斑並ニ其教育上ノ価値」講演にみる嘉納治五郎の柔道体系論」（『講道館柔道科学研究会紀要　Ⅶ』、一―一〇頁　所収）、一九九四年。
▼寒川恒夫『日本武道と東洋思想』平凡社、二〇一四年。
▼竹内流編纂委員会『日本柔術の源流　竹内流』日貿出版社、一九七九年。
▼藤堂良明『柔道の歴史と文化』不昧堂出版、二〇〇七年。
▼渡辺一郎『史料明治武道史』新人物往来社、一九七一年。
▼渡辺一郎、「武道の伝書第二〇回：燈下問答」（月刊「武道」一九七九年六月号、六六―七七頁　所収）一九七九年。
▼山室信一・中野目徹（校注）『明六雑誌』（上・中・下）、岩波書店、二〇〇九年。

第二章

大学が期待した学生の身体

学生スポーツ団体をめぐるやり取りの分析を通して

近代日本を創ったエリートである当時の大学生たち。彼らの身体とは、どんな身体だったのか。そして大学は、学生にどんな身体を期待したのか。本章は、こうした問いに、エリート中のエリートであった東京大学の学生たちを対象として、そこでの学生スポーツ団体をめぐる学生と大学のやり取りを分析することを通して取り組む。特に、東京大学の学生スポーツ団体への関わり方とその理由に注目し、大学が学生にどのような身体を、なぜ期待したのかを考えよう。

一．なぜ東京帝国大学は学生スポーツ団体を支援したのか

日本は学校スポーツが盛んな国であるが、実は、日本の学校スポーツの出発点は東京帝国大学、現在の東京大学にある。こう聞くと、驚く読者も多いかもしれない。明治維新以降、日本は欧米の先進諸国からたくさんの知識や文化を吸収していった。その吸収場所の中心のひとつが東京大学だった。東京大学がまだ帝国大学と呼ばれていた時代、最先端の学問や技術を学ぶために、外国人教師たちが雇われた。例えば、医学部で生理学と内科学を教えたドイツ人医学者のE・ベルツや、大学に入るための準備をする予備門で英語を教えたイギリス人語学教師のF・W・ストレンジがいた。ベルツやストレンジたち外国人教師は、学問や技術を海外から日本へ持ち込んだだけでなく、スポーツも一緒に持ち込み、積極的にスポーツを広めていった。それまでの日本には柔術や剣術といった武術はあっても、野球やサッカーといったスポーツはなかった。明治期の文明開化の時代に、日本人はスポーツにはじめて出会った。その場所が、東京大学

だった。

スポーツに出会った東京大学の学生たち（以下、東大生）は、自らもスポーツを積極的に行った。多くの読者が抱く東大生のイメージは、勉強は得意だけどスポーツは苦手、というものかもしれない。だが、当時、東大生の中に世界レベルのアスリートがいた。例えば、法学部学生の藤井実は、明治三五（一九〇二）年に一〇〇メートルで一〇秒二四、明治三八（一九〇五）年に棒高跳びで三メートル六六の記録を学内の陸上競技会で出した。ともに公認されるには至らなかったが、もし公認されれば当時の世界新記録であった。さらに日本が初めて参加したオリンピックである明治四五（一八七二）年のストックホルム大会には、同じく法学部学生の三島弥彦が一〇〇、二〇〇、四〇〇メートルの代表選手に選ばれた。

しかし、日本の学校スポーツが東京大学から始まったといえる理由は、外国人教師の影響と東大生アスリート個人の活躍だけではなく他にもある。それは、東京大学が、組織としても、日本の学校スポーツの出発点だったからである。明治一九（一八八六）年、日本初の学生スポーツ団体である「帝国大学運動会」が誕生した。後に、「東京帝国大学運動会」と名前を変えて、今は「東京大学運動会」となる。今も昔も学生や教職員からは、親しみを込めて「運動会」と呼ばれている。「運動会」といっても体育祭のことではなく、いわゆる大学体育会組織である。「運動会」は、明治時代から昭和の戦前期に至るまで、学校スポーツの普及と発展の中心的な役割も担った。例えば、「運動会」は大正時代に、全国高等専門学校野球大会を共催したり、東京大学野球連盟を設立して東京六大学リーグ戦を開始したりした。

さらに「運動会」は、自らの組織運営についても、単なる任意団体に終わらず、社団法人として、その後に財団法人として文部省に認可され、安定した活動基盤を築き上げた。社団法人とは、公益法人のひとつで、簡単にいうと、私的な金儲《もう》けではなく公的な活動をする人の集まりである。財団法人とは、こちらも公益法人のひとつで、私的な金儲けではなく公的な活動をする財産の集まりである。「運動会」の目的は、「諸種の運動に由りて会員の身心を強壮快活ならしめ且運動方法の進歩を図る」[1]こと、現代風に言い換えると、スポーツの普及・発展であった。こうした公的な目的を達成しようと活動するためには、まず人を集めなければならない。ただし、人がいても財産がなければ十分な活動ができないため、財産も集めなければならない。「運動会」が社団法人を経て財団法人として認可されたということは、人も財産も十分に集まって、スポーツの普及・発展に向けて活動できるようになったことを意味している。

それでは、なぜ「運動会」は、学校スポーツの普及と発展の中心的な役割を担うことができたのか。「運動会」は、単なるスポーツ好きの学生たちの集まりに終わらず、どのように財団法人化まで達成できたのか、そしてそのような強固な組織をつくることができたのは、なぜなのか。これまでの研究では、学生自身の力によって学校スポーツが始められたと考えられてきた[2]。しかし、後で詳しくみるように、実は学生の力だけではなく、大学の強い支援が「運動会」を支えていた。そうだとすると、どうして大学は「運動会」をそこまで支援したのか、大学は何を期待して「運動会」を支援したのだろうか。

本章では、「運動会」を巡る学生と大学のやり取りの分析を通して、なぜ東京帝国大学は学生スポーツ団体を支援したのかを考察し、大学の期待した学生の身体を明らかにしたい。

二、東京帝国大学運動会の歴史

はじめに、「運動会」の組織の変遷を、簡単に記しておこう。表2－1に、年表として「運動会」の歴史をまとめた。

「運動会」から「学友会」へ

明治一九（一八八六）年、帝国大学の学生、卒業生、選科生、職員を会員とした「帝国大学運動会」が、日本で初めての学生スポーツ団体として設立された。それに続いて、明治二〇（一八八七）年に東京商業学校（後の一橋大学）で、明治二三（一八九〇）年に第一高等中学校（後の東京大学教養学部）で、明治二五（一八九二）年に慶應義塾（後の慶應義塾大学）で、明治二九（一八九六）年に東京師範学校（後の筑波大学）で、明治三〇（一八九七）年に東京専門学校（後の早稲田大学）で、明治三一（一八九八）年に京都帝国大学（後の京都大学）でというように次々と学生スポーツ団体が設立された。その後、全国の学校にも校友会運動部がつくられていくことになる。「運動会」は課外スポーツをまとめる組織の見本として、その影響力を全国に広めていった。

学内的にも「運動会」は、冒頭で紹介した世界レベルの記録が出たような陸上競技会を開催して、存在感を強めていった。そして明治三一（一八九八）年に社団法人として文部省に認可された。ただしこの段階では、スポーツの普及・発展に向けて、人は集まったものの、財産が十分に集まっていない。「運動会」が財団法人として、その財産面での活動基盤を強固にするのはもう少し後のことである。

明治が終わり大正に入ると、帝国大学から東京帝国大学へ名前が変わり、それまで別々だった分科大学制からひとつの大学として統合された学部制が敷かれた。すると各学部間の相互交流への動きが活発になり、また大正デモクラシーの雰囲気の中で、学生の自治を求める声が高まっていった。そして大正九（一九二〇）年、「運動会」に文化系の同好会も加えた「東京帝国大学学友会」が設立された。大正一二（一九二三）年、この「学友会」はさらに、学部ごとに組織されていたいくつかの校友会も統合する。これまで、例えば法学部には緑会、医学部には鉄門倶楽部、工学部には丁友会《ていゆうかい》などの校友会があった。こうした学部校友会を統合した組織がつくられたのである[3]。「学友会」設立の理由と目的は次の通りであった。

「従来の東京帝国大学学生は只個々別々に生活して居た、集団たる特徴を発揮せず又集団なるが故に当然受く可き福祉を享受することが出来なかった。今や我々学生の生活は年と共に逼迫し来り衣食住、体育、娯楽猶進んでは人格の向上を計り互に切磋琢磨の機会なきは我々の非常に遺憾に堪へざる所である。其れにも係らず我々学生の間には之等の問題を解決す可き何等の機関がない。…而して其の方法としては学生の意見を正式発表し実行する正規の機関を設くることが必要である。即ち学友会に学生を代表す可き委員制度も設け学生の意のある所を決し其の決定事項の執行機関として総務部を設け学生生活に関する一切の事務を処理する」[4]

簡単にいうと、広い意味での福祉を学生に与えるため、「学友会」を学生の意見をまとめて実行する機関にしようとしたわけである。

■表2－1．「運動会」に関する年表

	「運動会」の歴史	その他
明治19	「帝国大学運動会」が設立する。	帝国大学令が公布される。
明治31	「社団法人東京帝国大学運動会」が設立する。	民法全編が施行される。
大正9	「社団法人東京帝国大学学友会」が設立する。	東京帝国大学が学年開始を4月に変更する。
大正12	「学友会」が全学化される。	
大正13	「学友会」の運動部偏重が問題化する。社会科学研究会が成立する。	全国体育デーが制定される。「四帝大野球連盟」が全国高専野球大会を主催する。
大正14	社会科学研究会の学芸部からの独立が問題化する。	「東京大学野球連盟」が設立され、東京六大学野球リーグ戦を開始する。
大正15	社会科学研究会の独立問題で暴力事件が起きる。	文部省が「体育運動の振興に関する件」を訓令する。
昭和2	入場料徴収案が議論される。	
昭和3	運動部が「学友会」を脱退し、「運動会」をあらたに設立する。	「3・15事件」が起きる。文部省が思想問題対処のため「学生課」を設置する。
昭和4	「運動会」にとって加入者確保と会費徴収が課題となる。	文部省が「学生課」を「学生部」に昇格させ、「体育運動審議会」を設置する。
昭和5	「運動会」が「スポーツの大衆化・浄化」に着手する。	「体育運動審議会」が「体育運動の合理的振興方策」を成立させる。
昭和6	運動部が「大衆化」に向けた「アマチュア」向け行事を挙行する。	文部省が「学生思想問題調査委員会」を設置する。
昭和7	「運動会」が「学生スポーツの常道確立に関する声明書」を発表する。	文部省が「野球統制令」を訓令する。
昭和8	「運動会」の財団法人化が進展する。	東京大学野球連盟が1シーズン制に変更する。京都帝大で「滝川事件」が起きる。
昭和9	「財団法人東京帝国大学運動会」が設立する。	文部省が「学生部」を拡充し「思想局」を設置する。

出典：『帝国大学新聞』、『東京帝国大学五十年史』、『東京大学百年史』、岸野ほか編（1997）などを元にして筆者作成。

「学友会」の組織は、理事会・学生委員会・常務委員会の下に、十九の部と七の学部支部がある。最高意思決定機関は、十六名の理事で構成される理事会である。十六名の理事のうち、八名は総長と各学部長から選ばれる大学職員、七名は各学部から選挙で選ばれる学生、残り一名は一般会員から選任された[5]。理事の構成比率をみると、大学と学生の勢力がほぼ五分五分であったことがわかる。その理事会の下に、「学友会」の実務を行うのが、学生委員会と常務委員会である。学生委員会と常務委員会の委員は、各学部から選挙で選ばれた学生によって構成された[6]。つまり、意思決定と実務の両面で、学生の自治が大幅に認められたのである。さらに、全学生が会員となった。これまでの「運動会」の場合、加入は任意であり、関心をもった学生だけが加入していた。だが「学友会」への加入を義務づける案が、大正十二（一九二三）年三月二七日の大学の評議会で満場一致で可決された[7]。こうしたことから、少なくとも形式上、「学友会」は全学的団体になったということができる。

「学友会」内での学生間の対立

しかし、こうした「学友会」の全学化は、学生が一枚岩になったことを意味していたわけではなかった。学生の間には二つの対立があった。それは、運動部員と一般学生の対立、そして学内思想団体間の対立であった。

運動部員と一般学生の対立は、一般学生へのスポーツの開放を巡って生じた。例えば、この対立は予算配分の場面で強く現れた。「学友会」では会員から年五円の会費を集め、それを各部の要求額を顧慮しながら配分していた。そして、「学友会」が全学化されてから初の予算会議が開かれた大正一三（一九二四）年には、予算の配分額を巡って運動部の偏重が問題化された。すなわち、「学友会を学生一般のため」に

■表2－2．大正13年度の「運動会」予算

部	合計 35,657円36銭	学部支部	合計 9,050円
中央部	4,000円	法学部緑会	1,915円
漕艇部	5,684円16銭	医学部鉄門倶楽部	1,263円
陸上運動部	2,658円50銭	工学部丁友会	1,580円
剣道部	781円50銭	文学部学友会	1,135円
柔道部	1,027円	理学部理学部会	735円
弓術部	263円	農学部紫友会	890円
庭球部	2,991円60銭	経済学部経友会	1,532円
水泳部	1,068円	全国高等学校大会費	2,104円50銭
スキー山岳部	1,425円		
野球部	2,711円	京大遠征費	3,607円20銭
蹴球部	3,395円		
馬術部	2,249円	予備費	1,500円
小銃射撃部	705円		
スケート部	1,097円		
弁論部	1,050円		
学芸部	416円60銭		
音楽部	1,855円	総合計	52,173円56銭
新聞部	2,280円		

出典：『帝国大学新聞』大正13年3月23日付を元に筆者作成。蹴球部は、ア式とラ式に分かれて記載されていたので、その合計を示した。共済部の記載はなかったので示していない。京大遠征費は、京都帝国大学との定期戦のための費用であり、各部ごとに記載されていたので、その合計を示した。しかし、これらで記載されていた項目以外にも予算が使われたためか、各項目の総和と総合計が一致しない。

改革しようと運動部の合宿費用などの「選手補助費」の削減が議論された[8]。そうした議論を経て決定された大正一三年度の「運動会」予算を表2－2に示した。

ここでの運動部予算は、各部の要求額を大きく下回っていた。例えば、漕艇部は要求額が一万四〇〇三円六〇銭であったのに対して決定額は五六八四円一六銭であった。陸上運動部は要求額が五二一一円であったのに対して決定額は二六五八円五〇銭であった。野球部は要求額が五二八五円であったのに対して決定額は二七一一円であった[9]。多くの運動部の予算配分額は、要求額の半額かそれ以下であった。こうした予算削減の議論と実施は、毎年のように繰り返され、運動部は不満を募らせていった。

もう1つの学内思想団体間の対立とは、典型的には左翼学生団体の「新人会」と右翼学生団体の「七生社」の間の思想的対立であった。その対立は、マルクス主義的な性格の研究団体である「社

会科学研究会」の独立問題で強くあらわれた。社会科学研究会は、大正一三年に学芸部の一部として成立していた[10]。その翌年に、文芸部を新たに設置することに伴って、社会科学研究会を学芸部から独立させるかどうかが問題として浮上してきた[11]。左翼系の新人会はそれに賛成し、右翼系の七生社はそれに反対し、両団体は激しく論争した。新人会会員の学生が、「学友会の本質に立脚し、その将来の発展の方向を示さんとするもの」として社会科学研究会の独立を求めたのに対し、七生社会員の学生は、「社会科学研究会は思想団体であるから加入を許す可きではない」と真っ向からそれを否定した。図2－1に、独立案が討議された当時の学生委員会の写真を示してある。ここから、立ち見が出るほど参加者が集まった緊迫した会議の様子がわかる。その写真に「あらしの前の静けさ」と題が付けられているように、このあと会議は殺気立ち、学生同士が殴り合う暴力事件にまで発展してしまった[12]。その後、両学生思想団体は幾度かの立会演説会などを開き、結局、昭和二（一九二七）年一一月に社会科学研究会は文化科学部と名前を変えて独立することになった[13]。

この社会科学研究会の独立問題は、先ほどの運動部員と一般学生の対立と重なり合う問題でもあった[14]。独立に賛成していた左翼系の新人会会員である学生は、次のように主張していた。

「学友会は従来余りに運動部中心に過ぎたから、今後はより多く文化的要素を取り入れる必要がある…この意味に於いて我が社会科学研究会の独立は学友会をその方向に進展せしめるために重要な意味を有するものである。…又予算が膨張するから独立は不可と云ふものがあるが、現在ある学友会の各部は永久に存在せしめなければならぬことはなく、大多数の学生によつて支持されて居らぬ部は之を廃棄せしむべきであり、又必要に応じて予算額を削減すべきは当然である」[15]

つまり、「学友会」のあり方を運動部偏重から修正するために、社会科学研究会の独立は目指されていた。それは、運動部への予算がさらに減ってしまうかもしれないことを意味していた。だから、社会科学研究会の独立問題は、運動部にとっても懸念すべき問題だった。このように運動部は、一方では、スポーツの開放を要求する一般学生から批判を受けつつ、他方では、運動部偏重を修正しようとする左翼学生からも批判を受けていたのである。

「学友会」からふたたび「運動会」へ

こうした状況から運動部は、「学友会より脱退すべし」と主張した[16]。そして、社会科学研究会が独立を果たした三ヵ月後の昭和三（一九二八）年二月三日、各運動部は結束して「学友会」から脱退し、再び「運動会」として活動することを決めた。その理由は、次のように表明された。

「現在の学友会がその設立本来の目的に背馳して、近来特に思想的色彩を帯び来り往々にして不愉快なる紛争の渦中に投ぜんとしつゝあるは本来かゝる問題に超越し自由不覇なるべきわれわれ運動部としてもつとも遺憾とするところなり」[17]

運動部は、学内思想団体間の対立に巻き込まれることが不愉快であるとして、「学友会」を脱退した。一方それをきっかけに、「学友会」に統合されていた各学部の校友会も脱退し、「学友会」は解散に追い込まれてしまう。図2－2に、「学友会」解散に対する風刺画を示した。これをみると、真ん中に「学友会」

が、根も葉も幹も刈り取られたボロボロの木に喩えられて描かれている。そして、右側に「運動会」、左側に各学部の校友会が、ボロボロになった「学友会」の木の一部をそれぞれ持ち出して育てようとする学生に喩えられて描かれている。もちろん、学生の自治を旗印にしていた「学友会」の解散には異論の声も多く、反対を要求して本部に詰め寄る学生もいた。しかし、解散の決定は覆らず、全学的団体としての「学友会」の歴史はわずか四年で幕を閉じ、その残余予算は大学へ寄付された[18]。

こうした運動部の脱退に賛成する大学職員は少なくなかった。新しい「運動会」で漕艇部長を務めることになる医学部教授の石原忍は、「この脱退はやむを得ぬ」と賛成していた[19]。さらに、総務部長とラグビー蹴球部長を務めることになる医学部助教授の東龍太郎も、「二月に学友会から脱退すると直ちに新たに運動会を設くるため設立準備委員会を組織し実行委員を選んで後任の奔走を始めた」と自ら語っているように、「運動会」を積極的に支援していた[20]。また、昭和三（一九二八）年一一月二九日の評議会で、「運動会」の再設立が正式に可決された[21]。そして同日に「東京帝国大学運動会規則」も定められ、最高意思決定機関である理事会を構成する理事はすべて大学職員から選出されることが定められた[22]。つまり、「学友会」で目指された学生の自治は崩れ、大学の管理の色が濃い体制が新たにつくられたのである。

■図２−１．社会科学研究会の独立案を討議する「運動会」（『帝国大学新聞』大正 15 年 11 月 29 日付）

■図２−２．「学友会」解散に対する風刺画（『帝国大学新聞』昭和 3 年 2 月 27日付）

■表2−3.「運動会」の「アマチュア」向け行事一覧

	一般アマチュアに対し
総務部	一般運道具の貸し出し、試合入場券の割引配布、ボート乗艇証の交付、各寮宿泊証の交付、入会手続き、入部手続き等の取り扱い。
漕艇部	一般会員にしてコーチ週間に参加し講義を受けたる後、単独出艇の資格十分ありと、認められたる者には出艇許可証を付与す。
陸上運動部	一般アマチュアの練習は希望に応ず。
剣道部	一般同好の士の奮つて練習に参加せられんことを望む。
柔道部	一般アマチュアに対しては、委員懇切指導。初心者歓迎。
弓術部	高校の選手諸氏、流派を問はず来られよ。初心者歓迎。
庭球部	一般アマチュアに対しては選手懇切指導。初心者歓迎。ラケツト、靴其の他の用品は出来るだけ便宜をはかる。
水泳部	一般アマチュアの練習を歓迎す。平日午前九時−午後五時（土曜は四時迄）日曜・祭日は休み。
スキー山岳部	一般アマチュア入部歓迎。行事には一般会員も参加自由。
野球部	
ラ式蹴球部 ア式蹴球部	同好の士の積極的援助を切望す。
馬術部	一般会員の奮つて練習に参加されん事を希望す。但し未経験者は特に夏季に限る。
小銃射撃部	一般アマチュアは学内大会に参加し得。但し平生の練習は遠慮されたし。
スケート部	リンクを借切つて数時間アマチュアに開放する同好会を数回開催す。
ホッケー部	一般アマチュアの練習を歓迎す。
籠球部	一般アマチュアの練習を歓迎す。
排球部	学内大会には奮つて参加されたし。希望者には部員が指導に当る。入部を大いに歓迎する。

出典：『運動会報』創刊号、pp.92-95、を元に筆者作成。本表の野球部とア式蹴球部に記載がないが、野球部は「スポンヂ大会」を十一月上旬に挙行しており（『帝国大学新聞』昭和8年10月30日付）、またア式蹴球部も「学内大会」を一月下旬に挙行しており（『帝国大学新聞』昭和7年1月18日付）、両部も「アマチュア」に対して積極的な働きかけを行っていた。

新しい「運動会」の課題

ただし、新しい「運動会」は、その後すぐに自由に活動できたわけではなく、加入者確保と会費徴収という課題に取り組まねばならなかった。自らの活動基盤を確固たるものにするため、運動部員と一般学生の対立を乗り越える必要があったのである。そこで「運動会」はスポーツの「大衆化」に着手した。「運動会」のいう「大衆化」とは、運動部員が「アマチュア」と呼んだ一般学生に対してスポーツ機会を提供することを指している。具体的な施策として「運動会」は、「選手制度の弊をあらためると共に、運動を学生全般のものたらしめんとする意思を強調」して、運動部の試合費用を削減し、学内大会費用を増加する予算を計上した[23)]。そして、表2-3にまとめたように、各運動部は「アマチュア」向け学内行事を挙行した。例えば野球部は、図2-3のように、野球未経験者でも気軽に楽しめる学内スポンヂ野球大会を主催し、参加チームは四〇以上にのぼる盛況振りであった。運動部は、「アマチュア」と呼ばれる一般学生に対してスポーツ機会を提供しようと積極的に働きかけていたのである。

他方で「運動会」は、スポーツの「浄化」にも着手した。この「浄化」という言葉は、文字どおり、汚れた不純な状態にあるスポーツを汚れのない純粋な状態に戻すことを指して用いられていた。例えば、興行化が過ぎた学生野球は、「金」や「女」が絡むような、学生の本分を超えた問題を起こすこともあった。図2-4に、学生野球の興行化に対する風刺画を示した。これをみると、真っ黒に日焼けした軟派な野球青年が、右手に優勝カップ、左手に女性を抱えて大学から走り去っている。その野球青年に向かって、大学に残った学ラン姿の硬派な学生が抗議している様子が描かれており、「君、も一つのカップはよし給へ」と洒落をまじえた皮肉の文句も添えられている。

こうした学生野球の興行化を、文部省は問題視しており、昭和七（一九三二）年、いわゆる「野球統制令」が訓令された。野球統制令とは、学生野球の統制と健全化を目的として、入場料収入の規制などを図った訓令である。一方で「運動会」も、その少し前から、学生野球から金銭的な関わりを無くそうと試合方法のあり方について審議を開始していた[24]。そして、野球統制令が出された昭和七年に、「学生スポーツの常道確立に関する声明書」を発表した。その声明書は、「学生スポーツに浄化の要求ある」ことを受けて「本邦学生スポーツ革新の指針」となることを意図して発表された。具体的には、選手に対しては「あらゆる運動競技を通じて、その練習の職業化を排す」ように求め、社会一般に対しては「競技は興行と本質的に異れり」、それゆえ「選手は断じて商品に非ず」と主張した[25]。「運動会」は文部省を訪問し、同声明書の趣旨説明を当時の文部大臣であった鳩山一郎に行った[26]。さらにまた早稲田、慶応、明治、法政、立教、中央、専修、日本の八大学へも訪ね歩き、同声明書の趣旨を伝え、「共に浄化運動の共同戦線に立つ」ことを求めた[27]。それに各大学も呼応し、「全日本学生体育連合」が結成されることになった。全日本学生体育連合の目的は「本邦学生運動競技界の革正及その指針の確立」することであり、事務所は「東京帝国大学運動会室に置く」ことになった[28]。その後、全日本学生体育連合は、競技大会のあり方を各大学の代表者や文部省と協議していく[29]。

こうした一部の運動部員のみを優遇する選手制度や、学生の本分を超えて行き過ぎた興行化は、すでに明治時代から多くの学校で問題化されていた。選手制度と興行化の問題に真正面から取り組み、スポーツの「大衆化」と「浄化」を目指した点で、「運動会」は他の校友会運動部の模範的存在であった。と同時に、学内的にはこれらの取り組みを通じて、一般学生との対立を解消し、会員拡大が目指された。しかし、会員確保は容易ではなかった。先に述べた「大衆化」を果たすための昭和四（一九二九）年度分予算は、入

■図2－3．
野球部が主催した
学内スポンヂ野球大会
（『帝国大学新聞』昭和6年11月30日付）

■2－4．学生野球の興行化に対する風刺画（『帝国大学新聞』昭和8年1月1日付）

学者の八割が入会することを想定して、その会費を当てにして計上されていた[30]。だが、法、文、理、経の四学部の加入率の平均は五割二分九厘にとどまり、目論見を大きく下回る結果となった。一方で、医学部と工学部に限っては、教授陣の強力な後押しの下、学部方針として加入を義務づけていたため、すべての学生が加入していた[31]。大学の強い支援があったことで、「運動会」は、なんとか会費収入を得ることができたのである。

「運動会」の財団法人化

その後、「運動会」は財団法人化されるに至るが、それもまた大学の支援を受けて進められていった。昭和八（一九三三）年二月二四日の理事会で財団法人案が上程され、穂積重遠、我妻栄、末弘厳太郎といった法学部の民法講座教授たちが定款作成委員となり、財団法人化に向けた準備が進められていく[32]。大学は、「運動会」の財団法人化を昭和八（一九三三）年一二月一九日の評議会で可決し、さらに「学友会」の残余予算四万円から二万円分を寄付し、それを基本財産とすることで財団法人としての予算制度を確立させた[33]。そして昭和九（一九三四）年七月に、穂積重遠、我妻栄、東龍太郎を実行委員として具体的運動に入り、財団法人寄付行為の条文をその専門家であった民法学者の我妻自身が執筆し、八月二八日に文部大臣より認可を受け、九月五日に法人設立登記を済ませて財団法人化が達成された[34]。「運動会」はついに、スポーツの普及・発展に向けて財産を十分に集め、その活動基盤を強固にしたのである。

財団法人化された「運動会」の組織には、評議員会の下に、一八の部があった。最高意思決定機関である評議員会を構成する評議員は、会長を含めてそのすべてが大学職員で固められた[35]。財団法人化した「運動会」の初代会長を務めた医学部教授の林春雄は、財団法人化までの経緯を次のように述べている。

「昭和三年左翼学生の策動により会内［引用者注：「学友会」内］に一大騒擾を起すの兆あるや、運動部は一同結束脱退を敢行し学友会は遂に解散せらるるに至れり。次て同士相諮りて本会を組織し、爾来六年幾多の辛酸を嘗めながら部長、委員諸君等の努力と大学当局の誘掖とにより健全なる発達を遂げ、財団法人東京帝国大学運動会の設立となるに至れり」[36]

林はここで、「運動会」の財団法人化を後押しした要因のひとつに、大学の「誘掖《ゆうえき》」を挙げている。誘掖とはつまり、導き助けることである。「運動会」の財団法人化は、学生の力だけで達成されたわけではなかった。そこには、定款作成、予算制度の確立、寄付行為条文執筆、評議員就任に至るまで、大学の強い支援があったのである。

三. 大学が抱えた問題と大学が期待した学生の身体

なぜ大学は、これほどまでに「運動会」を支援したのか。言い換えると、いったい大学は何を期待して「運動会」を支援したのか。以下では、「運動会」への支援の背後にあった大学が期待した学生の身体を描き出す。論を先取りすれば、大学が期待した学生の身体とは、大学が抱えていたふたつの問題に対応したものだった。つまり、「学生の病気をどう防ぐか」という問題に対応して期待された〈健康な身体〉、そして「学生の左翼化をどう防ぐか」という問題に対応して期待された〈健全な身体〉である。

「学生の病気をどう防ぐか」という問題と〈健康な身体〉

大学は、「学生の病気をどう防ぐか」という問題を抱えていた。この問題に対して、大学は学生に、「病気や疾患に抗する姿」を期待した。ここではそれを〈健康な身体〉と呼ぶことにしたい。

当時、東京帝国大学学生の健康状態は学内的に大きな問題となっていた。学生課に設置されていた「学生健康相談所」に訪れた患者数の推移を図2－5に示した。これをみると大正一五（一九二六）年に三九六七名であった患者数は、昭和八（一九三三）年に一万七五九六名と、約四・五倍にまで増加している。さらに、患者数を全学生数で割って、全学生数に対する患者数の比を求め、その推移を図2－6に示した。これをみると、大正一五（一九二六）年の〇・五四から昭和八（一九三三）年には二・一三まで、四倍近くにまで上昇している。単純にいうと、半分の学生が年間一度訪問していた状況から、全学生が年間二度訪問する状況に変化したことになる。絶対的な患者の数も、それが学内に占める相対的な割合も、同時に大きく増加していた。さらに病気それ自体だけでなく、それが原因で休学する学生、引いては死亡する学生も大きな問題となっていた。「病気による休学者数」は、昭和七(一九三二)年が二六七名、昭和八(一九三三)年が二七二名、昭和九（一九三四）年が二八一名にのぼり[37]、死亡者数は、昭和六（一九三一）年で五〇名、昭和七（一九三二）年で五二名、昭和八（一九三三）年で四六名と毎年五〇名ほどに達していた[38]。全学生数はおよそ八千人であったから、学生千人あたりでいうと、千人中三五人が病気で休学し、七人が死亡していたことになる。

大学はこうした問題の対処を迫られ、学生に、病気や疾患、特に呼吸器系の疾患に抗する〈健康な身体〉を期待していた。その期待の下に、実際いくつかの策が講じられた。例えば、学内学生に対しては、毎年

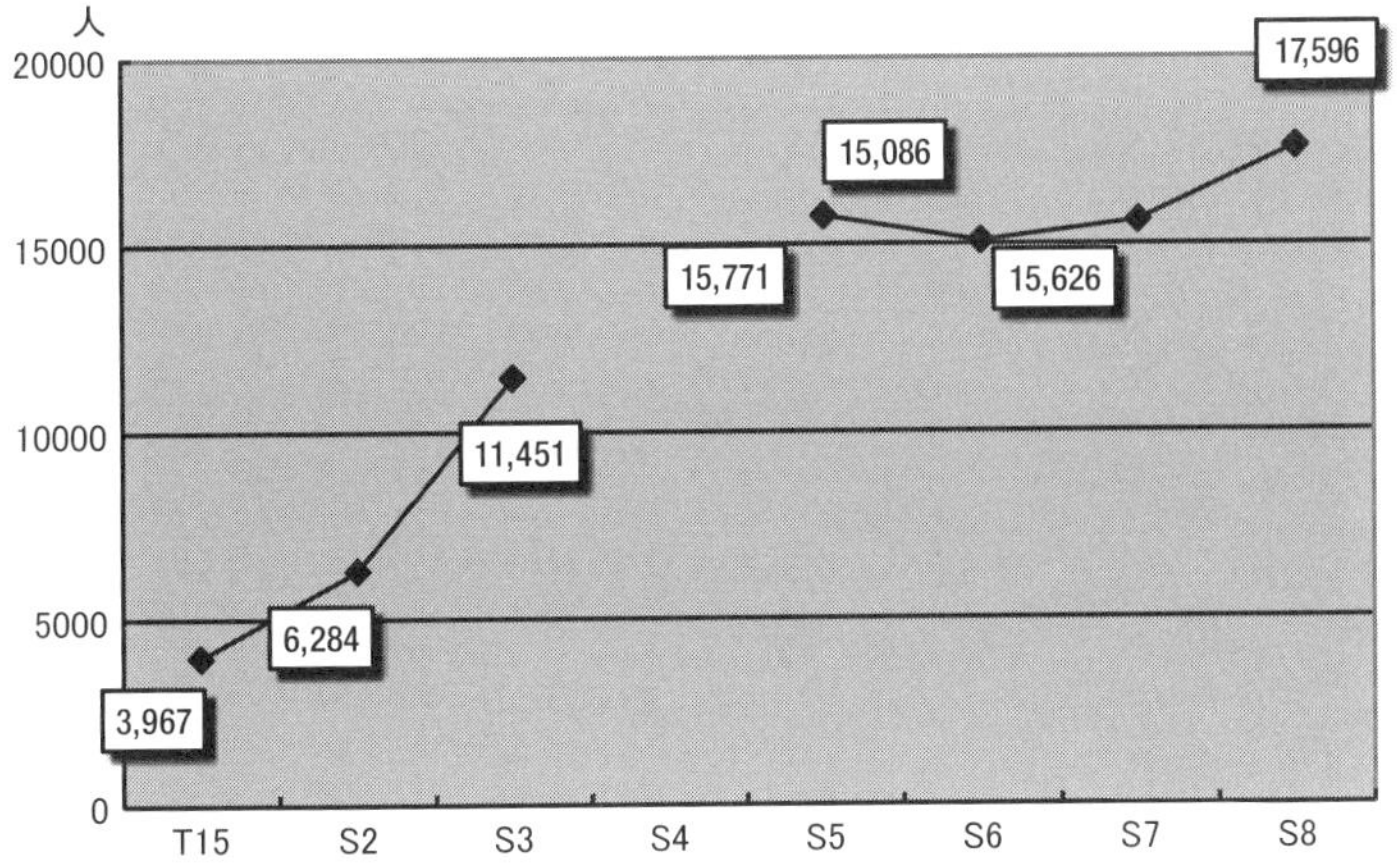

■図2-5．「学生健康相談所」に訪れた患者数の推移

注）「患者数」は、『帝国大学新聞』昭和3年2月27日付、同4年6月3日付、同6年1月26日付、同7年1月18日付、同8年1月13日付、同9年2月5日付を元にした。患者数には若干名の職員も含まれており、昭和4年度の患者数は不明であった。

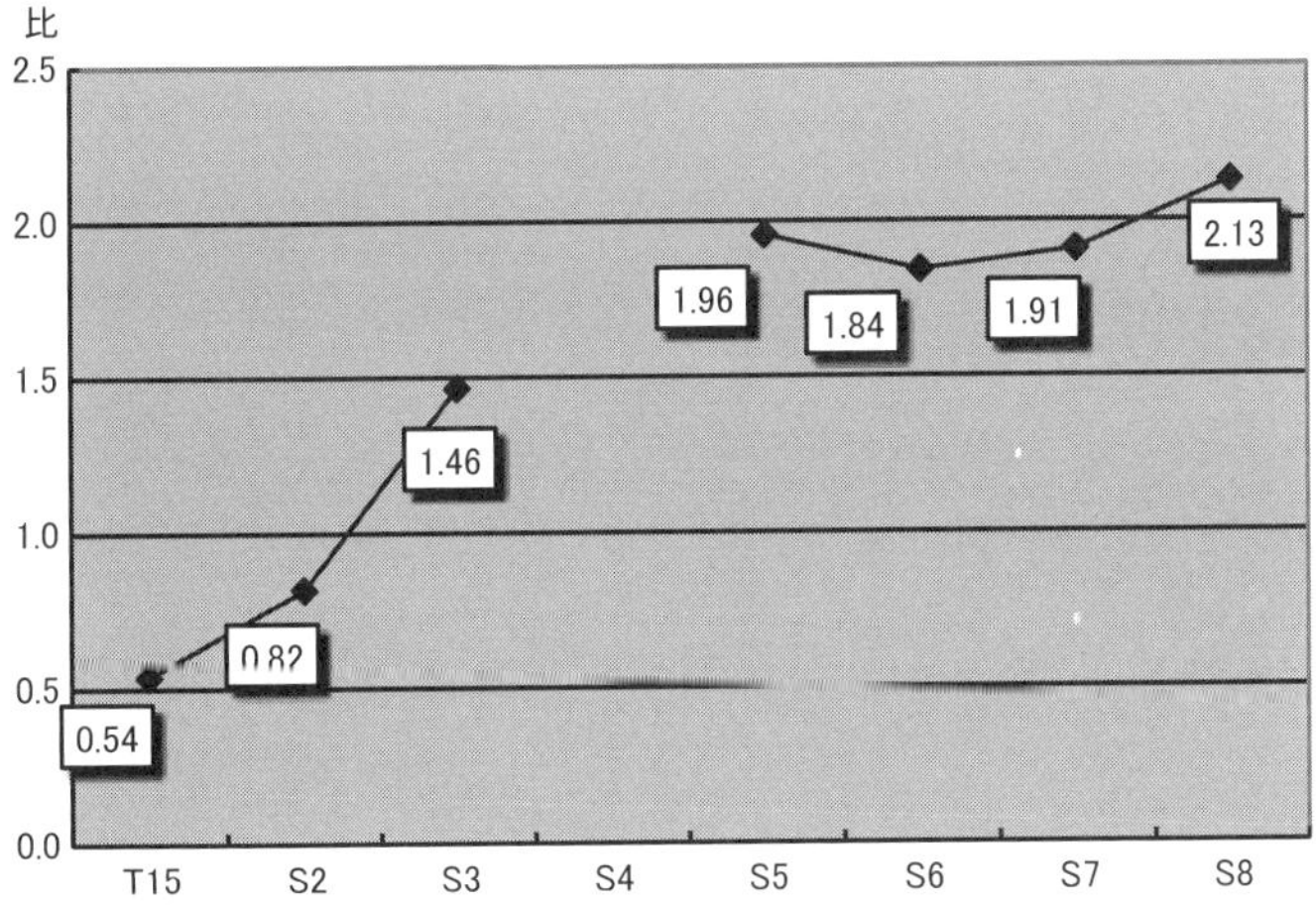

■図2-6．全学生数に対する患者数の比の推移

注）「患者数」を「全学生数」（予科も含む）で割った比を示した。「全学生数」は『文部省年報』を元にした。

五月に体格検査を実施した[39]。また昭和七（一九三二）年秋に、学生課医局は学生の健康改善に向けた日常生活での健康指導の手引きを記した『学生健康の栞《しおり》』を学生に配布した[40]。さらに、昭和八（一九三三）年から入学試験時の身体検査が全学部で行われ、昭和九（一九三四）年からは肺結核などの伝染性疾患のレントゲン検査も行われ始めた[41]。

この入学試験時の身体検査は医学部と工学部で先行されて始められていた。図2－7は、医学部の入学試験時に行われた身体検査の様子であり、上半身裸の青年たちが順番に医者の診断を受けている。当時の医学部長であり、財団法人化後の「運動会」初代会長になった林春雄は特に学生の健康を重要視し、医学部では精密を極めた身体検査が行われていた[42]。医学部学生は、「患者を扱ふのだし、ことに医学科のアルバイトは相当激烈なのだから」という理由で、「内臓健全なことは是非必要である」と考えられていたのである[43]。同様に、工学部でもいち早く身体検査が行われていた。当時、「エンヂニーヤは先づ体格」と考えられていた[44]。工学部は「在学中も就職後も頗る多忙であるが故に体格が重要視される。殊に呼吸器に疾患のあるものは工科には絶対的に不向」というわけだ[45]。そのため、「（イ）運動および衛生に注意して得たる鍛錬度、（ロ）健康状態（内臓状態は考慮するも色盲は考慮せず）、（ハ）先天的体格及び体質の三点」が検査された[46]。その身体検査結果は「体格点」として数えられ、それに学科試験の得点を加えた合計点で成績順位が決定されていた[47]。

これらの対策は、最低水準の〈健康な身体〉が学生に備わっているかを調べる、消極的な取り組みだったといえる。その一方で、〈健康な身体〉を積極的に育成しようとする取り組みも行われた。その主たる手段がスポーツであった。大学は、学生全般に広くスポーツを実施する機会を与えようとしていた。学生健康相談所の講師であった茂財照博士は、学生課の目的を「疾病を予防し」「体格をより向上させる」ことだと語り、具体的な取り組みとして、それぞれの学生の特徴に合わせて「やるべきスポーツの種類及び程度を決定してあげる」ことを挙げている[48]。さらに大学は、当時すでにあった学内運動場に加えて、次々と新しいスポーツ施設を整備していった。昭和八（一九三三）年、運動場のそばに脱衣場を完成させた[49]。昭和九（一九三四）年には籠球・排球用のコートを開いた[50]。同じ年、「運動会」からの二万五〇〇〇円の寄付でプール新設計画が持ち上がった[51]。プールの計画と設計には、末弘厳太郎や東龍太郎などの「運動会」の理事が積極的にかかわった[52]。プールは、昭和一一（一九三六）年に完成し、当時では世界一の豪華版室内プールと評された[53]。

かくして大学内に、多くのスポーツ施設が整備された。図2－8は、当時の東京帝国大学構内の地図である。図上部は本郷キャンパスの地図だが、その真ん中には運動場・柔剣道場・運動会室があり、右側には籠球・排球コートとテニスコート、左側にはプール、下側には赤門を入ってすぐ左手に体操場がある。図下部に示された他の敷地の地図にも、野球場・運動場・テニスコート・バレーコート・ボート用の艇庫などがある。それぞれの設備の写真を図2－9に示したが、いずれも立派なスポーツ施設であった。

大学は、スポーツを学生の〈健康な身体〉を積極的に実現するための手段としていた。そうした大学のスポーツの捉え方が、「運動会」の支援へとつながっていたのである。

「学生の左翼化をどう防ぐか」という問題と〈健全な身体〉

他方で大学は、「学生の左翼化をどう防ぐか」という問題も抱えていた。その問題に対して大学は学生に、左翼思想から距離を置くことを期待した。ここではそれを〈健全な身体〉と呼ぶことにしたい。先ほどの〈健康な身体〉が学生の肉体的な側面への期待とすれば、対照的に〈健全な身体〉は学生の精神的な

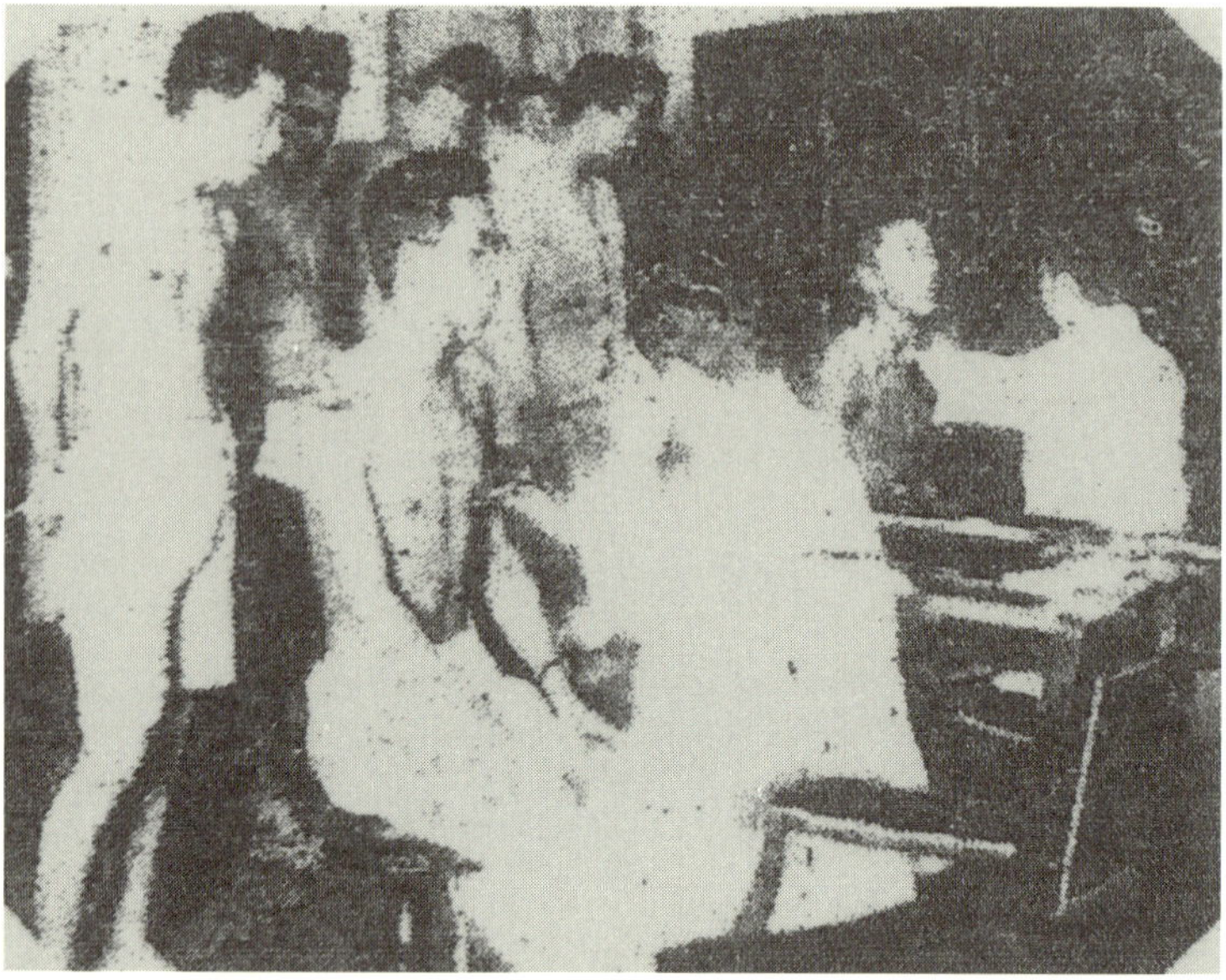

■図2–7．医学部の入学試験時の身体検査（『帝国大学新聞』大正 15 年 3 月 15 日付）

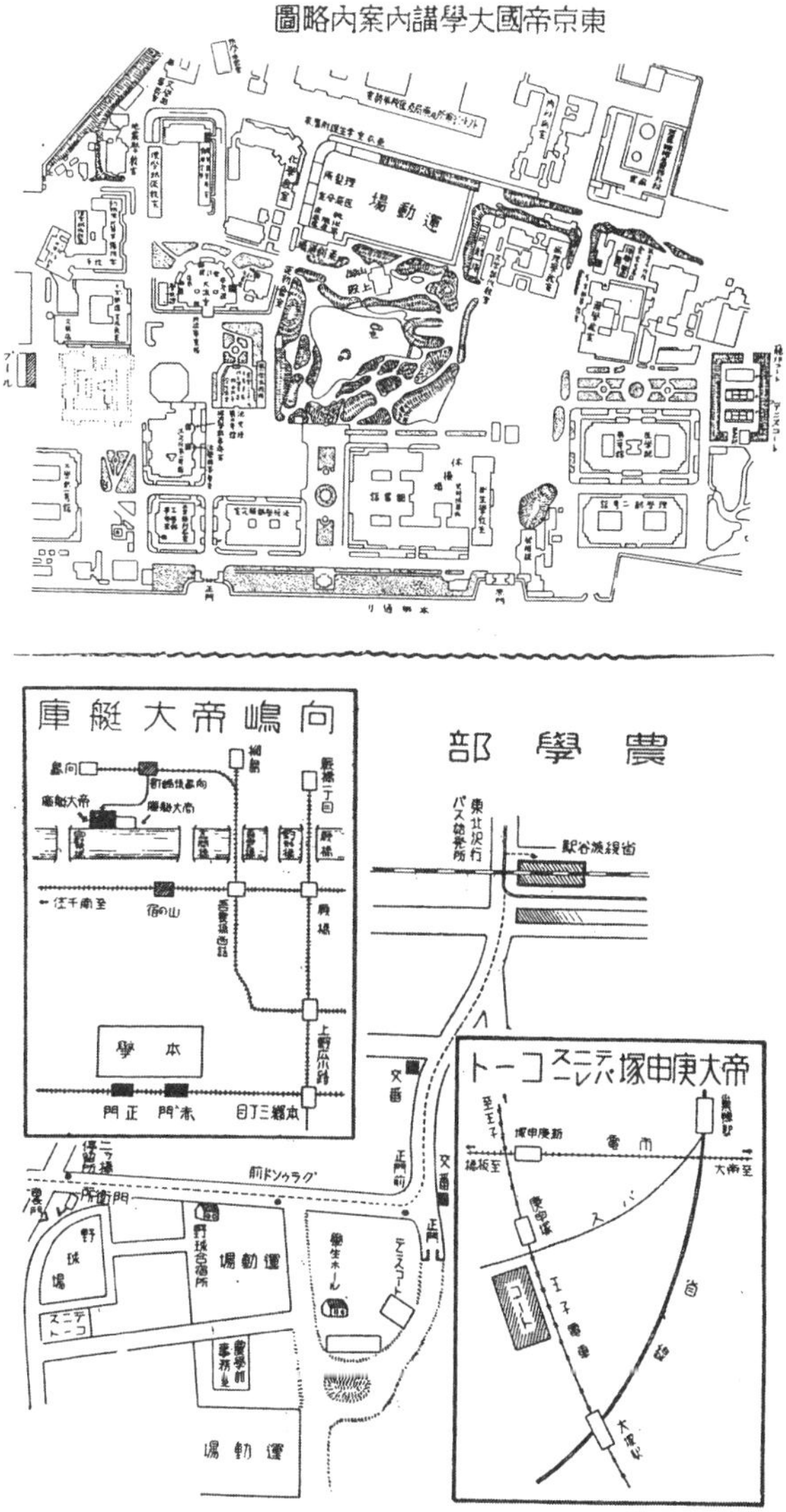

■図2−8．東京帝国大学構内の地図（『運動会報』創刊号より転載）

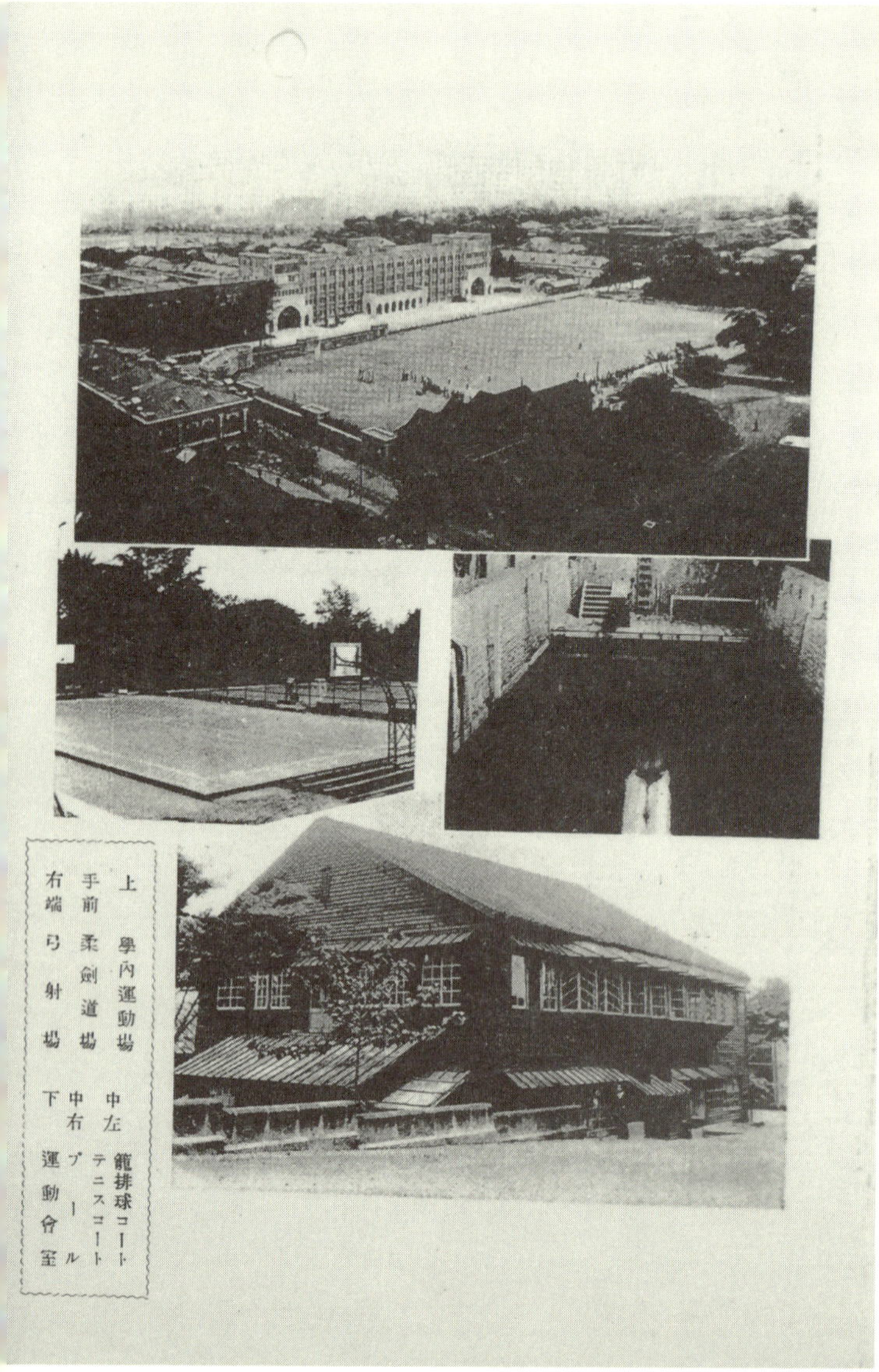

■図2-9．東京帝国大学内のスポーツ施設（『運動会報』創刊号より転載）

上ヨリ順ニ
駒場野球場
同　端艇庫
駒場運動場
庚申塚テニスコート

側面への期待といえる。

第一次世界大戦以降、社会主義思想や共産主義思想などに基づく社会運動が活発化し、「学生の左翼化をどう防ぐか」が東京帝国大学のみならず大きな社会問題になっていた[54]。この学生思想問題の背景のひとつには昭和初期の就職難があり、それゆえに学生は資本主義を批判し左翼思想に傾倒していった[55]。学生にしてみれば、就職できないのは資本主義が悪いからだ、資本主義を倒して共産主義の社会をつくらねばならない、というわけである。政府は、こうした学生の思想問題に目を光らせていた。

そうした社会情勢の中で、昭和三（一九二八）年のいわゆる「三・一五事件」では、千人を超える共産主義者が一斉検挙された。この中には多くの大学生が含まれており、左翼学生団体である新人会のメンバーを中心に東京帝国大学学生もいた。国家を牽引すべきエリートである帝国大学学生が、共産主義者として検挙されたことに、政府・大学・世間は驚愕した。政府はこの事態に対応するため、文部省に学生思想問題へ対処するための「学生課」を設置し、それと同時に東京帝国大学を含めた各直轄学校にも、学生の指導監督を行う「学生主事」を置いた。それでも、共産主義者の検挙者を出してしまった東京帝国大学への世間からの非難は止まなかった。そこで、大学は学内での左翼学生の取り締まりを急速に強めていった[56]。昭和五（一九三〇）年から昭和九（一九三四）年にかけて、東京帝国大学が思想関係で「退学・諭旨退学」に処した学生数は一〇名、「停学」と「本学年停学」を加えると一一〇名にのぼる[57]。大学は、左翼学生を強行に排除していった。図2-10に、左翼学生の取り締まりに対する風刺画を示した。ナイフで学生の左腕を切り取って薄ら笑いを浮かべる人物が、「俺は左が嫌いさ」と、さらに左足と左耳と左目も切り取ろうとしている様子が描かれ、政府や大学の左翼弾圧が痛烈に風刺されている。

こうして大学は学生に、左翼思想から距離を置いた〈健全な身体〉を期待した。そして大学は、左翼学生の巣窟が「学友会」の学生委員会とみていた[58]。先ほど述べたような社会科学研究所の独立問題に端を発する学内思想団体間の対立は、運動部のみならず、大学にとっても懸念すべき問題だったわけである。東龍太郎は運動部が「学友会」から独立した経緯を次のように振り返っている。

「学友会内に運動部は対非運動派の予算問題を廻る対立が起つた…運動系の予算は非運動系の学生にけづり取られ、また学生委員選挙、所謂選挙運動的な活動に際しても殆ど運動部の主張が通らない。吾々は此所に注意せねばならぬ事は、斯くの如き運動部の無勢力は運動部の不振のためでなく左翼系の学友会横奪の挙と見ねばならぬことである、華々しい理論闘争を武器とする左翼が地味な、而も学生の利益のためと云ふ事に於ては何等差異のない、運動部系を不当に圧迫してゐたのである」[59]

東は、当時の様子を「左翼系の学友会横奪」と見立て、左翼学生が「運動会」の敵になっていると考えていた。その一方で、前述したように、左翼学生は大学の敵でもあった。つまり、対左翼という点で、「運動会」と大学の目指すところが一致したわけである。ただし、大学が「運動会」と結託した理由は、左翼学生を共通の敵としたからだけではなかった。漕艇部長であった医学部教授の石原忍は、次のように語った。

「運動競技の精神と武士道の精神と稍似かよつた部分がある。故に運動競技は精神の鍛錬に役立つ…少くとは《ママ》漕艇の競技に於ては、技術も勿論必要であるが、それよりも遥に精神が重要である。経験上運動精神の旺盛な時には多くは優勝する。あまり理屈に偏して議論をしてゐるやうな時には大概負け

■図 2－10．左翼学生の取り締まりに対する風刺画（『帝国大学新聞』昭和 3 年 4 月 23 日付）

る。競漕には議論や理屈は禁物である…学友会の出来た当時、一時何でも古いことは捨てゝ新らしい事ばかりにした。ところが其の結果は甚だ宜しくない…学内では過激思想の団体のために悩まされ、遂に収拾できないやうになつて、学友会は解散せられ、運動会は其の本来あるべき状態に立ちかへるやうになった」[60]

石原は、競漕を含めた運動競技に「議論や理屈は禁物」という信念から、左翼学生によって議論や理屈に占められた「学友会」が「本来あるべき状態」ではない、と批判した。石原によれば、「運動競技は精神の鍛錬に役立つ」という。石原は、学生の精神的発達は、左翼思想に触れることによってではなく、スポーツをすることで成し遂げられると考えていた。だからこそ、左翼学生に翻弄されずに、学生がスポーツをできる状態が「本来あるべき状態」だったのである。

このように大学は、学生の左翼化を防ぐために、

「運動会」を支援した。大学は、左翼学生のちょうど反対側に運動部員を位置づけて、そこに実現すべき〈健全な身体〉を見出していたのである。

四．大学が学生に期待した〈健康で健全な身体〉

本章では、「運動会」を巡る学生と大学のやり取りをみてきた。以上を踏まえ、学生を運動部員・一般学生・左翼学生に分けて、それらと大学の関係を模式的にまとめると、図2－11のようになる。

「運動会」は、日本初の学生スポーツ団体であり、社団法人を経て財団法人として組織されるなど、その活動基盤を確かなものにしてきた。ただし、こうした「運動会」は一枚岩となった学生によってつくられたわけではなかった。「運動会」の中心にいたのは、もちろん運動部員であるが、その運動部員に対して、一般学生からはスポーツを開放すべしとの要求があり、左翼学生からは運動部偏重を修正すべしとの要求があった。一般学生と左翼学生は、立場は違っても、ともに運動部員を批判する点で一致していた。そこで運動部員は、一般学生に対してスポーツの「大衆化」と「浄化」を行い、彼らから理解と了承を得ようとした。そして、左翼学生に対して思想問題を不愉快として、彼らから距離を取ろうとした。こうした学生間での対立を乗り越えながら、「運動会」は財団法人化を達成し、強固な組織になりえたのである。

しかし、「運動会」は、運動部員の力のみによってつくられたわけではない。そこには大学の強い支援があった。大学は、「学生の病気をどう防ぐか」という問題と「学生の左翼化をどう防ぐか」という問題

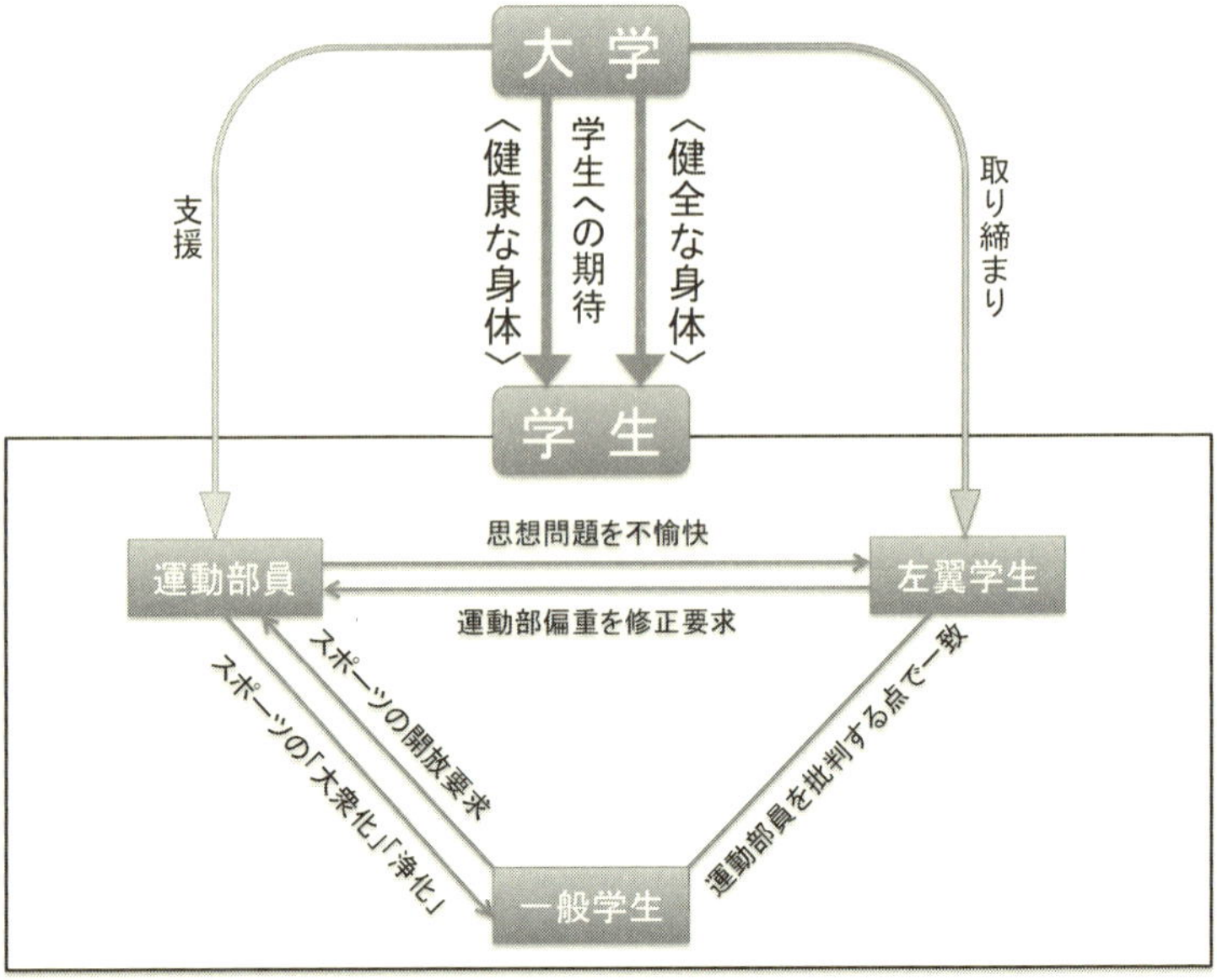

■図2－11．運動部員・一般学生・左翼学生と大学の関係

を抱えており、それらの問題を解決しようと、学生へ〈健康な身体〉と〈健全な身体〉の実現を期待していた。これらの期待の下に大学は学生に対して、〈健康な身体〉を実現し、〈健全な身体〉を実現するためにスポーツを奨励した。だからこそ、東京帝国大学は学生スポーツ団体を支援したのである。

すなわち、「運動会」を巡る学生と大学のやり取りからみえてきたのは、大学が学生に期待した〈健康で健全な身体〉なのである。

（中澤篤史）

附記

本稿は、二〇〇八年に日本体育学会編『体育学研究』五三巻二号に掲載された論文「大正後期から昭和初期における東京帝国大学運動会の組織化過程：学生間および大学当局の相互行為に焦点を当てて」を加筆・修正したものである。

注

1 『東京大学百年史』資料一、九三五頁。
2 例えば、体育・スポーツ史の研究者である木下秀明（一九七〇年、一五八頁）は、代表的な種目であった野球の場合、「大学野球は、新聞社など他人の力をかりることなく、学生みずからの力で、彼らに可能な、彼らにふさわしい野球組織を作りあげた」（傍点は引用者による）と論じている。
3 『東京帝国大学五十年史』下冊、六六七―六八〇頁。『東京大学百年史』通史一、八九四―九一一頁、通史二、四六四―四七三頁。
4 『学士会月報』四一九号、二五―二六頁。
5 『東京大学百年史』資料一、九三七―九三八頁。
6 『東京帝国大学五十年史』下冊、六七六―六七九頁。
7 『帝国大学新聞』大正一二年四月一二日付。
8 『帝国大学新聞』大正一三年三月一日付。
9 『帝国大学新聞』大正一三年三月一三日付。
10 『帝国大学新聞』大正一二年一一月二九日付。
11 『帝国大学新聞』大正一四年二月二日付。同年二月九日付。
12 『帝国大学新聞』大正一五年一一月二九日付。
13 『帝国大学新聞』昭和二年一一月七日付。
14 『東京大学百年史』通史　二、四七〇頁。
15 『帝国大学新聞』大正一五年一一月一九日付。
16 『帝国大学新聞』大正一五年一一月一四日付。
17 『帝国大学新聞』昭和三年一月六日付。
18 『東京大学百年史』通史　二、四六五―四七三頁。
19 『帝国大学新聞』昭和三年一月六日付。
20 『帝国大学新聞』昭和三年一二月一〇日付。
21 『帝国大学新聞』昭和三年一二月三日付。
22 『東京大学百年史』資料　一、九四〇―九四三頁。
23 『帝国大学新聞』昭和四年一月一八日付。
24 『帝国大学新聞』昭和五年一二月一日付。
25 『帝国大学新聞』昭和七年五月三〇日付。
26 『帝国大学新聞』昭和七年六月六日付。
27 『帝国大学新聞』昭和七年六月一三日付。
28 『帝国大学新聞』昭和七年七月四日付。
29 『帝国大学新聞』昭和七年九月一九日付。同年九月二六日付。
30 『帝国大学新聞』昭和四年二月一八日付。
31 『帝国大学新聞』昭和四年五月一二日付。
32 『帝国大学新聞』昭和八年二月二七日付。
33 『帝国大学新聞』昭和九年一月一日付。
34 『帝国大学新聞』昭和九年九月一七日付。
35 『東京大学百年史』資料　一、九四三―九四五頁。
36 『運動会報』創刊号「序言」。
37 『帝国大学新聞』昭和一〇年二月四日付。

38 『帝国大学新聞』昭和九年一〇月八日付。
39 『帝国大学新聞』昭和七年四月一八日付。
40 『帝国大学新聞』昭和九年二月五日付。
41 『帝国大学新聞』昭和九年三月一二日付。
42 『帝国大学新聞』昭和六年一月二三日付。
43 『帝国大学新聞』昭和八年一一月一三日付。
44 『帝国大学新聞』昭和六年一一月二三日付。
45 『帝国大学新聞』昭和九年一二月一七日付。
46 『帝国大学新聞』昭和八年一一月二〇日付。
47 『帝国大学新聞』昭和八年二月二七日付。
48 『帝国大学新聞』昭和三年二月二七日付。
49 『帝国大学新聞』昭和八年四月一〇日付。
50 『帝国大学新聞』昭和九年四月一六日付。
51 『帝国大学新聞』昭和九年一一月五日付。
52 『帝国大学新聞』昭和九年一二月三日付。
53 『帝国大学新聞』昭和二年四月一三日付。
54 『東京大学百年史』通史 二、四二三頁。
55 唐澤（一九五五年、二二六頁）より。
56 『東京大学百年史』通史 二、四三七—四四四頁、八四八—八五四頁。
57 桑尾（二〇〇六年、五頁）より。
58 『運動会報』創刊号、八—一〇頁。
59 『帝国大学新聞』昭和九年三月一二日付。
60 『運動会報』創刊号、一二—一三頁。

文献

学士会『学士会月報』学士会、一八八八年—。

唐澤富太郎『学生の歴史』創文社、一九五五年。

木下秀明『スポーツの近代日本史』杏林書院、一九七〇年。

岸野雄三他編『近代体育スポーツ年表（三訂版）』大修館書店、一九九九年。

桑尾光太郎「左翼学生の転向と復学」（『東京大学史紀要』二四巻、一—二〇頁 所収）、二〇〇六年。

文部省『文部省年報』文部省、一八七五—。

帝国大学新聞社『帝国大学新聞（復刻版）』不二出版、一九八四年。

東京大学百年史編集委員会 編『東京大学百年史』東京大学、一九八四—一九八七年。

東京帝国大学 編『東京帝国大学五十年史』東京帝国大学、一九三二年。

東京帝国大学運動会『運動会報』東京帝国大学運動会、一九二六年—。

第二章

〝劣った身体〟の発見

日本人にとって「日本人のからだ」というものはどのように認識されていたであろうか。歴史的に考えると、そもそも日本人が「日本人のからだ」を意識するには「外国人のからだ」と比較する機会が必要である。本章では明治維新前後でもっとも「日本人のからだ」を意識する、あるいは意識せざるを得ない立場にいた東京大学医学部の医師や医学生たちに焦点をあて、近代における「日本人のからだ」を重層的に構成することを試みる。

一. 東京大学医学部の歴史—日本初の大学医学部の誕生—

東京大学医学部の歴史は明治時代よりも前、一八五八（安政五）年五月七日に遡る。当時の江戸お玉ヶ池に開設された種痘所がその起源である。東京大学そのものは一八七七（明治一〇）年四月一二日に創立されたのだが、これは「東京大学」という「総合大学」が成立した日を指しており、当時の東京大学を構成した法学部・理学部・文学部・医学部の四つの学部の前身はそれより前から存在していた。したがって、この日は「東京大学」の制度上の成立の日であり、通常の意味での創立の日ではないとされる[1]。

種痘所の「種痘《しゅとう》」というのは天然痘《てんねんとう》の予防接種のことである。天然痘とは天然痘ウイルスを病原体として生ずる急性発疹性伝染病の一つであり、感染力が非常に強く、全身に膿疱を生じ治癒後に皮膚に瘢痕が残る。疱瘡《ほうそう》、痘瘡《とうそう》ともいう[2]。天然痘は長年にわたり世界でしばしば大流行したが、改良されたワクチンなどの努力により世界保健機構（ＷＨＯ）が一九八〇（昭和五五）年に根絶を宣言した。

天然痘の予防には種痘しかないとされている。種痘にはいくつかの方法が考え出されてきたが、このお玉ヶ池の種痘所でいうところの種痘は、ジェンナー[3]の牛痘種痘法を指す。牛痘《ぎゅうとう》というのは、牛やヒトなどが罹る感染症で、牛痘ウイルス感染により発症する。牛痘はヒトが感染した場合、天然痘よりも症状が軽くはるかに安全な病気で、皮膚に瘢痕も残らない。牛痘に罹ると近縁である天然痘への免疫が獲得できるために、牛痘に罹った人は天然痘に罹らないことから、ジェンナーは研究の末、牛痘を接種し人為的にヒトを牛痘に罹患させることにより天然痘を予防するという方法を開発した。これが「ジェンナーの牛痘種痘法」である。

ジェンナーはこの種痘法を一七九八（寛政一〇）年に発表した。日本に入ってきたのは一八四九（嘉永二）年で長崎にもたらされた。

日本では一八三九（天保九）年のいわゆる天保の改革のころから、蘭学と蘭学者に対する圧迫がだんだん強くなってきていた。そしてジェンナーの牛痘種痘法が日本に輸入されたのと同じ一八四九（嘉永二）年に幕府は、幕府に雇われている医師には外科的なもの以外の蘭方医術は禁止するという命令を出した[4]。

幕府直轄の医育機関である「医学館」は漢方医の中心であり、牛痘法は採用されず、江戸では牛痘法の組織がなかった。江戸では個人で種痘をする医師はいたものの、組織化がされていなかったために大きな効果をあげることは難しかった。そこで江戸に住んでいた蘭方医八二名がお金を出し合って種痘所を作る計画を作り、幕府に許可を申し出た。

牛痘法自体は各地で絶大な効果を表していたこともあって幕府もこれを認めた。これがいわゆる「お玉ヶ池種痘所」であり、東大医学部の起源である。このように、東大医学部の前身であるお玉ヶ池種痘所は蘭学医者の同志的な結合から生まれた全く私的なものであったのである[5]。

この種痘所が開設されてわずか半年あまりの一八五八（安政五）年一一月一五日、神田相生町で大火事が発生し、お玉ヶ池種痘所は類焼してしまった。そのため、伊東玄朴[6]の家などを臨時の種痘所として仕事を続けた。その後、同年一二月にそのすぐ近くに土地を借り、仮小屋を建て、そこで種痘を行った。

翌一八五九（安政六）年九月、その仮小屋と同じ場所に新築の種痘所ができた。これは銚子の豪商浜口梧陵が七〇〇両を寄付し、また他の二〜三人の有志の寄付と合わせたものにより建設したものである[7]。

お玉ヶ池種痘所における種痘の実績は確実で世間の評判も良かった。また、同種痘所の幹部六人が奥医師（侍医）になったこともあり、一八六〇（万延元）年に幕府が接収して、幕府直轄の官立の種痘所となった。ついに私立の種痘所から官立のそれになったわけである。

官立の種痘所になったあとは、種痘はもちろんのこと医学教育にも力を入れ始めた。一〇名前後の教授職を揃えて学生を指導した。その医学教育の内容としては、当時は解剖が重要なものとして認識されていたようである。例えば種痘所頭取大槻俊斎（頭取は現代でいう「所長」のこと）は一八六〇（万延元）年に種痘所の学生の勉強のために解剖用の死体をいただきたいという願書を幕府に提出し、その文の中に一年に二〜三度ずつ解剖をしなければ医術研究にならない、と書いたという[8]。

一八六一（文久元）年に種痘所は「西洋医学所」と改称された。これにより幕府は、漢方医学のための「医学館」と西洋医学のための「西洋医学所」の二つの直轄医学機関を持っていることになった。さらに一八六三（文久三）年に「西洋医学所」は単に「医学所」と改称された。

同年七月に頭取となった松本良順は、長崎でポンペ[9]のもとで学んだ教科を導入して、物理・化学・解剖・生理・病理・薬剤学・内科・外科のいわゆる「七課」を課した。テキストも原則的にポンペの講義をもとにしたとのことである。つまり、松本は「医学所」を語学勉強の場とせず、徹底的に医学修練の場にしようとしたようである。医学所の医学教育は松本の時代にようやく組織立ってきた。そのころの医学生は通学生が三〇名、寄宿舎生が三〇名という構成だったという[10]。

このころの社会は、いわゆる安政の大獄、桜田門外の変、坂下門外の変、大政奉還、鳥羽・伏見の戦いなどが起こっており、こうした戦乱とでもいうべき混乱の時期に、医学所頭取の松本良順は創傷外科の必要を感じて医学所で軍事医学の講義を課したという。当時刊行されていた書物は医学分野を除けば、軍事のものが非常に多かったようである。

その一八六八（慶応四＝明治元）年の鳥羽・伏見の戦いでは、松本は何人かの学生を連れて浅草に近い今戸の称福寺を借りて江戸に送られてきた傷病者の手当てをした。こうした社会の流れのなか、同年幕府は医学所を「海陸軍病院」と改称した（しかしこの手続きが遅れたため、いまだ「医学所」と呼ばれていた）。同年四月一一日に有栖川宮熾仁親王が江戸城に入城した翌日、松本は会津方面に脱走して旧幕府軍に加わった。そのため、林洞海が新頭取となったが、新政府側は旧幕府から医学所（海陸軍病院）の引き渡しを受け、頭取以下旧職員全員を解任した。

こうして、東大医学部の前身は一八六八（慶応四＝明治元）年六月九日に発足から一〇年あまりで一度その機能を終えたのである[11]。

明治新政府はそのほぼ半月後の同年六月二六日に、旧幕府の医学所を復活させ、その再興にとりかかった。その際、その他の医学機関も接収して新「医学所」を設立した。これは明治新政府直轄の医学教育機関の始まりで、のちに設立される東京大学医学部につながっていく。

同年七月、横浜にあった軍事病院が東京の下谷和泉橋通りの旧津藩藤堂邸跡（現在の千代田区神田和泉町）に移り、医学所も含めて「大病院」と称した。翌一八六九（明治二）年二月にはこの「大病院」が「医学校兼病院」に改称され、さらに同年一二月にはこの「医学校兼病院」が「大学東校」に改称された。これは湯島にあった「大学校」が「大学」と改称され、一ツ橋にあった開成学校が「大学南校」に、東方の和泉橋通りにあった医学校が「大学東校」に改まったのである。

「大学東校」は一八七一(明治四)年に単に「東校」と改称された。翌一八七二(明治五)年に「東校」は「第一大学区医学校」と改称された。これは全国をいくつかの大学区に区分し、それぞれの大学区に一つの大学を置くことを原則にしたのによる。そして、一八七四(明治七)年に「東京医学校」と改称された[12]。

明治の初めから東大医学部の前身があった和泉橋通旧津藩藤堂邸跡のあたりの土地は、じめじめしておりしかも町の真ん中に近く、将来に渡って長く医学校や病院を置くには適切な場所ではないという声が強かった。そして移転の候補地として挙がってきたのが本郷の旧加賀藩邸で、一八七六(明治九)年に移転が完了した[13]。翌一八七七(明治一〇)年に東京開成学校と東京医学校を合わせる形で、法学部、理学部、文学部、そして医学部からなる東京大学が日本初の大学として設立されたのである。

二.〝日本人のからだ〟=〝劣った身体〟の発見

徴兵制度が見つけた〝日本人のからだ〟

自らの民族の〝からだのことを真剣に考える機会の一つは、戦争であろう。戦争には兵が必要であるが、自国の兵をどのように構成するかを考える際に、〝体格〟は一つの重要な要素となる。

江戸時代と異なり明治時代では、戦争の担い手である兵を国全体で身分によらず徴集するシステムにするということであれば、その戦争の対象である他国との体格の比較は否が応でも必要となろう。

考察の軸になるのは一八七三（明治六）年の「徴兵令」である。これは成立当初に直属の軍隊をもたなかった明治政府が、国民軍を組織するために作った法令である。

ここでは、この徴兵令の成立の過程とその後の幾度かの改正を通して〝日本人のからだ〟が見つけられていく様子を探っていく。

古屋によれば、明治政府の法令中に最初に「徴兵」の語があらわれるのは一八六八（明治元）年閏四月一九日の「陸軍編成」だという[14]。その内容には、徴兵については一七、一八歳から三五歳ごろまでの「強壮之者」を選ぶことなどが命じられれているという。古屋も指摘するように、ここでは「強壮之者」という漠然とした表現であっても、兵隊の条件が身分・階層よりも健康状態に求められるようになっていることに注意したい[15]。

一八六九（明治二）年、徴兵令制定の中心人物の一人である山県有朋[16]らはヨーロッパの国々を訪れ、軍事制度を視察した。また山県は、西周[17]に欧州各国の法規を調べさせ、その後、徴兵令の草案がつくられた。当時軍医だった石黒忠悳[18]の手元にもその草案がまわってきたが、石黒は「徴兵には壮丁の体格が肝腎である、然るに軍医に相談なしに先ず草案が出来るとは奇怪な話だ」と力んだところ、山県は、それはもっともであり「身材のことは軍医寮に必ず諮らねばならぬ事であった。就いては身材の事に付ての部分は、石黒に責任をもって調べさせろ」とのことであった[19]。

勇ましい石黒であったが実は「困った事には私にも未だ徴兵の体格規定という事の準備知識がない」[20]

というのである。それもそのはずで「いったい我国は幾人の壮丁[21]があるものか。その壮丁の平均の身長はいくらか、体重はいくらか、胸囲はいくらか、という様な事がさっぱり解らない」[22]という具合に、身体に関する統計的なデータがまだ整備されておらず、参考資料がない状態なわけである[23]。さて「兵士の身長の標準を何尺何寸とするのが最適か」[24]ということを導き出すためにはどうしたのであろうか。

　石黒は自分でデータを集めることにした。まず、水戸の兵約二〇〇人、長州の兵士一〇〇人、薩州の兵士一〇〇人の体格を調べた。しかし「考えて見るとこれはほとんど皆士族の出身」だから「四民平等に壮丁を採ると」仮定すると「これを士農商一列の全国壮丁の標準にすることは出来」[25]ないということになる。前述のように士族はもちろん、参考にできる四民の体格測定値が当時ほとんどなかったことによる。

　そこで石黒は次に、市中の鳶職を調べたり、「王子とか浦和とかの近在へ出かけてその村長に頼んで若者の身体を調べ」たりすることにより、さまざまな身分の若者の身体データを集めることに努めた。さらにこのデータだけでは「私の部下はいまだ安心が出来ぬとて、今度は市中の銭湯に出かけて、入浴に来る若者をつかまえて、職業を聞き身体を測った者もあった」[26]という。このように石黒とその部下は体当たりで日本人の身体の把握を試みたのである。

　その一方、外国人の体格も考慮した。石黒は、明治以前から長崎・出島で交流があったオランダの身体検査と徴兵に関する書物を読み参考にした。また「その頃横浜に英国の兵隊が来て居りましたが、何れも六尺豊かの大兵です。他日我国が外国と事を構える時には、是等とも取組むのだから成るべく此方も徴兵の身長標準を高くしなければならぬと考え」たという。六尺とは一八一・八㎝であるから明治初頭ということも考えると相当の体格である。しかし石黒らがここまで調べた結果を考え合わせると、身長の標準が「五尺五寸［一六六・七㎝］となると……合格者がずっとない様であるので五尺四寸［一六三・六㎝］と見当を付け」[27]たという[28]。

そこでオランダの選兵論を読むと「歩兵の身長は全国壮丁の平均身長よりも幾分低く法令をもって定めよとあ」る。なぜなら「標準を高くすると大軍を集むる必要の生じた場合に間に合わなくなるという理由」からであり、これに納得した石黒は「一寸下げて五尺三寸［一六〇・六㎝］という標準を作」[29]ったのであった[30]。

石黒は東大医学部の前身の「医学所」の卒業生でもあり、これは徴兵制度整備の過程で見つけられた〝日本人のからだ〟であると同時に、東大医学部が見つけた〝日本人のからだ〟の端緒ともいえよう。石黒のいう六尺の外国兵というのは計測したものかどうかはわからないが、石黒が想定した外国兵の身長である六尺、すなわち一八〇㎝以上に対して、設定した基準は五尺三寸（一六〇・六㎝）であるから、ここで約二〇㎝の差に気づくわけである。この二〇㎝の〝劣った身体〟がここで明らかになるのである[31]。

このころの世の中の動きに目と転じると一八七九（明治二）年に高知藩が四民からなる募兵選挙法を定めている。この中の条件の一つとして身長五尺以上（一五一・五㎝）が謳われている[32][33]。

一八八〇（明治三）年には「徴兵規則」が太政官より令せられる。これは各府藩県が一万石につき五人ずつ新政府に徴兵を差し出すというものである[34]。この中では「身材強幹筋骨壮健」で身長が「五尺以上」が条件とされている[35]。

前述の海外の徴兵に関する法令はというと、徴兵令制定時に参考にした国の一つであるフランスの場合、一八三二（天保三）年の法では身長一五六㎝以上であり、一八六八（明治元）年の法では一五五㎝以上となっていた[36]。

果たして、一八七三（明治六）年の徴兵令では身長に関する免役条項は五尺一寸（一五四・五㎝）であった。もう少し細かく見るとこの五尺一寸（一五四・五㎝）というのは歩兵に関してであって、騎兵、工兵、輜重兵は五尺三寸五分（一六二・一㎝）以上、砲兵は五尺四寸（一六三・六㎝）以上である[37]。

この徴兵令はこの後何度か改正が行われる。身長に関する免役条項についていえば、徐々に基準が緩くなっていった（表3-1）。

このことを考えるために、まず徴兵令が施行されてから数年間の徴兵の実情を見てみたい。例えば、一八七五（明治八）年の第一管区（東京鎮台）では最初は予定の常備兵数を徴収することができず、再度の調査でも補充兵までは確保することができなかったという。このような、補充兵までは確保できないという事態は一八七六（明治九）年から一八七九（明治一二）年までに何例も見られた。特に一八七九（明治一二）年の場合、補充兵以前の常備兵の徴集においてでさえ深刻な問題があった[38]。

それは免役される者の多さが原因で、一八七五（明治八）から一八七九（明治一二）年までの免役されたものは各年とも八割以上にのぼっていた[39]。また免役されなかった壮丁も、徴兵検査をしてみたら不合格者が続出したという[40]。

茨城県の例も見てみよう。久慈郡天神林村・町屋村・常福地村における、身長が基準に達しなかったために免役された者の中で、徴兵適齢者の中に占める割合と免役または不合格になった者全体の中に占める割合を見ると（カッコ内が後者の数値）、一八七五（明治八）年三二・三％（三七・五％）、一八七六（明治九）年五二・六％（六二・五％）、一八七七（明治一〇）年三五・〇％（三八・九％）、一八七八（明治一一）年四三・八％（五三・八％）であった。多賀郡の六つの村（下手綱村、上手綱村、赤浜村、高戸村、高萩村、安良川村）では、同様に一八七五（明治八）年七九・五％（九三・九％）、一八七六（明治九）年五七・四％（九三・一％）、一八七九（明治一二）年四六・三％（八四・〇％）とこちらでは、八割以上が身長の基準に達していなかったことになる。また一八七九（明治一二）年の徴兵受検者の平均身長は、下手綱村他三ヶ村が五尺九分（一五四・三cm）、華川村が五尺六分（一五三・三cm）であった[41]。このように、当初の徴兵の基準である五尺一寸（一五四・五cm）というのは相当厳しい基準であったことが分かる。別言すると、この基準値はある種の〝理想の身体〟であり、現実の状況とは乖離があったのである。

古屋にいわせれば、この状況は徴兵の「制度の破綻」である[42]。

そこで、当局は免役条項に該当する者を減らすためにまず身長制限に手をつける。徴兵令制定から二年後の一八七五（明治八）年一月に陸軍省から〝徴兵令参考〟が布達された。これは徴兵令の条文を詳しく解説したもので、ここでは「徴兵の身幹は五尺一寸以上の定則といえども土地人種に由り定尺に当る者十が一を得る能はず。就中歩兵の定員は他兵に十倍す。故に歩兵に限り五尺以上を採用するも時宜に因る」[43]と早くも歩兵については基準を五尺（一五一・五cm）に下げることが認められた。

同年一一月には徴兵令の改訂が行われ、ここでは免役の規定が定められている「第三章　常備兵免役概則」そのものを五尺未満（一五一・五cm）とした[44]。これとほぼ同時に徴兵令参考の前述の部分も四尺九寸（一四八・五cm）に改訂された[45]。

その後、一八七九（明治一二）年に再び徴兵令が改訂されるが、このときは歩兵の身長は五尺のままであったものの、騎兵、工兵、輜重兵の基準が五尺三寸五分（一六二・一cm）から五尺三寸（一六〇・六cm）に下げられた[46]。

徴兵に関する各種法令の身長基準のおもな推移は表3-1を見てもらいたいが、徴兵令に関し、体格の部分だけ見れば外国人の身体を見るなどして設定した〝日本人のからだ〟はいわば理想の身体で、現実にはそれよりももっと小さい、劣った身体であった。理想の身体と現実の身体の差に気づき、基準を少し下

■表3-1．徴兵に関する法令とその身長制限の変化

年（和暦）	法令または発令者	身長制限		備考
		cm	尺	
1832（天保3）年	フランス	156		
1868（明治元）年	フランス	155		
1869（明治2）年	高知藩	151.5	5尺	
1870（明治3）年	徴兵規則（太政官）	151.5	5尺	
1873（明治6）年	徴兵令	154.5	5尺1寸	歩兵。砲兵は5尺4寸（163.6cm）、工兵などは5尺3寸5分（162.1cm）。
1875（明治8）年	徴兵令参考	151.5	5尺	歩兵のみ特例。
1875（明治8）年	徴兵令改訂	151.5	5尺	
1875（明治8）年	徴兵令参考改訂	148.5	4尺9寸	歩兵のみ特例。
1879（明治12）年	徴兵令改訂	151.5	5尺	歩兵。砲兵は5尺4寸（163.6cm）、工兵などは5尺3寸（160.6cm）。

げ、そしてまた下げる、ということが繰り返された。そうしてようやく〝日本人のからだ〟というものを理解していく、試行錯誤の過程でもあったわけである。したがって、徴兵令制定と改訂の歴史は〝日本人のからだ〟というものに気づく過程でもあったといえよう。

東京大学医学部が見つけた〝日本人のからだ〟

明治政府は一八六九（明治二）年六月ドイツ医学の採用を決定し、一八七一（明治四）年に二人の医学教師が初めて来日した。その後多くの教師が来日しドイツ医学を教授した。東京大学医学部の本科生はドイツ語で医学を学んだエリートであった。

東大医学部は前述のように一八九九（明治三二）年に京都帝国大学医科大学（京都大学医学部の前身）が開設されるまで大学としては二〇年以上日本で唯一の医学部であった。一八七〇年代後半以降、東大医学部の卒業生に対し各府県

の公立病院兼医学校が彼らを病院長・医学校長として破格の条件で招聘したという[47]。その条件とは月俸一五〇円程度であった。一八八六（明治一九）年の教員の初任給は五円であったので[48]、この条件がいかに桁違いであったかが理解できるだろう。

一八八〇年代後半ごろまでは、東大医学部卒業生は主として大学、軍、府県立病院兼医学校の三分野に進んだ[49]。こうして、東大医学部卒業生は日本の医学に影響を与えたわけである。

ここでは、明治から大正を中心とした東大医学部卒業生が見つけた〝日本人のからだ〟を取り上げる。ここからの引用は特に説明がない限り前身も含めた東大医学部在籍者（当時）または卒業生からのものである。

東京大学医学部の出身者たちは、留学・洋行した際、外国人と日本人の体格の差についてどのように感じたのであろうか。河本が渡欧しドイツの学校や一九二四（大正一三）年のパリ・オリンピックを見た際の旅行記は興味深い。まずドイツのある学校の科目に柔術と柔道が取り入れられているのを見て、ドイツ人が「あの体格、あの根気で柔道を練習されたら将来恐るべきものだと思われます」[50]とドイツ人の体格の立派さに触れた上で、日本由来の柔道が将来的にドイツ人に追いつかれる危機感を述べている。また、投擲競技においては「あの大きな常陸山の如き体格の西洋選手が全身のひねりで投げているのに一寸敵いそうもありません」とし、欧州の選手を力士に例え、体格に関する圧倒的な差を認めている[51]。

島薗[52]の一九一一（明治四四）～一三（大正二）年および一九三〇（昭和五）年における欧州旅行談も面白い。それによれば「日本人としての弱点」であり「外国に行くと特にこの感じが強い」のは「まず第一は体格である」と体格の小ささを日本人がもっとも劣る点であり、外国に行くと痛感することを述べている[53]。その上で、「日本人は身体が小さい。近頃若い日本人は随分身長が伸びて来たようである。それでも身長も身体全体としても、日本人は一体に貧弱である、イタリア人、フランス人はドイツ人よりは幾らか小さいが、それでも日本人よりはずっと大きい」[54]と、欧州各国の人たちに比べて日本人の体格が貧弱だとする。

さらに、島薗はその原因として「斯く日本人の体格があちらの人に比べて劣るのは、勿論人種の関係もあろうが、生活状態も大に参興するものだらうと思う。生活状態を改善して英独人等の様に身体を堅固に、体格を立派にする様に務めあげなければならぬ。そういう風にするのには、（一）食物の改善（二）発育に対する有害物の除去（三）身体の鍛錬の三要素に留意するのが必要であると思う」と、体格が劣る原因を三つ挙げている。一の栄養状態の改善は時代を考えるとおそらくその通りであろう。二の原因は具体的には寄生虫の除去などを指している。三の「身体の鍛練」は運動・スポーツ、それも日常からの運動実践を指している[55]。

体格については次のような記述もある。石原房雄は「日本人の体格はどうしても欧州人には及ばない」[56]と言い切っている。さらに石原は日本人の体形について、「その姿の美しくない主な原因は」として、「脚の格好がO形となったり、或は少しずつ曲って真直でないのと、脊がいくらか後ろに彎曲して居るというのが主因である。従ってズボンの恰好が良くないのである」[57]と医師らしい観察眼で脚や背骨の湾曲が日本人に見られる点を指摘し、それゆえズボンが似合わないと分析している。石原には当時日本人にはズボンを履きこなせていないという感覚があったことがうかがわれる。

さらなる分析として石原は「元来日本人の脚は欧州人よりも短い。全身長に対して脚の長さの割合は欧州人は五四%位であるが、日本人は五一・六%である」[58]、という計測による下肢の比率の違いを挙げ、欧州人と日本人の体形の違いを裏付けようとした。

加えて、日本人の〝姿勢〟に対する報告もある。

パリ・オリンピックの水泳の飛込競技を見て、「日本人は西洋人に採点されたらその姿勢によって余程悪く採点される事と思います」[59)]と、日本人と欧州人の姿勢の差を感じている。

また「外国で夜陰、後姿で彼の人は日本人ではないかと疑わしめた人の多くは日本人である」とシルエットでも日本人とわかる姿勢にも言及している[60)]。

また体力については、前述の河本はパリ・オリンピックの視察に関して「水泳以外のものでも多少の得点はありましたが然しまず足許にも及ばぬと云ってよい程度のものでありました。是れは未だ体力が及ばないのと、良い指導者が無いのと、用意の足りないのに依る事だと思います。」とし、体力についても彼我の圧倒的な差を感じ取っている[61)]。

欧米を見ることにより、スポーツへの取り組み方の差も明確に感じられるようになる。

「とにかく、フットボールにせよ、ベースボールにせよ、米人がスポートに熱狂するのは、実に驚くばかり」と、稲田（当時東大医学部教授）[62)]が一九二四（大正一三）に米国旅行をした際にアメリカ人がスポーツに力を入れている様子に驚いたことを述べている[63)]。また前述の河本も「日本では最近にスポート、スポートと云って特別の物の様に扱って居りますが、欧米人の間には人生あると共にスポートがくっついて居るのでありまして、彼等はスポートなしには一日も暮らせません」と日本と欧米のスポーツへの取り組み方、根付き方の違いを指摘している[64)]。

日本人の運動・スポーツへの提言として前述の島薗は「日本人も近頃はよく運動するようになって来たが、未だ一般には行われて居ないようだ。日本人は一体に無精であって、大学の学生でも歩いて僅かしかからぬ処を電車に乗る。これではいけない」[65)]と、ここでも日本人が身体を動かさないと述べられている。

そして「運動は必ずしもスポーツに限らない」ので「日本でも国民一般が運動に務めてほしい」と日本人へのより一層の運動の浸透を願望している[66]。

このように、日本人と欧米人のスポーツの取り組み方に差があることを感じていたことがわかる。体格、体力、スポーツなどの面から〝劣った身体〟を感じていたようである。

ベルツが見つけた〝日本人のからだ〟

来日した外国人教師のうちで医学教育にもっとも影響を与えた一人はドイツ人のエルヴィン・ベルツである。ベルツは一八七六（明治九）年から二七年間の長きに渡り東大医学部の教師を務めた近代日本医学における功労者である。

ベルツは、一八四九（嘉永二）年にドイツで生まれ、一八六六（慶應二）年テュービンゲン大学医学部に入学し、一八六九（明治二）年ライプティヒ大学に転学、内科学を修める。一八七二（明治五）年大学修了試験に合格。一八七六（明治九）年来日し東京医学校で生理学の講義を開始する。在日中は医学全般にわたり東大医学部生を指導し研究を重ねただけではなく、人類学、美術などに関しても研究を行った。一九〇二（明治三五）年東京帝国大学を退職し、一九一三（大正二）年に没した。

ベルツは学生（東大生）に対し、スポーツを積極的に奨励した。「ベルツは学生などに対して勉強が過度にならないように、スポーツとバランスをとることをすすめた」[67]という。具体的には「ベルツは日本の伝統的武術に関心を持ち、弓術、剣道を推奨したが、とくに柔術については、維新後ほとんど忘れかけた状態にあったものを国民的スポーツになるまで育て上げた。水泳もベルツが奨めたスポーツ」[68]であるというように、ベルツは武道と水泳を奨めたとのことである。このように「ベルツは日本の伝統スポーツを復活させ、普及させるのに計り知れない力を貸したが、それも元はといえばかれが医療の限界を十分に知っていたために、健康であるにはまず普段から身体を鍛えることが重要であることを承知していたから」[69]と、ベルツは、スポーツは健康のために行うものであり、そしてそれは医療を補うものであると考えていた。

ベルツが東大を辞する一九〇二（明治三五）年、第一回日本医学会総会が開かれ、彼は名誉会長として祝辞を述べたが、そこではこのように発言している。「身体を幼時から強壮にすること」[70]が肝要である。そして「医師というものが健康体を学ばず、病体ばかり学んだ経験しかない場合、どうして健康体を強壮にすることができるでしょうか？　身体を強健にすること、つまり体育について、医師自身がなんの理解も持っていない場合です！　大方の国々における医学教育の欠陥はこの点に存する」[71]とし、ベルツは医師が健康体を学ばなければならないとし、そしてそのために医師こそ体育（ここではスポーツの意と思われる）を学ばなければならないと説いている。〝体育〟によって身体を鍛錬することの重要性がここでも強調されていることがわかる。

またベルツは、かねてから幾度も洋装に反対する旨を示していたが、親交のあった伊藤博文が宮中で洋式の服装が採用になったことをベルツに告げた時に、ベルツは「何しろ洋服は、日本人の体格を考えて作られたものではない」と見合わせることを勧めていた[72]。そして「西洋諸国と対等になることは、外面的形式の方面ではなく、内面的資格の方面においてこそ、その目的を達せねばならない」とし、「ことに外面的形式が欠点ですらある場合には、なお更のことだ」[73]と、日本人（女性）の体格を、ある種の「欠点」と指摘した（傍点引用者）。

一九〇四（明治三七）年一月一日に天皇・皇后の新年引見のためにベルツが皇居を訪れた際、侍女が

■表3－2．ベルツによる日本人の男性の身長・体重

職業	年齢（歳）	平均値		検査人員
		体重（kg）	身長（cm）	
学生	21-24	52.3	156	25
学生	22-26	53.7	161	25
公務員・学者・会社員・商人	20-60	55.6	160	1000
騎兵	23	55	159	140
歩兵	22	58	154	30
騎兵	22	63	161	30
騎砲兵（きほうへい）	22	65	164	30
山砲兵（さんぽうへい）	22	69	165	30
工兵	22	65	161	30
輜重兵（しちょうへい）	22	62	159	30

（安井、1995：p.300. より作表）

黒のビロード服に白い羽毛の襟飾りをつけているのを見たとき、この思いが改めて想起され、「あの太短い姿では全く論外である。衣装が服装ではなく仮装になっている」[74]と痛烈に表現した（傍点引用者）。そして、「固有の古代日本式衣装を着ければ、自然で良く似合う」と日本女性の体格・体型を評価した[75]。このようにベルツは、女性の服装の面から、日本人女性とヨーロッパの女性との体格の違い、すなわち〝劣った身体〟の認識を示している。

ベルツは来日後まもなく日本人の身体の計測を始め、一八八三（明治一六）年と一八八五（明治一八）年に「日本人の身体形質」という論文を二つ発表した[76]。その中で、骨格の測定と生体の観察により日本人とヨーロッパ人では脊柱と上下肢の比率が違うことを指摘し、ヨーロッパ人よりも日本人が腕より脊柱がその比率においての長いこと、また腕においてはヨーロッパ人より日本人が長いことを示した。その結果を述べる際に「従って日本人の一見して胴長であることが説明される」（傍点引用者）とベルツが日本人は胴長であると意識していたことが、実測による数字の裏付けとともに示されていることは興味深い。続けて「日本人の足は非常に

■表3－3．日本人男性の年齢別身長・体重

年齢（歳）	検査人員	平均体重（kg）	平均身長（cm）
20	26	52.7	156
21	21	52.2	157
22	34	53.4	155
23	30	53.7	157
24	40	53.8	159
25	45	54.0	160
26	42	53.7	160
27	58	53.1	162
28	50	53.4	160
29	78	56.7	158
30	56	56.0	159
31	46	56.7	161
32	39	57.4	159
33	46	56.2	158
34	51	54.0	155
35	39	55.1	160
36	45	56.1	160
37	32	56.9	160
38	44	55.8	161
39	30	60.0	161
40	25	56.7	164
41	30	60.9	161
42	32	57.9	159
43	26	58.4	156
44	14	57.4	162
45	22	58.6	161
46	13	57.3	161
47	23	53.9	158
48	9	55.9	158
49	9	52.8	156
50	11	52.0	158

（安井、1995：pp.300-301.より作表）

短」いことも述べられている[77]。

表３－２はベルツが測定した日本人男性の身体の計測値である。

また表３－３はベルツの調査ではないが、「われわれが同じ年齢の学生でみた値と一致」するということでベルツの当該論文の中で引用されているものである[78]。こちらは年齢別に体重と身長が整理されている（男性のデータ）。

■表3-4．男性の体重の日欧比較

＊ケトレーによる調査数値。

年齢（歳）	体重（kg）／日本人	体重（kg）／ヨーロッパ人＊
14	38.7	37.1
15	42.6	41.2
16	48.0	45.4
17	52.1	49.7
18	53.0	53.9
19	53.1	57.6
20	52.8	59.5
25	54.0	66.2

（安井、1995：pp.300-301．より作表）

■表3-5．ベルツによる日本人女性の身長・体重

階級	年齢（歳）	測定数	平均体重（kg）	平均身長（cm）
上層	17－45	60	45.4	147
上層	17－41	32	46	147
上層	21－44	17	46	149
下層	20－54	60	47	145

（安井、1995：p.393．より作表）

そして、ベルツの持っている日本人男性の体重のデータと、ケトレー[79]の持つヨーロッパ人のものを比較した表も載せている（表3－4）。

これにより、ベルツは「日本人の体重をヨーロッパ人のそれと比較すると予想通り日本人は劣っている」と帰結している[80]。

さらに、身長と体重を合わせての考察も行っている。「身長にくらべて体重をみると日本人成人の平均身長は158～159㎝で、ヨーロッパ49㎏の体重の者に相当する。しかし日本人ではこの身長では55㎏である。国民の体重をみると兵士は一見著しく重い。もちろんこのことから日本人は一般に相対的に体容積が多いとはいえない。なぜならヨーロッパでは159㎝で成長がとまる人はまれで、普通すでに16歳でこの身長に達し、その

後170㎝あるいはそれ以上に成長するから」だという[81]。そしてベルツは「日本人は全体として体格が貧弱だとか栄養がわるいという一般印象の結果と完全に一致している」（傍点引用者）と結論付けている[82]。

他方、日本人女性については、ベルツは表3-5のような測定結果を得た。

これから、ベルツは「日本人（女性：引用者補足）は一般に小さい。すくなくとも内陸の民族の人々にくらべると小さい国民である。またもっとも近い大陸の隣国人、朝鮮人、北シナ人より身長や体格の点で劣っている」と判断した[83]。

またベルツはコロンボを訪れた一九〇八（明治四一）年二月一一日の日記で、セイロンの人を見て「ここでも（東アジアと同じく）、両性間の体格の類似が顕著である。上半身を腰まで裸で歩く若い男たちは、女のような腰と目鼻だちをしている。女性や少女たちは腰が細く、ほとんどが胸もきわだって小さい。このため、普通に女性を見分ける唯一の手がかりは、彼女たちが体にぴったりとまとっている白い薄手の上着、しかも、たいていは胸の部分にふくらみのない小さな上着だけである」と述べている。おそらく日本人もここでいう「東アジア」に含まれていると思われるが、日本を含めた東アジアの男女が、念頭に置いているると思われる欧米人と比べて〝劣っている〟ということが描かれている[84]。

このようにベルツは、ヨーロッパの人たちはもとより、アジア近隣国の人よりも日本人の身体を〝劣った身体〟としてみなしていたようである。

その他の人々が見つけた〝日本人のからだ〟

ここまでの〝日本人のからだ〟への気づきを補強するために、医学者以外の二人の明治期の留学生の〝気づき〟の様子をここに紹介する。

一人目は鈴木梅太郎である。農芸化学者の鈴木梅太郎は一九一〇（明治四三）年に世界初のビタミン（ビタミンB1）を発見した。鈴木は農科大学（現在の東京大学農学部）を卒業し、一九〇一（明治三四）年から一九〇六（明治三九）年までドイツに留学経験があった。彼はビタミン（原文ではヴィタミン）研究をはじめた理由について「この研究の動機と云えば、種々の空想もあったが、外国に留学した時に日本人の体格の貧弱なことを痛感したのが主なものである」[85]と、留学時の〝日本人のからだ〟、特に体格に関する原体験が世界的研究に結びついたと述べている。

いま一人は夏目漱石である。夏目は帝国大学（現東京大学）英文科を卒業後、一九〇〇（明治三三）年から一九〇三（明治三六）年までイギリス（ロンドン）に留学していた。夏目は留学中の一九〇一（明治三四）年一月五日の日記に「往来にて向うから背の低き妙なきたなき奴が来たと思えば我姿の鏡にうつりしなり。我々の黄なるは当地に来て始めてなるほどと合点するなり」[86]と記している。身長が低くて目立っている人がいたと思うと自分の姿が鏡に映ったものであると述べており、ロンドンの街には自分より体格の良い人が多かったことが伝わってくる。記録によれば、夏目の体格は一八九〇（明治二三）年（当時二三歳）の時点で身長一五八・八センチメートル、体重五三・三一キログラムであった[87]。ちなみに次項で述べるとおり、一九世紀半ばのイギリス兵の平均身長は一六六センチメートルであった。「当地に来て始（初）めてなるほどと合点」（（　）は筆者加筆）したのは黄色人種としての自分だけではなく、〝日本人のからだ〟への気づきもまたそうであったのではないかと推察する。

データでみる〝日本人のからだ〟

ここで別なデータをいくつか提示したい。まず日本人の身長の推移である。明治のころの日本人の身長は歴史的にみるとどのような位置づけになるのだろう。さきのベルツのものとは別なデータによれば、明治期の成人男性は一五四・七センチメートル、成人女性は一四四・九センチメートルだという[88][89]。日本人の成人男性については、古墳時代から現代に至るまでの間でもっとも身長が低かったのがこの明治期であると推定されている。成人女性についても明治時代の身長は江戸時代後期とほぼ同じで、江戸時代前期の次に低いのがこの明治の時期である（表3－6および図3－1）。

一方、当時の外国人の身長はどのくらいだったのであろうか。一八五〇年代生まれの男性の平均身長（成人時）は、イギリス一六五・六cm、オランダ一六五・三cm、フランス一六五・二cm、ドイツ一六三・八cm、スウェーデン一六八・四cm、オーストラリア一七〇・〇cm、カナダ一七二・五cm、米国一七一・一cmなどである[90]。

日本人成人男性については古墳時代以降もっとも身長が低かった明治のころに外国との交流が解禁となり、〝外国人のからだ〟を見る機会が大幅に増えたわけであるから、より一層彼我の体格差を強く感じ、〝日本人のからだ〟というものに気づかされることになったのかもしれない。

■図 3－1．日本人の平均身長の推移（成人）

（鈴木隆雄、1996：p10）をもとに出町作図

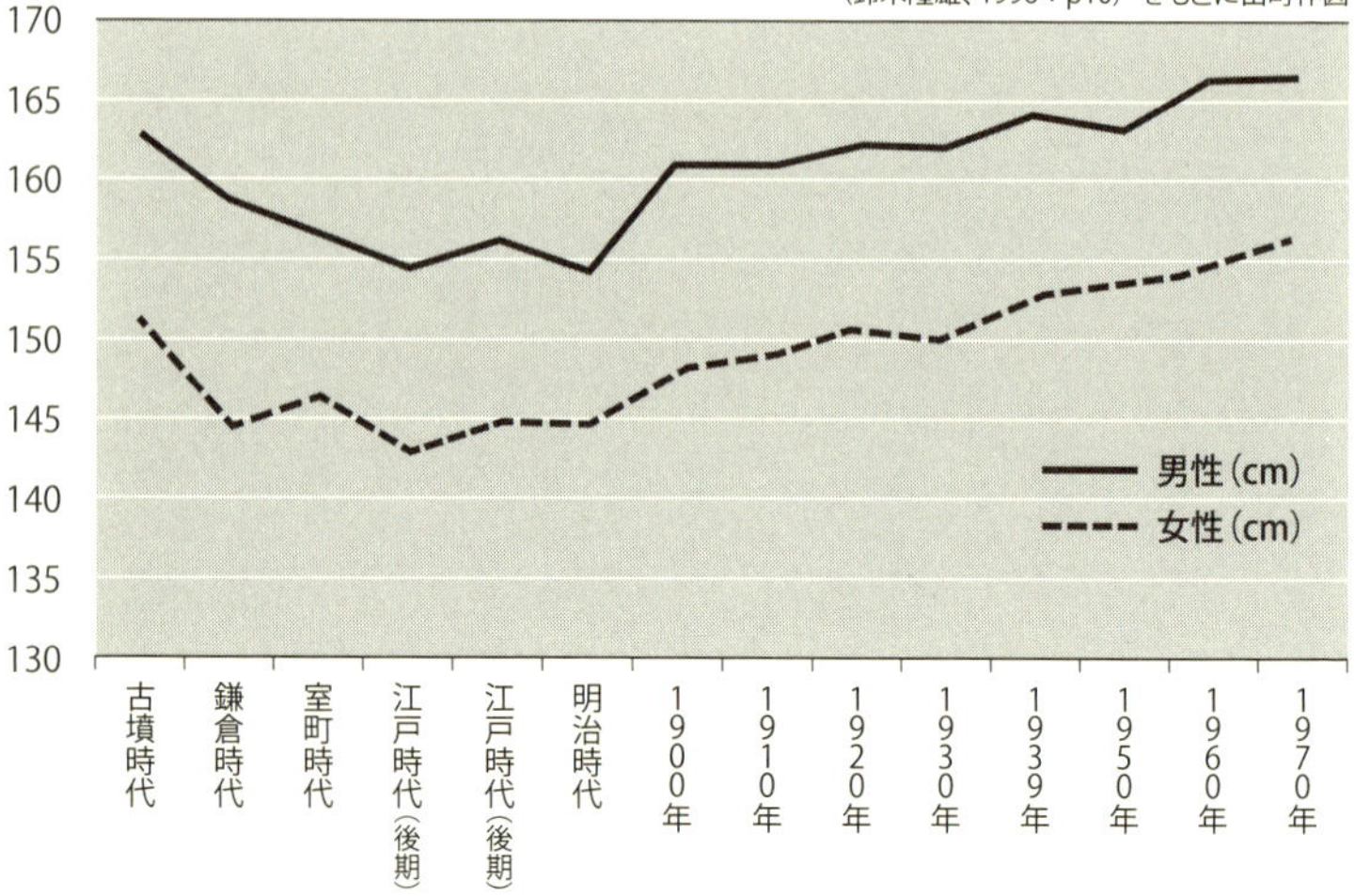

■表 3－6．日本人の平均身長の推移（成人）

時代・年代区分	男性（cm）	女性（cm）
古墳時代	163.06	151.53
鎌倉時代	159.00	144.90
室町時代	156.81	146.63
江戸時代（前期）	155.09	143.03
江戸時代（後期）	156.49	144.77
明治時代	154.74	144.87
1900 年	160.9	147.9
1910 年	161.5	149.1
1920 年	162.4	150.9
1930 年	162.5	150.5
1939 年	164.5	152.7
1950 年	163.7	153.7
1960 年	166.4	154.7
1970 年	166.8	156.5

（安井、1995：pp.300-301. より作表）

三、おわりに ―日本の近代化のはじまりは身体の近代化のはじまりか―

本章で示したのは、幕末・明治以降の日本の近代化の中で、〝日本人のからだ〟というものが意識され始めるということが、当時の東京大学医学部の医師たちやその周辺の人たちの中で起こっていたということである。そしてそこでは、体格、姿勢、体力、スポーツへの取り組みなどが〝劣ったからだ〟として発見されたのである。

日本の近代化のはじまりは、〝日本人のからだ〟というものへの気づきの始まりでもあった。そうだとすると、日本の近代化の始まりは、身体の近代化とでもいうべきものの始まりでもあったといえるかもしれない。そして、身体についての近代化というのは、まだ途上なのかもしれない。

（出町一郎）

注

1▼東京大学医学部創立百年記念会／東京大学医学部百年史編集委員会、一九六七年、四頁。

2▼ステッドマン医学大辞典編集委員会 編、一九九二年。

3▼エドワード・ジェンナー（Edward Jenner、一七四九（寛延二）―一八二三（文政六）年）は、イギリス人の医学者。

4▼東京大学医学部創立百年記念会／東京大学医学部百年史編集委員会、一九六七年、五頁。

5▼このお玉ケ池種痘所の位置は、現在の千代田区岩本二丁目三―二〇あたりと推定されている（東京大学医学部創立百年記念会／東京大学医学部百年史編集委員会、一九六七年、五―六頁）。

6▼伊東玄朴（いとう げんぼく）（一八〇一年（寛政一二）―一八七一（明治四）年）は、幕末の蘭方医。シーボルトからオランダ医学を学んだ。

7▼東京大学医学部創立百年記念会／東京大学医学部百年史編集委員会、一九六七年、七頁。

8▼同書、八―九頁。

9▼ポンペ（一八二九（文政一二）―一九〇八（明治四一）年）は、オランダの軍医。一八五七（安政四）年から一八六二（文久二）年まで来日し、長崎でオランダ医学を伝えた。

10▼東京大学医学部創立百年記念会／東京大学医学部百年史編集委員会、一九六七年、一一頁。

11▼同書、一二―一四頁。

12▼同書、一四―一五頁。

13▼同書、一八―一九頁。

14▼古屋、一九九〇年、一〇二頁。

15▼同書。

16▼山県有朋（一八三八（天保九）年―一九二二（大正一一）年）は、政治家、軍人。第三代および九代の内閣総理大臣。

17▼西周（一八二九（文政一二）年―一八九七年（明治三〇）年）は、哲学者、啓蒙思想家、教育者。

18▼石黒忠悳（ただのり）（一八四五（弘化二）年―一九四一（昭和一六）年）は、医師、日本陸軍軍医。医学所（東大医学部の前身）卒業。草創期の軍医制度を確立した。

19▼石黒忠悳、一九九四年、一七二頁。

20▼同書。

21▼壮丁（そうてい）とは、成年に達した男子、特に明治憲法下で徴兵検査の適齢者。満二〇歳の男子を指す（国語大辞典、一九八一年、小学館）。

22▼石黒忠悳、一九九四年、一七二頁。

23▼木下によると、記録に残る最初の統計は一八八七（明治二〇）年の「徴兵身幹」だという（木下、二〇〇八年、二二三頁）。

24▼石黒忠悳、一九九四年、一七二頁。

25▼同書。

26▼同書。

27▼同書、一七三頁。

28▼㎝の表記は引用者による。

29▼石黒忠悳、一九九四年、一七三頁。

30▼㎝の表記は引用者による。

31▼後述のように、一九世紀半ばの他国の男性の平均身長はイギリス一六五・六㎝、米国一七一・一㎝などである。だから約五―一〇㎝の差なのであるが、ここで重要なことは、実際の数値よりも、石黒、そして当時の兵制の制定者らがどのように〝日本人のからだ〟を認識し、〝外国人のからだ〟を認識したか、である。

32 加藤、一九九六年、三二頁。

33 佐佐木、一九七三年、一二一頁。

34 徴兵規則は、実際には途中で中断された（加藤、一九九六年、五二頁）。

35 明治五年　太政官　第八百二十六（法令全書　明治五年、五〇四―五〇五頁）。

36 梅溪、一九七六年、二七頁。

37 太政官布告　無号明治六年一月十日　付（法令全書　明治六年、七〇四―七三三頁）。

38 古屋、一九九〇年、一二〇頁。

39 免役条項は身長だけではない。他の条項とそれによる免役の比率は「嗣子・承祖の孫」が六割前後、「戸主」が三割程度である。身長による免役の比率は一八七五（明治八）年は九・八三％でその後、徐々に減り一八七九(明治一二)年は二・三四％である(古屋、一九九〇年、一二二頁)。

40 古屋、一九九〇年、一二〇―一二二頁。

41 地方史研究協議会、一九七八年、二九四―二九八頁。

42 古屋、一九九〇年、一二〇頁。

43 明治八年　陸軍省布達　布第二十三号　徴兵令参考第四条（法令全書　明治八年、一二〇八―一二一九頁）。

44 明治八年　太政官布告　第百六十二号（法令全書　明治八年、二〇九―二一九頁）。

45 明治八年　陸軍省　達　第百十一号（法令全書　明治八年、一四五七―一四六九頁）。

46 明治十二年　太政官布告　第四六号　徴兵令改訂（法令全書　明治十二年、八四―一〇七頁）。

47 猪飼、二〇〇一年。

48 週刊朝日編集部、一九八一年。

49 猪飼、二〇〇一年。

50 河本禎助、一九二五年、一〇五頁。

51 同書、一〇六頁。

52 島薗順次郎（しまぞの　じゅんじろう）（一八七七（明治一〇）―一九三七（昭和一二）年）は、一九〇四（明治三七）年東大医学部卒。一九一一（明治四四）年にドイツ留学。

53 島薗順次郎、一九三〇年、四〇頁。

54 同書、四〇頁。

55 同書、四〇頁。

56 石原房雄、一九三一年、一八頁。

57 同書、一八頁。

58 同書、一八頁。

59 河本禎助、一九二五年、一〇六頁。

60 石原房雄、一九三一年、一八頁。

61 河本禎助、一九二五年、一〇六頁。

62 稲田龍吉（いなだ　りょうきち）（一八七四（明治七）年―一九五〇（昭和二五）年）は、一九〇〇（明治三三）年東大医学部卒。一九〇二（明治三五）年ドイツ留学。

63 稲田龍吉、一九二五年、七頁。

64 河本禎助、一九二五年、一〇〇頁。

65 島薗順次郎、一九三〇年、四一頁。

66 同書、四一頁。

67 ベルツ、トク、一九七九年、一六頁。

68 同書、一六頁。

69 同書、一六頁。

70 同書、二五三—二五四頁。
71 同書、二五三—二五四頁。
72 同書、三五五頁。
73 同書、三五五頁。
74 同書、三五五頁。
75 同書、三五五頁。
76 安井、一九九五年、二七三頁。
77 同書、二九〇頁。
78 同書、三〇〇頁。
79 ランベール＝アドルフ＝ジャック・ケトレー（一七九六（寛政八）—一八七四（明治七）年）は、ベルギーの統計学者。天文学者、社会学者でもある。
80 安井、一九九五年、三〇一頁。
81 外国人の体格については、本章　八五頁の「データでみる〝日本人のからだ〟」を参照。
82 安井、一九九五年、三〇二頁。
83 同書、三〇三頁。
84 ベルツ、エルヴィン、二〇〇〇年、一五五—一五六頁。
85 鈴木梅太郎、一九四二年。
86 夏目、一九九〇年。
87 東北大学付属図書館貴重書展示室の漱石文庫の資料による。
88 鈴木隆雄、一九九六年、一〇頁。
89 関東地方から出土された骨からの推定値である（鈴木隆雄、一九九六年）。
90 van Zanden, J. et al.（2014）.p127.

文献

東龍太郎「ＭＭＭ」（『鐵門』八、一一四—一二六頁　所収）、一九二九年。

東龍太郎「副會頭挨拶」（『鐵門』一七（一）、四—六頁　所収）、一九三八年。

東俊郎「本學學生の保険並びに増健方策私見」（『鐵門』一六（二）、一三—一六頁　所収）、一九三七年。

ベルツ、エルヴィン『ベルツ日本再訪』東海大学出版会、二〇〇〇年。

ベルツ、トク編『ベルツの日記』（上）、岩波文庫、一九七九年。

ベルツ、トク編『ベルツの日記』（下）、岩波文庫、一九七九年。

ベルツ徳之助「歌舞伎と日本精神」（『鐵門』二〇、八六—九〇頁　所収）、一九四一年。

地方史研究協議会『茨城県の思想・文化の歴史的基盤』雄山閣出版、一九七八年。

出町一郎「学歴エリートのスポーツ活動から教育とスポーツを考える　—東京大学医学部バスケットボール部コーチング日誌」（月刊「トレーニング・ジャーナル」三〇二（一二月号）、六〇—六三頁　所収）。

古屋哲夫「近代日本における徴兵制度の形成過程」（『人文学報』六六巻、一〇一—一三一頁　所収）一九九〇年。

長谷川誠「鐵門氣質偶話」（『鐵門』一六（一）、六三—六五頁　所収）一九三七年。

畑文平「挨拶」（『鐵門』一九（二）、一二〇—一二二頁　所収）一九四〇年。

猪飼周平「明治期日本における開業医集団の成立　—専門医と

一般医の身分分離構造を欠く日本的医師集団の源流―」(大原社会問題研究所雑誌五二、三一―五七頁　所収)、二〇〇一年。
▼稲田龍吉「米國見聞記」(「鐵門」二、七―一二頁　所収)、一九二五年。
▼入澤達吉「明治十三年以後の東大醫學部回顧談(昭和三年五月十七日及び七月二日醫學談話會に於ける演説)」(「鐵門」八、五〇―一〇九頁　所収)、一九二九年。(注：「明治十年」の誤植と思われる。)
▼石橋長英『エルウィン・フォン・ベルツ　日本に於ける一ドイツ人の医師の生涯と業績』日本新薬株式会社、一九七一年。
▼石黒忠悳『懐旧九十年』大空社、一九九四年。
▼石原房雄「日本種族の脚長に就て(米國に生育せし日本種族の夫れと比較して)」(『鐵門』一〇、一八―二二頁　所収)、一九三二年。
▼石原忍「新入學生に鐵門倶楽部の紹介」(「鐵門」一二(一)、二四―二五頁　所収)、一九三二年。
▼石原忍「學窓餘談(其九)」(「鐵門」一四(二)、二六―二八頁　所収)、一九三五年。
▼石原忍「學窓餘談(其十)」(「鐵門」一五(一)、七二―七五頁　所収)、一九三六年a。
▼石原忍「學窓餘談(其の十一)」(「鐵門」一五(二)、三六―三八頁　所収)、一九三六年b。
▼石原忍「會頭挨拶」(「鐵門」一八(一)、一―二頁　所収)、一九三九年。
▼石原忍「鐵門回顧」(「鐵門」二〇、一―六頁　所収)、一九四一年。
▼石原忍『日本人の眼』畝傍書房、一九四二年。
▼石坂友司「学歴エリートの誕生とスポーツ―帝国大学ボート部の歴史社会学的研究から―」(「スポーツ社会学研究」一〇、六〇―七二頁　所収)、二〇〇二年。
▼林春雄「鐵門と鐵門倶楽部身上話」(「鐵門」一二(二)、一―五頁　所収)、一九三四年。
▼香川昇三「島薗先生の思ひ出」(「鐵門」一六(二)、四〇―四五頁　所収)、一九三七年。
▼菅野八郎「あめの夜の夢咄し」(庄司吉之助・林基・安丸良夫　校注「民衆運動の思想」所収)、岩波書店、一九七〇年。
▼笠嶋信「現今醫科学生の生活中に見られる思想傾向」(「鐵門」二、六四―八二頁　所収)、一九二五年。
▼樫田十次郎「今は昔の語り草」(「鐵門」一六(二)、六七―七四頁　所収)、一九三七年。
▼加藤陽子『徴兵制と近代日本　一八六八～一九四五年』吉川弘文館、一九九六年。
▼河本禎助「歐米のスポート界を見て」(「鐵門」三、一〇〇―一〇七頁　所収)、一九二五年。
▼木村吉次「東京大学創設期の体育」(「体育学研究」四九、一七一―一八一頁　所収)、二〇〇四年。
▼木下秀明「一二〇年前の一般大学生の人体測定資料」(「体育の科学」五八(三)、二二三―二二八頁　所収)、二〇〇八年。
▼近藤宏二「學生生活を終へんとして」(「鐵門」一四(二)、三七―四四頁　所収)、一九三五年。
▼ペルリ『ペルリ提督日本遠征記(三)』、岩波書店、一九五三年。
▼夏目漱石、平岡敏夫編『漱石日記』岩波書店、一九九〇年。
▼日本大学編『日本大学九十年史　上巻』、一九八二年a。
▼日本大学編『日本大学九十年史　下巻』、一九八二年b。
▼牧野融(「鐵門」一四(一)、五七―五九頁　所収)、一九三五年。

▼坂口康藏「附属病院長挨拶」(「鐵門」一八(一)、三―四頁　所収)、一九三九年。

▼佐佐木高行『保古飛呂比　第四巻』、東京大学出版会、一九七三年。

▼瀬川昌世「陸上運動部の回顧 附勝戦の記」(「鐵門」八、一一〇―一一三頁　所収)、一九二九年。

▼島薗順次郎「歐州旅行談」(「鐵門」九、三三―四五頁　所収)、一九三〇年。

▼ステッドマン医学大辞典編集委員会 編『ステッドマン医学大辞典 第三版[縮刷版]』、メジカルビュー社、一九九二年。

▼鈴木隆雄『日本人のからだ ―健康・身体データ集』、朝倉書店、一九九六年。

▼鈴木梅太郎『研究の回顧』、輝文堂書房、一九四三年。

▼週刊朝日編集部『値段の明治・大正・昭和風俗史』朝日新聞社、一九八一年。

▼鉄門倶楽部創立百周年記念誌編集委員会 編『鉄門倶楽部創立百周年記念誌』、一九九九年。

▼東京帝国大学医学部鉄門倶楽部「鐵門倶楽部沿革抜粋」(「鐵門」八、一三〇―一三七頁　所収)、一九二九年。

▼東京帝国大学医学部鉄門倶楽部「鐵門倶楽部総會」(「鐵門」一三(一)、五七―五八頁　所収)、一九三四年。

▼東京帝国大學醫學部鐵門倶楽部「鐵門倶楽部端艇並に陸上祝勝會」(「鐵門」一七(一)、一〇八―一〇九頁　所収)、一九三八年。

▼東京帝国大學醫學部鐵門倶楽部「鐵門倶楽部端艇並に陸上祝勝會」(「鐵門」一八(一)、七頁　所収)、一九三九年a。

▼東京帝国大學醫學部鐵門倶楽部「鐵門端艇部祝勝會報告」(「鐵門」一八(一)、一二頁　所収)、一九三九年b。

▼東京大学医学部創立百年記念会／東京大学医学部百年史編集委員会 編『東京大学医学部百年史』東京大学出版会、一九六七年。

▼東京大学百年史編集委員会 編『東京大学百年史』東京大学出版会、一九八四―一九八七年。

▼「東大病院だより」編集委員会「東大病院だより」五四号、二〇〇六年。

▼椿宏治「鐵門倶楽部の現在と將來」(「鐵門」一〇、三九―五〇頁　所収)、一九三一年。

▼内村祐之「學生時代の思ひ出」(「鐵門」二〇、一六―一八頁　所収)、一九四一年。

▼梅溪昇「わが国初期徴兵令に対するフランスの影響」(「軍事史学」一二(二)、一五―三八頁　所収)、一九七六年。

▼van Zanden, J., et al. (2014) How Was Life?: Global Well-being since 1820, OECD Publishing (http://www.keepeek.com/Digital-Asset-Management/oecd/economics/how-was-life/human-height-since-1820_9789264214262-11-en#page1) [二〇一五年八月一四日閲覧]

▼安井広『ベルツの生涯』思文閣出版、一九九五年。

▼横浜市『横浜市史　第二巻』、横浜市、一九五九年。

第四章

“蛮カラ”な運動部員の思想と身体

本章では、明治時代中期から昭和初期に至る、旧制高校と帝国大学における運動部員の思想と身体、およびその変容をさぐる。スポーツにコミットする人材に関する歴史的考察は、現代のスポーツの人材育成や組織の有り様を考えるうえで、なんらかの示唆を与えてくれるだろう。

一. スポーツにおける先駆者としての旧制高校と帝国大学

本章では、明治時代中期から昭和初期における旧制高校と帝国大学の運動部員に焦点をあて、その思想と身体についてみていく。ここでの「身体」とは、ある社会集団における独特の慣習行動やあらゆる行為、思考、知覚を方向づける「もろもろの性向の体系として、ある階級・集団に特有の行動・知覚様式を生産する規範システム」[1]であるところの〝ハビトゥス〟の文脈で用いられる。ハビトゥスとは、言い換えると行為者の身体に埋め込まれ、一定の持続性をもつものであり、無意識のうちに行為者の行為をしばる呪文である。それが重要なのは、組織や集団への帰属を通して世代間で受け継がれ、その後の組織や集団、個人の振る舞いに影響を与え続けるからである。

そして、わが国における近代スポーツ導入の入り口のひとつとなった旧制高校と帝国大学の運動部員の思想と身体は、その後のわが国におけるスポーツの発展において少なからず影響を与えたと考えられる。例えば、わが国最初の競技会として始まった競漕会や、一高野球部の活躍（一八九〇〜一九〇四年）は、スポーツが国民的注目を集めるきっかけとなり[2]、その一高野球部が唱導した「武士的野球論」は、わが国における国民のスポーツ観を強く方向づけたとされる[3]。一八八六（明治一九）年には、帝国大学にわが国初の学生スポーツ団体である「帝国大学運動会」が設立され、他大学に同様の組織ができる嚆矢となった。そのほかにも国政や経済界に多くの人材を輩出していた旧制高校と帝国大学の、体育・スポーツ政策に与えた影響は小さくなかったといわれる[4]。

二、旧制高校と帝国大学における学生文化の変遷と運動部員

旧制高校における蛮カラな校風の形成

旧制高校や帝国大学の学生文化といえば、もっぱら読書にいそしみ、どちらかというと非スポーツ的な印象のある〝教養主義〟に焦点が当てられることが多い。しかし、実は明治初期から中期までの旧制高校生には士族の子弟が多く、その一般的なイメージはむしろ〝蛮カラ〟だったといわれる。〝蛮カラ〟とは、明治後期に登場した〝ハイカラ〟（西洋かぶれ、洋風でしゃれていること）に対抗する造語であり、「風采・言動の粗野なこと」という意味で用いられる[5]。例えば、一八八七（明治二〇）年の第一高等中学校は士族の子弟が六〇％を占め、第五高等中学校は七七％（一八八八（明治二一）年）、第四高等中学校（金沢）は七一％（一八八九（明治二二）年）だったという[6]。これは、近代化の初期過程にあった当時、近代国家を支えるための専門官僚（官僚、裁判官、警察官、教員など）が不足する中、明治維新以前から系統的

な教育を受け、教育達成に有利な〝文化資本〟を身につけていた士族の子弟が、近代化の担い手となる専門官僚のすみやかな供給源となったためである[7]。

こうした士族出身の〝蛮カラ〟な学生の蛮行（バーバリズム）は学校や当局をおおいに悩ませたが、一八八九（明治二二）年に一高校長に就任した木下広次は、学生を大衆社会と断絶することによってエリートの育成をはかることを目的に「籠城主義」を提唱し、同年、一高が本郷キャンパスに移転するとともに全寮制を開始した[8]。ここで木下は学生を管理するのではなく、寮における自治を認めることでその奔放なエネルギーを自ら規律させた。こうして学生たちは閉じられた共同体の中でエリートとしての自意識とプライドを[9]、また学生自治によって自ら規律する自立性を身につけるとともに、ストーム[10]や寮雨、弊衣破帽[11]、鉄拳制裁[12]といった、「一見すると破天荒だが極度に禁欲的な独特の儀式文化」を開花させた[13]。

「日々のちょっとした儀式が学生を共同体の中に無意識のうちに溶け込ませていった。寮の習慣というのは、学生は何よりもまず（男らしく力強い調子で）話すことであり、（すり切れてズタズタに裂かれた制服を）着ることであり、（陽もあてられたことのないカビの生えた寝具やねまきで）眠ることであり、真夜中でも（ろうそくの光だけで）勉強することであり、街を歩く時は（堂々とふんぞり返って）歩くことであり、また小便にしても一階までわざわざ階段を使って下りていって便所で用を足すのではなくて、（窓だけ開けて）ことを足してしまうことである。」（ローデン、一九八三年 a、二〇八—二〇九頁：傍点は筆者）

また、こうした集団自治の精神は、彼らのエリート意識と学校側のさまざまな印象操作[14]もあいまって、学生をして自ら国家主義、伝統主義へと向かわせた。初期の旧制高校生における愛国の熱狂は、一八八九（明治二二）年の護国旗の制定と帝国憲法発布日における皇居への行進[15]、内村鑑三の不敬事件[16]などにあらわれている。もちろん、近代国家としての黎明期にあったわが国において、「国家主義」はきわめてモダンな思想であったことには留意が必要である。以上のような一高の教育方針と学生文化は全国の旧制高校にも広がっていき[17]、明治時代の旧制高校をめぐる一般的なイメージは、「剛健」かつ「質実」だったという[18]。

このように、近代化日本を担うエリートの身体は、士族のそれをベースに、旧制高校の全寮制において規律化され、洗練されて独特の学生文化を形成することになった。本章ではこれ以降、国家主義、全体主義（集団主義）、伝統主義（武道主義）を思想的基盤とし、勤倹尚武[19]、禁欲主義、武断主義[20]（鉄拳制裁）、男らしさ（寮雨、弊衣破帽、ストーム）といった粗野で質実剛健な慣習行動によって特徴づけられる学生文化や学生像を〝蛮カラ主義[21]〟ないし〝蛮カラ〟と呼ぶ。

士族から中流層への移行

やがて近代化によって中流層が拡大し、また近代学校制度が普及すると、旧制高校の学生の中心は士族から中流階級へと移っていった[22]。一高における士族出身者の割合は、一八八六（明治一九）年の六一％から一九一〇（明治四三）年には一七％に低下し、三高では三七％（一八八七（明治二〇）年）から二五％（一九一〇（明治四三）年）へ、五高では七七％（一八八八（明治二一）年）から四一％（一九一〇（明治四三）年）へと士族の占有率を大幅に減らしている[23]。とはいえ士族の割合はしばらく二〇％台を維持しており、士族のもつ「学校の文化に適合的な身体」の相対的優位性は続いたといわれる[24]。また、士族に代わって学生の大部分を占めるようになった中流階級出身の学生も、籠城主義による共同体に組み込まれることで自らの出身階級の身体をひきはがし、旧制高校のエリートとしての蛮カラな身体を身につけていったという[25]。

蛮カラの象徴としての運動部

そしてこうした旧制高校の中にあって、運動部こそは蛮カラなキャンパス文化の中心であり、象徴だった[26]。前出のローデンによれば、「スポーツは、男らしさを試す手段として、あるいはまた学校への忠誠を尽くすメカニズムとして、ヒーローを作り出すための鍛錬の場として、それは学生共同体の儀式的文化においてきわめて重要な要素」であり、運動部は「学生自治に息吹を吹き込む本来的な組織としての役割を担って、「寮の自治」にも重要な役割を演じていた」という[27]。例えば、運動部員は寮の神聖なる儀式であるストームの実行委員であり、また鉄拳制裁の際には運動部の主将が重要な役割を担っていた[28]。すなわち、〝蛮カラ主義〟は旧制高校運動部員の思想と身体の基本原理であったといえる。

「国家主義と武士的エートスを後ろ盾にして運動部や自治を担当する中堅会が一高の学校文化のなかで覇権を握り、闊歩していた。したがって運動は決して個人のものではない。チームのためであり、学校のためであり、国家のためだった。」（竹内、一九九九年、二一六頁）

蛮カラから教養主義へ

しかし、旧制高校における蛮カラの覇権は明治三〇年代に揺らぎ始める。その要因のひとつは、学生の心理的傾向の変化にあったといわれる。一九〇三（明治三六）年の一高生・藤村操の自殺を契機に、旧制高校生の関心が次第に天下国家から人生問題や煩悶に移り、運動部中心の蛮カラ主義が主流だった旧制高校に、内省的・個人主義的な傾向、すなわち「教養主義の初期形態」[29]が広がった。一九〇五（明治三八）年の文芸部員・魚住景雄の校風批判論文に端を発する「校風問題演説会」では、運動部の対抗文化である文芸部や弁論部が台頭し、一高校内で一定の地位を占めるようになる[30]。「これまでは文芸の学生を中心とした個人主義派が「文弱」と非難されてきたが、いまや運動部を中心とする学生文化が〈武弊の害〉として相対化され」、運動部の学生はその「見識の狭さ、教養のなさ」を批判されるようになったのである[31]。

蛮カラの覇権が揺らいだ要因の二つめは、運動部の権威の象徴であった野球部の弱体化である。一九〇四（明治三七）年には対抗戦で早慶に連敗し、野球界での覇権を失うとともに校内での威信を大きく失墜させたが、このことは教養主義への覇権移行を強く後押ししたという[32]。こうした野球部の弱体化の背景について中村（二〇〇九）は、旧制高校における受験競争の激化（学歴社会化）と学業との両立の難しさを挙げている[33]。一八九〇年代の中学校の増設と卒業生の増加により、明治二八年には一・五倍だった高等学校の入試倍率が、明治三〇年代には二倍以上になり、明治四一年には五倍になった[34]。一高はその中でも最難関であり、「中学校時代に野球に打ち込んでいた生徒が簡単に入学できるような学校ではなくなった」[35]。また、旧制高校は学業が厳しく、週に二六〜三〇時間（一八八六〔明治一九〕年当時）の授業と、年三回の試験では点数が悪いと落第し、二年続けて落第すると退学となった。一八八九（明治二二）年の一高の落第率は二〇％強[36]、経済的な理由や健康上の問題もあって一八八七（明治二〇）年入学の一高生のうち、約六割が落第、退学、除名になっていたという[37]。こうして一高野球部が選手のリクルートや練習量の点で遅れを取る一方で、慶応や早稲田といった私立大学の野球部が台頭し、旧制高校との実力差が拡大していった。また、スポーツで台頭する私学の存在は、旧制高校の学生をますます知育偏重（教養）による差別化戦略で優越性をはかることへと動機づけることになった[38]。

こうして明治三〇年代の終わりには、一高のキャンパス文化のヘゲモニーは教養主義へとシフトすることになる。こうした流れは旧制高校生のほとんどが進学した[39]帝国大学も同様である。帝国大学においても、やはり文化的ヘゲモニーは教養主義が握っており、そのなかでも帝国大学文学部は「教養の奥儀である古典・正典を定義し、解釈し、伝達する、聖なる、正当なる学部」[40]であり、教養主義に深くコミットした学生が進学し、教養主義イデオロギーの中核となっていた。

そしてさらにいえば、教養主義とスポーツは相性が悪かった。例えば、「昭和十三年度東京帝国大学学生生活調査報告」を用いて東京帝国大学の学生を学部ごとにプロファイリングした竹内によると、文学部生はもっとも「スポーツ嫌い」であり、健康状態についても自ら「虚弱」とする割合が高く、また文学部生はこうした虚弱な身体をむしろ文学士のステータスにしていたという[41]。

蛮カラは健在

こうして蛮カラ主義は教養主義に学生文化としてのヘゲモニーを譲ることになったが、とはいえ前出のローデンによれば、教養主義華やかなりし旧制高校においても蛮カラはなお健在であったという。

「校友会のクラブ活動が多様化し、さらに人間関係においても互いの感性が拡大されてはいたが、とはいってもこうした事実によって、旧制高等学校における「蛮カラ主義」が終わりを告げたことにはならなかった。あいかわらず、高校間のスポーツ競争は、戦前を通じて熱狂的な高まりをともないながら続いていた。そしてまた、一九二〇年代の旧制高等学校の学生たちは、いまなお「ストーム」で着ているものを引きちぎったり、「寮雨」という儀式のために夜の行動をやめることはできなかった。つまり、大正期の知的高校生もなお伝統的な衣服や行動に固執していた。彼らが、しばしば蓬髪をしたり、ボロボロの制服をまとったのは、運動部の学友たちと同様に因習的な中産階級の礼儀を守ろうとしなかったことをほのめかすものであった。」（ローデン、一九八三年b、一六九―一七〇頁）

ローデンが述べたように、教養主義の中心にいた文学部生はスポーツから距離を置いていたかもしれないが、多くの学生にとっては必ずしもそうではなかった。特に一高出身者は全寮制を経験しており、その身体に蛮カラ主義と教養主義が共存していてもおかしくはない。例えば、竹内が「教養主義の上級バージョン」であり「教養主義左派」[42]と呼ぶ、教養主義から転じてマルクス主義に傾倒した「左傾学生」の生態について、ローデンは次のように記している。

「左傾学生たちの日常生活は実際のところ、旧制高等学校の学生たちがもっていた最良の伝統の延長線上にあったのだ。」

「左傾学生のスパルタ的生活第度（倫理、エートス）は、いかなるスポーツ選手のそれに負けず劣らずの厳しさがあった。」

「鈴木一は、最近（『向陵駒場』一九六八年七月号）に「柔道と共産党」と題して、武道部の学生たちは「国体」を擁護する右翼にも、また社会主義者にもなるように思われた、と論じている。」

（ローデン、一九八三年b、一八〇－一八一頁）

ちなみに時代は下るが、文部省（当時）による一九四〇（昭和一五）年の「学内団体一覧」によると、旧制高校（ナンバースクール）における運動部の部員数は一校あたり平均三三二人に対し、教養主義の中心であった文芸部は平均八人、弁論部は平均一七人である。ちなみに一高は運動部員二九八人、文芸部員三人、弁論部員一六人である[43]。一方、東京帝国大学運動会が発行していた運動会報の運動部員名簿から運動部員数をカウントすると、昭和九～昭和一五年の全学生に対する運動部員の割合は七・五％から一〇％（五五四～七一七人）の間を推移しているが、同じ頃の東京帝国大学文学部学生の全学生に対する割合は一一～一七％である[44]。また、東京帝国大学内の社会主義学生団体である「新人会」に関する詳細な研究を行ったH・D・スミスによれば、「新人会の会員総数は東大全学生の三パーセントを超えることはなかった」[45]ということだから、東京帝国大学においても、運動部員は数のうえではかなりの勢力だったということになる。

三、旧制高校とパブリック・スクール

これまでは歴史的な観点から、特に旧制高校における学生文化の変遷と運動部員の位置づけについてみてきた。本節では視点を変えて、わが国の旧制高校と共通点が多い[46]といわれる英国のパブリック・スクー

ルとの比較により、旧制高校生の思想と身体について考えてみたい。

エリートの身体調教システムとしての旧制高校とパブリック・スクール

旧制高校とパブリック・スクールはいずれも同世代人口の一％というスーパーエリートの学び舎であり、政界・産業界に多くの人材を輩出した[47]。また、工業化・近代化に伴い、学生の出自が上流階級（士族／貴族）から中流階級へシフトし、中流階級による上流階級・エリート階級への同化システムとして機能していたこと、またその際、それぞれの伝統的支配階級のエートスである伝統主義や男らしさやバーバリズム（野蛮性）が重視され[48]、身体の規律化の手段として共同生活（全寮制／寄宿舎制）と学生自治、暴力（鉄拳制裁／体罰・プリフェクト・ファギング制[49]）、そしてスポーツが重視されたことなど多くの重要な共通点がある[50]。近代における〝学校〟は、人々を近代国家にふさわしい身体へと調教するシステムといわれるが[51]、旧制高校とパブリック・スクールは、共同生活やスポーツを通じて学生を国家エリートとしての身体へと調教するためのシステムだったといえる[52]。

旧制高校における平等な共同体

一方で、高田[53]によれば、旧制高校とパブリック・スクールの決定的な違いは、パブリック・スクールがプリフェクト・ファギング制のもとで上下関係に厳しく、上級生による下級生への体罰が横行していたのに対し、旧制高校には上下関係がなく、平等で公平な学生関係を実現していた点にあるという。ローデンが書いているように、「鉄拳制裁」は（もちろん全くなかったわけではないだろうが）上級生による下級生への体罰ではなかった。

「彼らは愛する友を殴り、彼の心にうまく取り入った悪を殴っているのだ。そういうわけで、寮の自治委員たちは級友に殴打をくわえる度に涙をこぼしていた。みんな真摯だった。恐ろしかったが、しかし美しかった。」（ローデン、一九八三年b、二二九―四〇頁）

運動家と非運動家の乖離

旧制高校とパブリック・スクールの違いの二つめは、パブリック・スクールではスポーツが公式カリキュラムに導入され、日常的な寮対抗試合への「全員参加」が強制的だったのに対し[54]、旧制高校ではスポーツへの参加が強制ではなく、ごく初期から「選手制度」が採用され、一部の学生の課外活動として発展していった点である。すなわち、スポーツを通じた身体の規律化が、パブリック・スクールではほぼ学生全体にその影響が波及したのに対し、旧制高校ではその影響は限定的であり、運動家／非運動家の乖離が生じることになった[55]。こうした運動家と非運動家（運動部員と非運動部員）の乖離は、学生文化の細分化を招き、蛮カラ主義がヘゲモニーを失う要因にもなったと考えられている[56]。

四．〝蛮カラ〟運動部員の変容 ―スポーツ資源の供給者から消費者へ―

これまでみてきたように、蛮カラは教養主義にヘゲモニーを譲り、運動部も野球部の「一高時代」のような栄光は遠く、大学スポーツの中心は私学に移っていった。とはいえ、蛮カラ主義はその後も健在であり、旧制高校生の身体をある程度規律し続けた。それではその後、蛮カラの中心であった運動部員たちの思想と身体は、太平洋戦争をはさんで環境が激変する中でどのように変わっていったのだろうか。本節では昭和九年に創刊され、現在も発行されている（財）東京帝国大学運動会（戦後は（財）東京大学運動会）の機関紙である「運動会報」を主な資料とし、蛮カラな学生たちの変節とその背景について考えてみたい。

東京帝国大学運動会と運動会報

（財）東京帝国大学運動会は、一八八六（明治一九）年に帝国大学（のちの東京帝国大学）でわが国最初のスポーツ団体「帝国大学運動会」として設立され、一八九八（明治三一）年には「社団法人東京帝国大学運動会」となり、一九二〇（大正九）年の運動系、文化系のクラブが大同団結した「東京帝国大学学友会」への改組を経て[57]、一九三四（昭和九）年に「財団法人東京帝国大学運動会」となった。「運動会報」は、運動会が財団法人化された一九三四年に創刊され、戦中戦後の一九四二（昭和一七）年〜一九五一（昭和二六）年を除いて現在に至るまで毎年発行されている。内容構成は当時からほとんど変わっておらず、運動会の事業や各部の紹介、運動部の戦績や運動会の収支決算などから成る。本書が想定する明治時代からやや時代は下るが、当時の運動部員の活動の様子や考え方を知ることができる貴重な資料である。

東京帝国大学運動会の思想とその背景

運動会報の「運動部各部の紹介」などの学生の文章をみると、「修練」や「心身の練磨」、「鍛錬」、「人格の陶冶」といった〝修養主義〟的な表現が非常に目立つ。そしてそうした修養主義が、蛮カラ主義の専売特許である国家主義や全体主義（集団主義）、伝統主義（武道主義）としばしば結びついて展開されている（以下、傍点は筆者）。

「我等の愛する射撃は国家的精神の涵養並に明朗なる一スポーツとして精神身体の練磨を第一の目標としている。」（小銃射撃部、運動会報創刊号、昭和九年）

「而うして之こそは武によりて敢爲の気を養い、行によりて道を求むる武道の修練が、正しく目指す所の、まぎれもなき武士道の精神を此處（ところ）に復活し来らねばならぬ。」（弓術部、運動会報創刊号、昭和九年）

「団体競技としての籠球をする我々は籠球を通じて我々自身の身心の練磨を図る事をこそ真の終局目的としている。」「言う迄もなく団体競技に犠牲精神は必須不可欠」（籠球部、運動会報第三号、昭和一一年）

「技術の向上、身体の錬磨、団体生活による修養、盛なる闘志の涵養等ボールを蹴る事のうちに見出される美点である。」（ア式蹴球部、運動会報第四号、昭和一二年）

「当然近き将来に於て我が国の枢軸となって我が国我が民族の運命を導くべき我々本学学生並びに我々の後輩の心身の健全なる発達を期待すべく、邦家の為更に大なる慶賀の意を表するものでありま

す。」（「検見川体育保健施設建設工事従事に就て」総務部委員、運動会報第五号、昭和一三年）

「我々が庭球をやるのはエンヂョイでもなければ体育でもなく真に求めるものは日本人としての精神力の鍛練にあると思います。」（庭球部員、「運動会の進むべき道—懇談会より—」総務部委員藤岡修一、運動会報第七号、昭和一五年）

「帝国大学の使命は国家に対する有能の士を作る事であり、運動会の使命も、従って各運動部の使命も当然此と同じで真に立派な日本人をつくる事であると思います。（剣道部員、「運動会の進むべき道—懇談会より—」総務部委員藤岡修一、運動会報第七号、昭和一五年）

そもそも（財）東京帝国大学運動会の定款である寄付行為の第三条には、運動会の目的は「東京帝国大学ニ於ケル体育及ビ運動ノ進歩普及ヲ図リ、且汎ク一般学生ノ心身ヲ錬磨スルヲ以テ目的トス」（（財）東京帝国大学運動会「寄付行為」第三条。傍点は筆者）とされており、創刊号の緒言でも当時の運動会長の林春雄（東京帝国大学医学部教授）が同じ趣旨を強調している。これについて中澤（二〇〇八）は、学生の体格向上や疾病予防、左翼思想の抑制を目的とする東京帝国大学の当局が、運動会の運営に深く関与したことに起因するとしている[58]。この点についてはあとで再検討するが、〝修養主義〟自体は、大学当局の管理発想が発端というわけではないと思われる。

例えば、蛮カラの権威の象徴であった一高野球部は、その覇権時代（一八九〇〜一九〇四年）以降、従来の〝校風の振起〟論を基調としつつ、新たに「野球の精神修養の効果や野球の日本的な特徴を強調」した「武士的野球」論を展開していた[59]。この武士的野球論、武士的野球観は、その後、一高にとどまらず私大野球部や中学野球（高校野球）、職業野球に、また野球にとどまらず日本人のスポーツ観全体に影響を与えたとされ[60]、それらは精神主義、集団主義、勝利至上主義といったいわゆる日本的スポーツ観、日本的スポーツ受容として、現代のさまざまな論者によってしばしば批判的に論じられている[61]。そうしてみると、修養主義を中心に、国家主義、全体主義、伝統主義に言及する運動会報における学生の原稿には、一高野球部の武士的野球論を経た蛮カラ主義の思想が受け継がれているようにもみえる。

一方、こうした字面の表現を、そのまま彼らの内発的な動機づけとしてのみ捉えるのは必ずしも適切ではないかもしれない。坂上（二〇〇一）は、一高野球部が主張した「武士的野球論」は、日清戦争後の政府による武士道や武術の奨励と野球への抑圧が進みつつあった当時、野球を擁護するための戦略的なレトリックだったのであり、「むしろスポーツの自治的な発展をめざしたわが国における先駆的なスポーツ論として輝きをおびる」[62]と評価している。運動会報が創刊された昭和初期はもちろん日米開戦に向けて国粋主義が高まっている時期であり、運動会報にみられる国家主義的、伝統主義的な表現も、スポーツを守るためのレトリックという側面があったのかもしれない。

東京帝国大学運動会の目的と事業

一方、運動会報には、運動会の経営や運動会が行っていたさまざまな事業に関する情報も多く記載されている。一般に運動部といえば、〝選手〟である運動部員の集まりであり、その統括団体であるいわゆる〝体育会〟は、そうした運動部と運動部員の利益を代表する組織である。しかし、東京帝国大学運動会は、前述した定款にもあるように、すべての学生・教職員の福利厚生を目的として発足しており、当初から運動部員だけでなく運動部に所属しない学生・教職員をその会員（任意加入）の対象としていた。したがって、現代のわれわれがイメージする学生のエリートスポーツ団体というより、競技団体に近い。例えば「運動部各部の紹介」には、述べたような思想的な内容のほかに、しばしば次のような記述がある。

「対外的に働きかけるのは以上の如くで選手制度を確立し之が強化を計る以上選手以外の諸君の練習参加は断って居ますが、其の代り、対内的に野球の一般化を計るべく十月中旬から全学スポンヂ野球大会を開きます。」（野球部、運動会報創刊号、昭和九年、傍点は筆者）

「スポーツは選手の独占すべきものではありません。ホッケーの如くチームが主体となるものでも、アマチュアとして楽しむことが出来なければならぬと思います。」「私たちはホッケーの一般化を計り、その為めに昼休み、放課後等に於てコーチを出来る丈、やろうと思います。それで今年からホッケー用具を運動会総務へ備え付けて置く予定ですから、奮ってご使用下さい。」「一昨年から鉄門ホッケー部が主催となって、関東ホッケーリーグなるアマチュアのリーグを作りました。春秋の二回リーグ戦を挙行しております。今迄は医学部学生のみが出場していましたが、今度からは本学一般アマチュア諸君の対外試合出場希望の方の為め、ドシドシ参加していただく予定ですから、奮って出場して下さい。」（ホッケー部、運動会報創刊号、昭和九年）

ここでいう「アマチュア」とは、運動部員（選手）に対する一般学生・教職員のスポーツ参加者に向けた呼称である。また、巻末にある「各部行事一覧」には、各部の練習や試合日程に加えて「一般アマチュアに対し」という項目があり、次のような記述がある(下記はいずれも創刊号から引用)[63]。

「一般アマチュアに対しては選手懇切指導。初心者関係。ラケット、靴その他の用品はできるだけ便宜をはかる」(庭球部)

「一般アマチュアの練習を歓迎す。平日午前九時—午後五時。土曜は四時迄。日曜・祭日は休み。学内大会前一週間コーチ週間を設く」(水泳部)

「リンクを貸し切って数時間アマチュアに開放する。同好会を数回開催す」(スケート部)

運動会によるアマチュア向けサービスの背景

このように「アマチュア」である一般学生へのサービスが強調されている背景には、次のような事情があった。すでに述べたように、一九二〇(大正九)年には一時、スポーツ系、文化系のクラブが大同団結して「東京帝国大学学友会」が設立されていたが、やがて運動部は学内の左右両派学生の衝突の激化を嫌い、学友会を脱退した。しかし、当時学友会の予算の多くが運動部にまわされ、学生のごく一部にすぎない選手のために使用されていたことや、旧制高校では応援団の粗野な振る舞いや応援の強要、試合終了後に演じられた暴力などから運動部までが一般学生のひんしゅくを買っており、選手制度に対する強い批判が向けられるようになっていた。各運動部は当時から、自分たちが出場する対抗競技ばかりではなく、学内の競技会なども運営していたが、その競技会も選手たちが各学部に分かれて出場し活躍した場合もあって、アマチュアの出番は少なかったといわれ、一般学生の不満をやわらげることにはならなかったという[64]。そのため運動会は、学友会から脱退後しばらくは会員の確保に苦労していた。しかし、「やがて体育行政の確立がさけばれるようになると、大学側も体育奨励のため、一般学生が全員運動会に入るよう指導したため、会員数が増加した」[65]という。先述した中澤は、これ以外に運動会の財団法人化などにも〝大学当局〟が深く関わっていたことなどから、運動会の経営や活動の背後には、体格向上や疾病予防、左翼思想の抑制を目的とした〝大学当局〟による、学生の「健康な身体」観や「健全な精神」観が存在したと結論づけている[66]。

蛮カラの、蛮カラによる東京帝国大学運動会

しかし、ここでその〝大学当局者〟の顔ぶれをよく見ると、構図は異なる見え方をする。中澤も論文中で名前を挙げているが、運動会の法人化に深く関わり、運動会報にもたびたび登場する〝大学当局者〟である東京帝国大学の教官には、例えば運動会の定款作成に関わった穂積重遠（一八八三〔明治一六〕年生まれ）や末弘厳太郎（一八八八〔明治二一〕年生まれ）、我妻栄（一八九七〔明治三〇〕年生まれ）といった法学者や、運動会財団法人化の際の実行委員であり後の東京都知事である東龍太郎（一八九三〔明治二六〕年生まれ）などがいる[67]。彼らは全員が一高および東京帝国大学の卒業生であり、穂積と末弘以外は一高に入学した頃にはすでに教養主義にヘゲモニーが移った後だが、述べたように蛮カラはその後も健在であり、全寮制の一高でその洗礼を受けたはずである。そして穂積は中学時代に柔道の寒稽古に熱心に参加するなど「文武両道」の人であり[68]、末弘は一高時代に漕艇部舵手で、帝大一年の時の「全寮茶話会

記念祭」では、当時運動部を冷遇していると批判されていた一高校長・新渡戸稲造を糾弾した生粋の〝蛮カラ〟である[69]。東も一高時代に漕艇部の選手として活躍し、東大医学部進学後は医学部艇の整調として三年連続優勝を飾っている[70]。すなわち、運動会の組織化や経営に関わったとされる〝大学当局者〟とは、もっぱらかつての〝蛮カラ〟たちのことではなかっただろうか。こうしてみると、東京帝国大学運動会は〝大学当局の傀儡《かいらい》〟というよりも、OBも含めた〝蛮カラの、蛮カラによる組織〟という観方もできよう。

活動的なエリート、社会起業家としての蛮カラ

また一方で、運動会報には当時の運動部員の〝自主自立と公共奉仕の精神に溢れた活動的なエリート〟あるいは〝社会起業家〟としての側面が随所にみられる。すでに述べたように、そもそも東京帝国大学運動会は一般の学生・教職員を対象とし、その福利厚生と親睦を図る組織として設立された。しかし、運動会報創刊号の「座談会」では、そうしたコンセプトは学友会に合流する以前の運動会において生まれたものであると語られている。

「當時（とうじ）大正七八年（ママ）頃から學生の中から大學生活合理化の運動が擡頭（たいとう）して来ました、即ち學生自治運動です。五千の學生が集り頭を働せば精神的にも經濟的にも現在よりもつとよい生活が出来る筈だ、またさうせねばならぬとの見解から學生生活改革の運動が起って来たわけです、この運動の主體は各運動部の中心人物で、各部委員から成る常務委員會が主となつて動き出し後になつてから各學部即ち緑會、鐵門、丁友會の委員に呼びかけ、運動部常務委員と各學部委員の聯合（そうごう）會を作りこの改革運動を具體化させて行つた、……運動會の仕事即ち體育方

面のみならずあらゆる文化方面の仕事にまで手を擴（ひろ）げ、且つ學生自身の手でその生活自體をも改革せんとする寛際（じっさい）運動に乗り出した、之が大體の學友會創立までの經過である。」（久富達夫[71]、運動会報創刊号、一九三四年、六―七頁。（　）内および傍点は筆者）

あるいは、同「座談会」において、大学の保健体育寮（いわゆる合宿所ないしセミナーハウス）のひとつである「山中寮」（一九二八（昭和三）年完成）設立の話が立ち上がった経緯が次のように回顧されている。

「大學新聞の應接間でビールを飲み気焔を上げていゐる時大学からはなれた處で自然教育をやらう、大學の目的は人格の陶冶で、大學令の第一條にもある通りだとそのやうな氣持ちがしぜんとわいて一部の輿論（よろん）となり、永井了吉君が蘆の湖へ遊びにいつた話により、仲々よい處があるといふ話だつた。」（豊田久二、運動会報創刊号、一九三四年、一八頁。（　）内は筆者）

この後、彼らは単独で山梨県知事などと交渉して二〇万坪もの土地を無料で取得したうえ、学生自ら寮建設を行ったという。また、昭和一三年に当時の長与総長から検見川の総合運動場計画が提出された際には、運動会はこれに呼応して予算を支出し、学生に運動場整備のためのボランティア参加を呼びかけている[72]。総務部の学生は、そうした活動が学生の自主的な活動であることを強調している。

「断っておくが我が運動会の労働奉仕は文部省から命令されたり、大学当局から指摘を仰いでやるのでは決してない。我々学生が主になり学生の手で方針を決めて同士の学生だけでやるのだ。（中略）

或は何年か後には総長閣下も教授もシャベルを持つ時があるかも知れない。だが我々はそんなことを期待してはいない。唯我々学生だけで出来るだけのことをやる迄である。」(東京帝国大学総務部「我々の運動場は我々の手で」運動会報、第七号、一九四〇年、一二―一五頁)

一方、運動部だけではないが、一九二三(大正一二)年の関東大震災の際には、東京帝国大学学生による自主的な復興救援活動が活発に行われた様子が運動会報にも記されている[73]。そうした活動はやがてわが国における学生ボランティア団体の草分けといわれる「東京帝国大学セツルメント(帝大セツルメント)」に発展したが、そのセツルメントの世話役として設立から運営まで深く関わったのが、当時東京帝国大学法学部教授であった末弘厳太郎と穂積重遠である[74]。

蛮カラとノブレス・オブリージュ

文学者の高田里恵子は、旧制高校の理念は「『ノブレス・オブリージュ』の精神で公に尽くす指導者を生徒仲間の切磋琢磨のなかで作る」ことであり、それが「近代西欧の寄宿舎教育の理念とつながっている」ことを示している[75]。強固な仲間意識・共同性のなかでエリートとしての自意識を、また自治的な共同生活のなかで自主性・自立性を培養する、というのが籠城主義の要諦であり、ノブレス・オブリージュとはまさに〝蛮カラ〟の規範といえるだろう。そして高田は、「ノブレス・オブリージュが成立するためには、地位のある者がそれだけの義務と使命を負っているという自覚を持つことだけではなく、その犠牲的精神の「高貴さ」が仲間内ではない他者から承認されることが必要」[76]としたうえで、太平洋戦争時に旧制高校のノブレス・オブリージュが大衆の支持を得ることなく空回りするさまを、独特のアイロニカルな筆致で描き出している。高田の分析は正鵠を得ていると思うが、それはもっぱら〝戦時下における旧制高校生（学徒動員兵）〟にフォーカスしており、ノブレス・オブリージュの〝踏み絵〟としてはいささか厳しすぎるように思われる（この点は高田自身も触れている[77]）。帝大セツルメントや運動会の活動をみれば、蛮カラ学生たちのノブレス・オブリージュは決して能書きだけだったわけではないという点で、もう少し肯定的に評価できるだろう。

運動部員のふたつの顔

もちろん、運動会報の執筆者は総務部員[78]や各部の主将など運動会の中心的・指導的な学生であり、その内容が必ずしも運動部員の平均像を表すとはいえない。実際、一般の運動部員は述べてきたような運動会の公益事業にかならずしも熱心とはいえなかったようで、例えば運動会報創刊号（一九三四年）の座談会では、ＯＢが「運動部の連中はただそれぞれの運動部の発達にのみ専心し当初の目的たる学生生活の改善から手を抜くようになり」「一般運動部選手等は考えに執着がない」「運動部の連中は運動にのみ専心して他を顧みず」などと盛んに嘆く場面がある[79]。また、検見川総合運動場のボランティアについては、総務部員の学生が「運動部の人は寧ろ割合に関心が少ないですが、併し一般の学生は猛烈ですね。」などと述べている[80]。実際、検見川総合運動場の建設ボランティアに参加した運動部員は六〇名程度であり[81]、これは当時の運動部員の一割に満たない。そうしてみると、運動部員の多くは、当時からやはりスポーツに専心する〝運動家〟であったのかもしれない。ただしある種の文化規範が、そのフォロワーたちに必ずしも徹底されていないという現象は、（教養主義を含め）しばしばみられることではある。

スポーツ資源・サービスの開発者・供給者から消費者へ

そして時代は下り、戦後になると（財）東京帝国大学運動会は「（財）東京大学運動会」となり、昭和二八年に復刊した以降の運動会報では、修養主義・鍛錬主義的な表現は一部に残るものの、国家主義・全体主義・伝統主義的な表現や内容はほぼ見られなくなる。スポーツはもはや国家や集団のためではなく、個人の権利と自由な意志に基づくものとなったのであり、国家主義や伝統主義はもはや運動部の思想的な基盤ではなくなった。同時に、運動会報における「各部行事一覧」の「一般アマチュアに対し」という記述も、戦後以降は全く見られなくなった。筆者は二〇〇六年まで東京大学の助手として運動会の活動に関わっていたが、総務部の学生が一般学生や教職員（アマチュア）向けのスポーツ大会などを運営する伝統は残っているものの、組織的には大学の学生部（まさに〝大学当局〟）の管轄下に置かれており、学生はほぼルーティンワークをこなすだけであった[82]。

また、興味深いのはその予算配分の推移である。当時、運動会の主な収入源には会員からの会費収入のほかに六大学野球の入場料収入があった。図4-1は運動会報（一九三三年〜二〇〇二年）より、運動会の当期収入に占める「会費収入」と「六大学野球入場料の分配金収入」、当期支出に占める「総務部および各種体育寮やスポーツ施設の整備費支出」と「各運動部への分配支出」の割合の推移を示したものである。総務部の予算とは学内のスポーツ大会など一般会員（アマチュア）向けの予算である。

学友会の時代には予算の多くが運動部に充てられたことが問題視されていたが、運動会の財団法人化後、戦前から一九七〇年代までは、総務部予算として一般会員（アマチュア）向けの事業や施設整備費には一般会員から集めた会費収入に相当する額が充てられ、運動部に配分される予算には六大学野球の分配金に

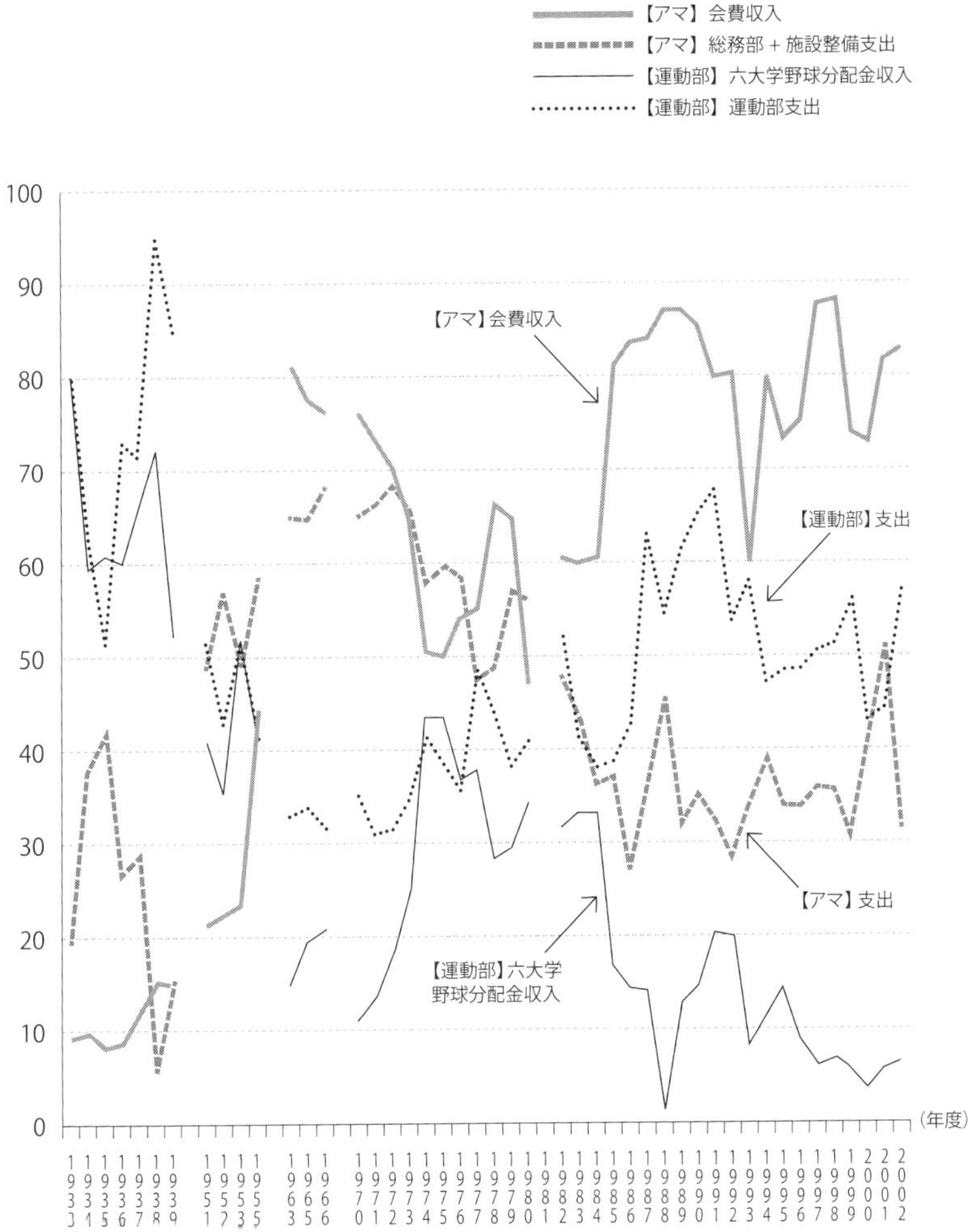

■図4－1．東京帝国大学運動会における収入および支出割合の推移

※東京帝国大学運動会報創刊号（1933）～第7号（1939）、東京大学運動会報第8号（1951）～第51号（2002）より
※運動部予算には、当時運動部が“アマチュア”向けに実施していた各種スポーツ大会の経費が一部含まれている。

相当する額が充てられるという〝財政規律〟が存在していたことがわかる。しかも、一九六〇年代、七〇年代は、一般会員対象の予算が運動部に配分される予算を上回っていた。

一方で、一九五三（昭和二八）年の運動会報には、総務部員と運動部代表および担当教員との間の、次のような興味深いやり取りが記録されている。

空手部　「運動会費（会費収入）というのはどうなつたのですか。」

坂本総務委員　「運動会費は一般学生の福祉のために使うべきで運動部には分配できない。」

西尾助教授　「これは従来問題になつていたが一般学生にめをつむつて運動部を特別に扱うことはできない。これをやれば駒場の学友会と本郷の運動会に二分され、文化部から問題が提議されるだろう。金の配分が文化部との関係で、我々にとつて不都合となるおそれがある。」

神内総務委員　「運動部の性格論として一般学生えの信任ということがあり、これは運動会として大きな問題であり、運動部を中心を考えることはむづかしい様に思う。」

空手部　「何とか運動会費を搾取する方法はないものか？」

（運動会報第九号の「座談会」より、一九五三年、一二頁。傍点は筆者）

教員や総務部員が、一般学生から集めた会費は一般学生のために使うという財務規律を守ろうとするのに対し、運動部代表者は部費不足による活動の停滞を打開しようと予算の獲得を思案するという、なんとも生々しいやりとりである。ここには、スポーツサービスの供給者と消費者という、運動部員のふたつの側面の葛藤をみることができる。結局、六大学野球収入の減少もあり、一九八〇年代にはこうした財政規律は崩れ、運動部への分配予算に一般会員からの会費収入が充当されるようになった（図4－1）。

ちなみに筆者が東京大学で助手をしていた当時（二〇〇〇年頃）、全学部生の九割以上が運動会に加入していたが[83]、一方で当時の運動会運動部員の学部生に占める割合は一割程度であった[84]。図にあるように、当時の運動会における「運動部対象の支出総額」＞「一般会員対象の支出総額」であるので、運動部員は運動部以外の学生会員に比べて九倍以上の再分配を受けていたことになる。総務部による「アマチュア」へのサービスは、そうした偏った配分を正当化するためのアリバイにもなっていた。スポーツサービスが運動部員に傾斜して配分されるという構造は、「施設費」などとして大学がスポーツ施設の整備費を徴収する私立大学でも原理的には同じであるが、独立会計で会費収入によって活動がまかなわれる東京大学運動会では、運動部員の〝フリーライディング〟（ただ乗り）がより明確になる。こうしてスポーツ資源やスポーツサービスの開発者であり供給者であった運動会の運動部と運動部員は、もっぱら消費者、さらにいえばフリーライダーへと変容したのである。これについては、文化部や学友会といったかつて運動部と緊張関係にあったステークホルダーの弱体化と、六大学野球の入場料収入の減少という経営環境の変化が大きく影響していたと考えられる。

五．おわりに ― 蛮カラから体育会系へ ―

エリートとしての蛮カラ

本章では、旧制高校と帝国大学における、明治時代中期から昭和初期までの運動部員の思想と身体についてみてきた。〝蛮カラ主義〟は、旧制高校出身者が共有する思想と身体の主要な類型の一つであり、運動部員はそれを体現する象徴的な存在であった。特に、一高野球部の振る舞いや「武士的野球論」には、〝蛮カラ〟のエッセンスが凝縮されていたようにみえる。一方で坂上は、その「武士的野球論」が時の社会情勢に抗してスポーツを守るための、自立的で戦略的なレトリックであったという。坂上が示しているのは、旧制高校野球部員たちが単なる〝運動家（スポーツ選手）〟ではなく、社会をリードする〝学歴エリート〟であり〝国家エリート〟であったということであろう。

もとより蛮カラの培養地であった全寮制の籠城主義は、閉じられた共同体の中でエリートとしての自意識と、自立性と公共奉仕の精神（ノブレス・オブリージュ）を養うためのものであり、国家主義や全体主義、伝統主義などは、むしろその表現型のひとつにすぎないというべきかもしれない。だからこそ彼らは、「『国体』を擁護する右翼にも、また社会主義者にもなるように思われた」[85)]のであろう。本章でみてきた東京帝国大学運動会の思想や事業にも、単なるスポーツに専心する運動家ではない、〝自主自立と公共奉仕の精神〟をもち、新たなスポーツ資源を開拓し、ときにレトリックを擁して組織経営を担う、きわめて活動的で戦略的なエリートとしての側面があらわれていると思う。

エリートから消費者へ

　ここで当然ながら、明治時代から昭和初期における旧制高校・帝国大学運動部員の人格類型である〝蛮カラ〟と、現代の大学運動部員のステレオタイプとしてよくいわれる〝体育会系〟を比較してみたくなるところである。確かに、〝蛮カラ〟の粗野で質実剛健な慣習行動や、一高野球部の「武士的野球論」を起源とする集団主義、精神主義的なスポーツ観などは、現代のいわゆる〝体育会系〟の学生のハビトゥスや思考様式にも通じるものがあるように思われる。一方で、〝蛮カラ〟と〝体育会系の〟大きな違いは、現代の〝体育会系〟の主要な特徴として〝上下関係の厳しさ〟がしばしば挙げられるのに対し、〝蛮カラ〟には年齢や学年による上下関係がなかったという点である。ちなみに筆者はかつて国立大学の「体育会運動部員」であったが、上下関係は厳しくなく、体罰の類は全くなかった。一方で私立大学の体育会運動部の上下関係の厳しさはよく知られるところである。筆者の経験と伝聞で知る範囲では、国立大学には〝蛮カラの残滓〟が比較的純潔的に受け継がれているのに対し、私立大学の〝体育会系〟のルーツには別の遺伝子が混入しているように思われる。これについては別に検討が必要であろう。

　そして〝蛮カラ〟と（私立大学も含む）〝体育会系〟の、おそらくより重要な違いは、戦後の東京大学における〝蛮カラの末裔〟たちの変容によくあらわれていると思われる。すでに述べたように、戦後の民主主義体制のもとで国家主義や全体主義、伝統主義は、基本的にはもはや運動部員（運動家あるいは選手）の思想基盤ではなくなった。同時に、〝自主自立と公共奉仕の精神〟（あるいはノブレス・オブリージュ）も、失われた。前者はおおむね良い変化として受け取られるだろう。スポーツが国家や集団に従属させられず、個人の権利と自由な選択に基づき、それ自体として楽しむものになったということは、圧倒的によいことである。一方で後者の喪失は、これまであまり気にとめられることはなかったと思う。もちろん、旧制高校と帝国大学という、近代日本におけるスーパーエリート養成校という舞台が、歴史的社会的に特殊だったのであり、国家エリートでありかつ運動家である〝蛮カラ〟の存在が特殊事例であったとはいえる。戦後の民主主義体制下で〝エリート教育〟が声高にいわれることはなくなり、旧制高校も一九五〇年に廃止され、全寮制という〝蛮カラ〟の培地もすでに失われた。大学の数も進学率も上昇し、現代の大学生はかつてほどの〝エリート〟とはいえなくなっている。いずれにせよ現代の〝体育会系〟には、〝エリートとしての身体〟はビルトインされて（あらかじめ組み込まれて）いないし、また人々もそうしたイメージや役割を、〝体育会系〟の人材やアスリートに求めてはいない。そして、こうした〝蛮カラの末裔〟たちの変容は、風呂敷を広げていえば、現代のスポーツの組織や制度が抱えるある種の課題を浮き上がらせ、示唆を与えてくれているようにも思われる。

例えば、坂上がいうように、一高野球部による「武士的野球論」が、当初は当時の国家主義、伝統主義の興隆に対抗するための（運動家による）〝自立的で戦略的なスポーツ論〟であったとすれば、その後、個人の権利と自由な選択が保障された現代日本においてなお、スポーツにおいて（若干の修正を施されつつも）精神論的、集団主義的スポーツ論が惰性的・安定的に再生産され続ける状況を、われわれはどう考えるべきであろうか。

あるいは、〝自主自立と公共奉仕の精神〟と〝戦略〟に基づき、検見川運動場はじめ多くのスポーツ施設や保健体育寮など多大なスポーツ資産を開拓し、アマチュア学生にもサービスを供給してきた蛮カラな運動部員と、ひたすらスポーツに打ち込む現代の体育会運動部員を対比するとき、われわれはどのような示唆を得られるだろうか[86]。もしくは、少々唐突な一般化に思われるかもしれないが、いったんは「白紙撤回」された二〇二〇年東京オリンピック・パラリンピック開会式の会場となる新国立競技場の建設問題の際、「ラグビーワールドカップに間に合わせたい」、「サブトラックが欲しい」、「アスリート・ファースト」といった競技団体関係者やエリート競技者から提出された〝要望〟の背後にあるのは、〝公共奉仕の精神〟だろうか、〝スポーツ資源拡大のための戦略〟だろうか、それとも単なる〝消費者のエゴ〟だろうか。

こうしたスポーツ組織とアスリートの振る舞いが、その経営環境しいては社会環境に依存しているのであるならば、我々はスポーツ組織とそれを取り巻く諸制度を、将来に向けてどのようにデザインしていくべきだろうか。つまり、ノブレス・オブリージュが階級を前提とした規範であり戦略（例えば階級システムの維持と安定化を図る上層階級のレトリック）であるならば、現代の開かれた市民社会におけるスポーツにおいて、スポーツ資源の開発と供給を担うリーダーシップや起業家精神を、我々はどのように調達したらよいだろうか。

最後に、戦前の運動会報から、大学のスポーツ施設が充実し、運動会の予算が潤沢となる中で、当時のもっぱらスポーツにいそしむ運動部員に対して投げかけられた、東龍太郎の次の言葉で本稿を締めくくりたいと思う。

「因習と惰性とのまにまに蠢動するだけの寄生虫的存在、又与えられる予算を適当に処理するだけでその責を果たし得たと考える浪費者群、これ等は何れも比較的裕福な苦労知らずの培地から発生する極めて低調な生活態度である。若し万一その現状がかかる環境の醸成に好適な条件を多分に具備して居るとすれば、我々は大いに戒心を要する。」

（東龍太郎「感想」運動会報第五号、一九三八・昭和一三年、六頁）

（澤井和彦）

注

1▼ブルデュー（一九九〇年、v—vii頁）参照。

2▼石坂（二〇〇二年）、坂上（二〇〇一年）参照。

3▼坂上（二〇〇一年）参照。

4▼渡辺（一九七三年）、石坂（二〇〇二年）参照。

5▼以下、用語の意味については特に断りのない限り、『広辞苑 第六版』（新村出 編、岩波書店、二〇〇八年）に拠った。

6▼竹内（一九九九年、一七三頁）による。ただし第三高等中学校のみ士族率が三七％（明治二四年卒業生）で最初から平民が多かったという。天野（二〇〇五年）も参照。

7▼天野（二〇〇五年）、竹内（一九九九年）参照。

8▼ローデン（一九八三年a、一二一—一一九頁、一四八頁）参照。

9▼ローデン（一九八三年a、一七五—一七六頁）参照。

10▼「学校の寄宿舎などで、夜、大勢が歌を高唱したりして騒々しく練り歩くこと。」

11▼「ぼろの衣服に破れた帽子。旧制高等学校生徒の間に流行した蛮カラな風俗。」

12▼鉄拳制裁は共同体の秩序を犯した者に対する「交友間制裁」の制度であり、学内の儀式として定着したものだったという（ローデン、一九八三年b、二六—二七頁）。

13▼ローデン（一九八三年a、一九〇—二一一頁）参照。

14▼木下広次は、制服や校章の制定、日本神話をモチーフとした絵や日本史上の偉人の肖像など、「言葉ではけっしてよく表現しえない象徴の構造によって愛国心を育成したりすることに」注力したという（ローデン、一九八三年a、二二〇—二二三頁）。

15▼ローデン(一九八三年a、一二三―一二六頁)参照。

16▼ローデン(一九八三年a、一二七―一二八頁)参照。

17▼ただし、ほとんどの旧制高校が寄宿舎を備えていたが、在学期間三年間の完全寄宿制を実現していたのは一高だけで、財政上の問題で他の学校は新入生だけの一年間の寮生活だったという(高田、二〇〇八年、二〇三―二〇四頁)。

18▼竹内(一九九九年、二一五頁)参照。

19▼「勤勉で、節約を重んじ、武勇をとうとぶこと」。

20▼「武断:①武力を以て被治者を処分すること。②武力によって処置すること。」(広辞苑 第六版、二〇〇八年)

21▼ローデン(一九八三年b)参照。

22▼天野(二〇〇五年、四四頁、五三頁)参照。

23▼竹内(一九九九年、一七二―一七三頁)参照。

24▼竹内(一九九九年、一七二―一七三頁)参照。

25▼ローデン(一九八三年a、一九〇―一二一頁)参照。

26▼ローデン(一九八三年a)、竹内(一九九九年)参照。

27▼ローデン(一九八三年a、一二五頁)参照。

28▼ローデン(一九八三年b、二〇頁、一九―三二頁)参照。

29▼井上(二〇〇一年)参照。

30▼井上、前掲書、二〇〇一年 井上(二〇〇一年)参照。

31▼なんとも現代の〝体育会系〟を髣髴(ほうふつ)とさせる話だが、「見識が狭く教養がない」と呼ばれた運動部員はしかし人口比一%未満の当時のスーパーエリートであったということを忘れてはいけない(竹内、一九九九年、二二六―二二七頁)。

32▼竹内(一九九九年、二一七頁、二三一―二三四頁)、清水(一九九八年、一四一―一四四頁)参照。

33▼中村(二〇〇九年)参照。

34▼竹内(一九九七年、五六頁)参照。

35▼中村(二〇〇九年、三三頁)参照。

36▼中村(二〇〇九年、二八頁)参照。

37▼坂上(二〇〇一年、五九頁)参照。

38▼石坂(二〇〇三年)参照。

39▼竹内(一九九九年、七四―七六頁)参照
40▼竹内(二〇〇三年、八六頁)参照。

41▼竹内(二〇〇三年、一一三―一一七頁)参照。

42▼竹内(一九九九年、二四一頁)によれば、マルクス主義は教養主義と「対抗しつつも相補的な関係」にあり、「教養主義の上級バージョン」ないし「教養主義左派」であったという。

43▼文部省「学内団体一覧」一九四〇年 参照。

44▼東京大学百年史出版委員会「東京大学百年史・資料三・第七部統計・三.学生生徒数」、東京大学出版会、一九八六年参照。

45▼スミス(一九七八年、一二二頁)参照。

46▼竹内(二〇〇七年、一三一―一三二頁)参照。

49▼竹内(二〇〇七年、一三一頁)参照。

48▼ダニング・ジャド(一九八三年、六二頁、六六頁、七二頁)、ノッター・竹内(二〇〇一年、一三頁)参照。

49▼プリフェクト・ファギング制、prefect-fagging system:上級生による下級生支配。しばしば上級生による下級生の暴力的な抑圧のシステムだったといわれる。村岡(一九九五年、二二八―二六一頁)、ダニング・ジャド(一九八三年、六六頁、七〇頁)参照。

50▼ことにパブリック・スクールではフットボールのゲームとプリフェクト・ファギングが密接な関係にあった。村岡(一九九五年、

二四四—二四五頁)、ダニング・ジャド(一九八三年、五七—七五頁)参照。

51▼吉見(一九九九年)参照。

52▼竹内は旧制高校もパブリック・スクールも、社会移動と社会階層の再生産の両方の機能があったと述べている。竹内(二〇〇七年、一四五—一五七頁)参照。

53▼高田(二〇〇八年、二三〇頁)参照。

54▼ノッター・竹内(二〇〇一年、一八頁)、ダニング・ジャド(一九八三年、一〇九—一一〇頁)参照。

55▼坂上(二〇〇九年、一五五頁)参照。

56▼ノッター・竹内(二〇〇九年、一九—二二頁)参照。

57▼東京大学百年史・部局史四、一九八七年、一二一二頁:東京大学百年史・通史二、四六五頁

58▼中澤(二〇〇八年)参照。

59▼坂上(二〇〇一年、七八—八九頁)参照。また、一高における武士的野球論の展開については下記文献を参照。菊(一九八四年)、日下(一九八五年)、有山(一九九七年)、清水(一九九八年)。

60▼菊(一九八四年、一二頁)、ホワイティング(一九九一年、六三—一二二頁)、有山(一九九七年、五五—五六頁)、清水(一九九八年、一三四—一三五頁)参照。

61▼ホワイティング(一九九一年、六三—一二二頁)、ホワイティング・玉木(一九九五年、七五—九二頁)、中村(一九九五年)、佐和(一九九六年)参照。

62▼坂上(二〇〇一年、一二七頁)参照。

63▼東京帝国大學運動会報創刊号、「昭和九年度各部行事一覧」、一九三四年、九二—九五頁。

64▼東京大学百年史・通史三、一九八六年、八四〇—八四二頁。

65▼東京大学百年史・通史二、一九八六年、八四三頁

66▼中澤(二〇〇八年)参照。

67▼中澤(二〇〇八年、三三二頁)参照。

68▼大村(二〇一三年、一一一—一一三頁)参照。

69▼竹内(一九九九年、二二四頁)参照。

70▼木下(二〇〇六年)参照。

71▼久富達夫:当時は東京日日新聞(のちの毎日新聞)政治部長。終戦時は内閣情報局次長の要職にあり、玉音放送を進言した(「20世紀日本人名事典」日外アソシエーツ、二〇〇四年)。

72▼「七月には運動会の提唱による運動場建設作業が行なわれた。運動会当局は、この作業に予算として一五〇〇円を計上し、参加学生は電車賃のみ負担し、地下足袋、ゲートル、敷布等に至るまで運動会が負担した。」(東京大学百年史・通史三、一九八六年、八四七頁)

73▼運動会報、創刊号、一九三四年、一五—一六頁　参照。

74▼福島・川島(一九六三年)参照。

75▼高田(二〇〇八年、二三〇頁)参照。

76▼高田(二〇〇八年、二〇〇頁)参照。

77▼高田(二〇〇八年、二二一—二二四頁)参照。

78▼運動会の事務・業務をもっぱら行う学生。運動部から派遣されて専任となるケースが多い。

79▼東京帝国大學運動会報創刊号、「座談会　運動会の設立当時を語る」、一九三四年、七—一一頁　参照。

80▼東京帝国大學運動会報第五号、「ドイツの体育事情を訊く座談会」、一九三八年、三二頁　参照。

81▼東京大学百年史・通史三、一九八六年、八四七—八四八頁

参照。

82 澤井（二〇〇六年）参照。

83 入会率が高いのは、入学者説明会の当日、大学の諸手続き窓口のならびに大学生協などと一緒に運動会の手続き窓口があったというのが大きかった。入学の喜びもあり、入学生はよくわからないままほとんどが入会していた。おそらく入会が義務と思い込んでいた学生も少なくなかったと思われる。

84 澤井（二〇〇四年）参照。

85 ローデン（一九八三年b、一八〇―一八一頁）参照。

86 もちろん、これにはかつての体育会運動部員であった筆者自身への自問を含んでいる。

文献

▼天野郁夫『学歴の社会史』平凡社、二〇〇五年。

▼有山輝雄『甲子園野球と日本人　メディアのつくったイベント』吉川弘文館、一九九七年。

▼D・ノッター、竹内洋「スポーツ・エリート・ハビトゥス」（杉本厚夫　編『体育教育を学ぶ人のために』四―二三頁　所収）、世界思想社、二〇〇一年。

▼D・T・ローデン『友の憂いに我は泣く　旧制高等学校物語　上』、講談社、一九八三年a。

▼D・T・ローデン『友の憂いに我は泣く　旧制高等学校物語　下』、講談社、一九八三年b。

▼エリク・ダニング、ケネス・ジャド『ラグビーとイギリス人』ベースボール・マガジン社、一九八三年。

▼福島正夫・川島武宜『穂積・末弘両先生とセツルメント』東京大学セツルメント法律相談部、１９６３

▼H・D・スミス（著）、松尾尊兊・森史子（翻訳）『新人会の研究―日本学生運動の源流』東京大学出版会、一九七八年

▼井上義和「文学青年と雄弁青年：「明治四〇年代」からの知識青年論再検討」（『ソシオロジ』四五巻二号、八五―一〇一頁所収）、二〇〇一年。

▼石坂友司「学歴エリートの誕生とスポーツ」（『スポーツ社会学研究』一〇巻　六〇―七一頁　所収）、二〇〇二年。

▼菊幸一「近代のプロ・スポーツの成立に関する歴史社会学的考察―わが国における戦前のプロ野球の▼成立を中心に―」（『体育スポーツ社会学研究』三巻　一―二六頁　所収）、一九八四年。

▼日下裕弘「明治期における「武士」的、「武士道」的野球心情に関する文化社会学的研究」（『体育・スポーツ社会学研究』四巻」二三―四四頁　所収）、道和書院、一九八五年。

▼木下秀明「東　龍太郎」（『体育の科学』五八巻五号、三七九―三八四頁　所収）、二〇〇六年。

▼村岡健次「「アスレティシズム」とジェントルマン―一九世紀のパブリック・スクールにおける集団スポーツについて―」（村岡健次・川北稔・鈴木利章（編著）『ジェントルマン・その周辺とイギリス近代』二二八―二六一頁　所収）、ミネルヴァ書房、一九九五年。

▼文部省『学内団体一覧』一九四〇年。

▼中村哲也「明治後期における「一高野球」像の再検討―一高内外の教育をめぐる状況に着目して―」（『一橋大学スポーツ研究』二八巻、二七―三四頁　所収）、二〇〇九年。

▼中村敏雄「外来スポーツの「率直な受容」」・中村敏雄　編『外

来スポーツの理解と普及』七五―九二頁　所収）、創文企画、一九九五年。
▼中澤篤史「大正後期から昭和初期における東京帝国大学運動会の組織化過程：学生間および大学当局の相互行為に焦点を当てて」（『体育学研究』五三巻二号、三一五―三二八頁　所収）、二〇〇八年。
▼大村敦志「穂積重遠―社会教育と社会事業とを両翼として」（『ミネルヴァ日本評伝選』所収）、ミネルヴァ書房、二〇一三年。
▼ピエール・ブルデュー、（翻訳）石井洋二郎『ディスタンクシオンＩ　社会的判断力批判』、藤原書店、一九九〇年。
▼ロバート・ホワイティング、（翻訳）松井みどり『菊とバット』、文春春秋（文庫）、一九九一年。
▼ロバート・ホワイティング・玉木正之『ベースボールと野球道』講談社（現代新書）、一九九一年。
▼澤井和彦「大学の開かれたスポーツクラブ・マネジメント（特集スポーツ・マネジメント）」『体育の科学』五七巻一号　三四―三八頁　所収）、二〇〇六年。
▼澤井和彦「大学生のスポーツ活動と意識生活に関する調査研究」（『東京大学教育学部研究紀要』四三巻別冊　二八一―二八七頁　所収）、二〇〇四年。
▼坂上康博『にっぽん野球の系譜学』青弓社、二〇〇一年。
▼佐和和夫『ベースボールと日本野球』中央公論社（文庫）、一九九六年。
▼清水諭『甲子園野球のアルケオロジー―スポーツの「物語」・メディア・身体文化』新評論、一九九八年。
▼高田里恵子『学歴・階級・軍隊　高学歴兵士たちの憂鬱な日常』中央公論新社（新書）、二〇〇八年。
▼竹内洋『改訂版　学校システム論』放送大学教育振興会、二〇〇七年。
▼竹内洋『学歴貴族の栄光と挫折』中央公論社、一九九九年。
▼竹内洋『教養主義の没落』中央公論社、二〇〇三年。
▼竹内洋『立身出世主義―近代日本のロマンと欲望』日本放送出版協会、一九九七年。
▼東京大学百年史出版委員会『東京大学百年史・通史二』一九八六年。
▼東京大学百年史出版委員会『東京大学百年史・通史三』一九八六年。
▼東京大学百年史出版委員会『東京大学百年史・部局史四』一九八七年、一一一二頁；同『東京大学百年史・通史一』一九八六年。
▼東京大学百年史出版委員会『東京大学百年史・資料三』「第七部統計・三．学生生徒数」、東京大学出版会、一九八六年。
▼東京帝国大學運動会報創刊号、「昭和九年度各部行事一覧」、一九三四年。
▼渡辺融「F・W・ストレンジ考」（『体育学紀要』七巻、七-二二頁　所収）、一九七三年。
▼吉見俊哉「ネーションの儀礼としての運動会」（吉見俊哉　他編著『運動会と日本近代』所収）青弓社、一九九九年。

第五章

レクリエイトされる身体

自律化するスポーツ空間／グローバル化するレクリエーション

近代日本は、いかなる身体をつくりあげたのかという問いに対して、これまでの体育・スポーツ史研究は、学校・軍隊における体育・教練制度を基軸にそのありさまを描いてきた。それは、「学校・軍隊中心史観」とでも称すべき歴史観であった[1]。しかし、われわれは人生のわずかな時期にしか学校（あるいは徴兵制における軍隊）に所属していない。さらに、現在のような高度教育化が進んでいない状況では、なおさら学校に包み込まれる期間は限定的であったはずである。そうした点を踏まえれば、学校・軍隊以外の体育・スポーツ実践にも注目しないといけない[2]。

一．「スポーツ空間」成立前史としての公園設置運動

公園の制度化と「身体の政治性」の剥奪

公園の設置が法制化されたのは、一八七三（明治六）年の「太政官布告第十六号」においてであった。明治維新以前も、公園のような誰もが出入り可能な空間はあったが、そうした空間は、神社や寺の敷地の一部であり、公的権力が管理する空間ではなかった。明治政府は、「是迄群集遊覧ノ場所」――つまり社寺境内地――を公園にした。そこには明治六年から始まった地租改正が関係していた。公園史を描いた小野良平によれば「社寺境内地等を、官有にして無税にするのでもなく、社寺（私）有にして土地税（地租）をとるのでもなく、官有ながら社寺の経営を認め、土地を貸して借地料・地方税をとることのできる

地目とした」（小野、二〇〇三、一一二）。まず、公園の制度化は、江戸期から続く「社寺境内地」という空間の保全という形で進んだ。

この公園の制度化には、「身体と政治」のコペルニクス的変容があった。それは一言でいえば「身体の政治性」の剥奪である。

明治以前まで、暴力を独占していたのは武士であったが、明治になってその特権性が剥奪された。不満をもった士族らは、武力闘争で明治政府に対抗しようとしたが、一八七七（明治一〇）年の西南戦争で頓挫した。旧士族たちは、方向転換を行い、国会開設運動をはじめとした自由民権運動に乗り出す。ただ、自由民権運動は、表立った武力闘争は行わないものの、以前の暴力性を帯びた身体を引き継いでいた。その運動スタイルは、言論で闘うというよりも、身体性を強調するものであった。それを象徴するものとして、当時「壮士」と呼ばれた、自由民権運動家たちの「運動会」があった。

木村直恵の分析によれば、この「運動会」は、上野公園などに運動家たちが集まり、騎馬戦などの身体運動を共に行って、政府に対する批判勢力の誇示を示すというものであった。民権運動家たる「壮士」は、自由に集うことができる公園を利用して「運動会」を開いたのだが、しかし、そうした直接的に身体を用いた政治的実践は、一八八七（明治二〇）年ごろを境に、急速に衰微する。この時期に、政治の位相が、身体の闘争から、言論の闘争に大きくシフトしたのである（木村、一九九八）。

また、明治政府も、身体の闘争を強く取り締まろうとした。小野良平の分析によれば、明治政府は、公園が紛擾の場とならぬよう、都市計画を策定する際には、派出所と学校のそばに公園を計画した（小野、二〇〇三）。公園や広場が、何度となくクーデターなどの内乱の契機となっていることを踏まえれば、当然の措置であったといえる。かくして、公園での身体運動は、クーデターとつながらないように、官憲の監視下という限定のなかで実践されることになった[3]。

都市空間に公園を設置する目的

こうして公園は、「脱政治化された身体」が集う場所として社会的に位置づけられることになるが、明治中頃から、都市空間のなかに公園を新たに設置しようとする動きが出てくる。

その理由は、大きく二つの目的があった。

ひとつの目的は、都市衛生の改善であった。明治初頭から中頃は、コレラの流行が相次いでおり、こうした感染症を防ぐには、土地と空気の衛生状況を改善することが重要だとされていた。木々に覆われた公園は、都市の汚れた環境を換気するという意味で「都市の肺臓」と形容されており、都市衛生の改善に大きな役割を果たすものと期待された。また、こうした都市衛生という機能以外にも、延焼防止という機能、身体運動の場としての機能、などさまざまな役割が期待された（小野、二〇〇三）。

もうひとつが体育という目的である。とりわけ、公園の設置は「児童」という主体と結びつき、その体育問題を解決するものとして捉えられた。明治期の公園計画は、大公園と小公園の二つのタイプで行われたが、小公園は、児童の発育のために必要な場として位置づけられた。こうした考え方を補強したのが、ヨーロッパのみならず、日本の公園行政家が好んで援用した[4]レジナルド・A・ブレーの議論であった（Bray 1911=1914）。

ブレーは次のように論じた。二〇世紀のわたしたちは、教育機関が極度に発達した時代に生きているため、教育機関がなかったならば身体・知能・徳が育たないと考えがちである。しかし、そうした考えは、人為的に行われる教育制度を過大視している。もし、人為的な教育のみが人を育てるのならば、それが整備されていない時代や地域において、なぜ優れた人物が生まれるのか説明できない。

かくしてブレーは教育を、①人為的な教育、②環境から感化（influence）される教育、の二つに分別する。その上で、②の「環境から感化される教育」のなかには、（ⅰ）「自然的要素（nature element）」、（ⅱ）「人間的要素（human element）」の二つの要素があると指摘する。彼がいうには、都市をめぐる問題は、これら二つの要素のバランスがとれていないことから発生している。二〇世紀初頭の都市は、あまりに多くの人間的要素を含み過ぎており、それが人間にさまざまな害悪を及ぼした。大勢の人の吐く息は、都市住民に毒ガスのような働きをするし、人の排泄物は、伝染病などのような死に至る種をまく。また、都市化による人口密度の増大は、孤独な人々を増やし、人の欲望をコントロールする秩序も欠けることになった。規制のなくなった人々は、欲望を追い求めるようになり、その欲望を満たすための生産設備を必要とするようになった。工場の増加は大気中に排煙と塵埃をまきちらし、工場労働者の身体に深刻なダメージを与えた。人は他者との交流で感化（influence）され成長をするが、あまりにもその密度が高まると、その害悪の方が目立つ。ブレーは、人間的要素の害悪を中和するためには自然的要素が重要であると指摘し、とりわけ児童にとっての必要性を強調した。

こうしたブレーの議論は、児童の発育のためには公園が必要であるという論を補強するとともに、児童が通える範囲で公園を設置すべきであるという議論につながることになった。かくして公園設置の正当性が児童体育という観点から調達されることになった。

二．「自然的体育」から「人工的体育」へ

「自然体育」による公園の設置の限界

かくして、公園は体育（とりわけ児童体育）の空間として位置づけられ、その設置計画が進むが、大正期の頃から、公園の設置だけでは体育は覚束ない、との議論が登場することになる。この議論が、後のスポーツ施設の増殖を正当化することになる。

そうした議論のひとつとして、ここでは一九一九年の大阪朝日新聞（五月一〇日〜五月一六日）の「都市計画と市民体育」という連載記事を挙げておきたい。この記事は、レジナルド・A・ブレーの議論を用いて、都市がいかに身体に害悪を与えるかを指摘するものであった。それによれば、西洋では、「自然的要素」を都市に調合するために、公園の設置が行われている。日本で公園といえば、園芸の技術を駆使されている場合もあるが、西洋の公園では、天然自然のままの林野を残したままの造形である。それは、「風致の破壊を防止すると同時に他方市民をして天然美を娯ましむる為めで、所謂 Recreation に対する自然的要素の効能を認めた結果に外ならぬ。かつて、従来、面白半分の遊戯か都市生活のデザート位に考えられていたリクリエーションが、漸く其の本来の意義（再造、恢復等）に受けとられ、人間身体の維持、活力の保存に欠くべからざるもの、富と人口との生産に密接の関係あるものとして了解されて来た証拠である」とこの記事は述べる。

ここまでであれば、ブレーの議論の焼き直しと西洋の公園事情について論じているだけになるが、この記事のオリジナリティーは次の点にある。それは、公園における身体実践を、自然的要素を育むという点から、「自然的体育」と名付けていることだ。人は、体操器具や運動器具といった「人工的体育」を用いたものだけを体育という傾向があるが、それは人工的な技術だけを教育と呼ぶことと同じ過ちを犯すものであるという。都市における人工的体育なるものがあるならば、自然的体育があってもしかるべきであり、その意味で公園設置は正当化される。それがこの記者の言い分であった。

ただ、一方でこの記者は、自然的体育＝公園だけを都市空間に配置することに対する批判意識をあわせ持っている。連載記事では次のように論じられている。

「自然的体育を重んずるの故を以て人工的体育を閑却してはならぬ。自然的体育は空気や日光や風景や自然的要素に依り、煩瑣にして刺戟多き都市生活に困憊した市民の生命力を恢復しようとするに対し、人工的体育は都市の各所に運動場や遊園地を設け、運動器具、体操器具を備え、老幼男女の区別無く自由に出入して慰安と娯楽とを求め、以て心身の再造恢復を図るので、自然的体育の補充として是亦極めて重要の事である。」

「都市計画上から見れば、この方が寧ろ卑近の関係を有って居る。一大自然園など我国現在の都市から見て余りに高遠な理想で、都市計画と都市生活の改善との関係に就いて未だ徹底した自覚を有って居ない市民は、其の概念を捕えることさえ困難であろうが、この卑近な関係に就ては、理解極めて容易であろうと思われる。早い話が小学校の運動場に稍複雑な設備を加えたものを、市中の要処々々に新設しようと云うのである。」

ここには「自然的要素」の重要性を説いたブレーの議論を発展させようとする明確な意図が見られる。これまでの都市行政は、都市の内部に「自然的体育＝公園」を取り入れるだけに留まっていた。だが、公園の設置は、体育として消極的なものであるし、その効果にも限界がある。また、行政当局者は、公園に対して「風光明媚」「体育」「衛生」など多様な機能を盛り込みすぎである。すなわち、都市のなかには、体育という面だけに機能を特化した空間に欠けているというわけである。

ここから必然的に出てくる解は、公園とは異なった、体育に機能を特化した空間を準備することである。公園の散策のような消極的な身体運動ではなく、積極的な身体運動の場が必要であるというわけである。こうした積極的な身体運動は児童だけでなく「老幼男女の区別無く」必要である。こうした成人の体育に機能を特化した空間を新たに設置することが求められるというわけだ。

ほぼ似た議論を農学者の大屋霊城なる人物も述べている。

「公園の衛生上の価値に就ては最近学術上の研究も稍進んだようであるが多くは混濁せる空気を濾過する濾過池であるとか市民の肺臓であるとか云う譬喩が挙げられて居る。これは多く樹木の効果であって、樹木のない公園は単に人間の過群生活を緩和すると云う事より外に衛生の効果はないように思われる。然し衛生とは単に人間の病気に罹るのを防ぐのが目的の全部ではなく進んで壮健なる人を作る積極的方法を講ずる事もその一部であると思う。さすれば毎日運動を適宜にとって身体を練る事は衛生にかなった方法であると考えねばならぬ。然らばこの運動の施設は譬え一坪の芝生なく一本の樹木なしとするも猶都市衛生の上に効果あるものと看做さねばならぬ。」
（大屋、一九二九、一七）

すなわちこれまでの公園について樹木があるから衛生の価値があるというものだったが、それはいわば消極的な衛生の考えであって、より積極的な方法をとることも可能である。それは、毎日運動をとって身体を練るということであり、運動を行う空間という点では、別に一本の樹木がなくても構わないというわけである（大屋は周りに樹木があればなおさらよいという訳だが）。これもまた公園とは異なるスポーツ空間の正当性を言い換えたものであるといってよいだろう。

これらの議論はその後の文部省などによる社会体育の拡大を予言していたようで興味深い。

社会体育の拡大による「人工的体育」というスポーツ空間の正当化

文部省は明治一一年に文部省直轄の体操伝習所を設けて以来、近代体操の研究・普及、体操教員の養成を行っていたが、大正半ばまでは、学校教育に体操・衛生を根付かせることだけで汲々としていた状況であった。しかしそうした状況は、学校・軍隊に体育が偏重しているとの批判を浴びることになる。たとえば都市計画の専門誌である『都市公論』では一九二二年の段階で「従来我が国では、体育的設備は学校或は軍隊というような所だけに限られて居たが、国民全体の体育として運動を盛にするには学校生活をせぬものも学校と同様に自由に運動の出来得る様、国家なり、自治体なり、或は特殊団体なりが設備することは最も大切な文化事業の一つである」と指摘しており、それがようやく一九二四（大正一三）年に社会体育に関する研究機関として文部省直轄の体育研究所を設けることになった。一九二八（昭和三）年には、文部省の機構改革の結果、学校衛生課が体育課と改称され、その次年度には、体育運動に関する文部大臣の諮問機関として文部省に体育運動審議会が設置される（文部省、一九七三）。かくして文部省は社会体育にも乗り出すことになり、一九三四（昭和一〇）年には「人工的体育」の場として、国民体育館を全国に設置する計画をつくり、三七年には神田一ツ橋の商大跡地に国民体育館の竣工を迎えることになる。

当時の新聞は国民体育館の設立目的を次のように伝えている。

「入場についてはお役所風の形式主義を一切ぬきにして街の老人も青年も子供も女も自由に手軽に入場出来るような仕組にし（中略）特に簡単で面白く誰にも出来る軽い室内運動を多くとり入れて昼間働いて疲れた体を之れによって気持ちよく快復せしめようというのである」（『読売新聞』一九三五年八月六日朝刊）。

体育館や運動場は、伽藍堂のように、何もない空間である。そんな空間が、都市の内部に、忽然と増殖しはじめるわけである。この現象は近代に固有のものであったといえる。それが可能になったのは、先に見たように、公園と差別化された「人工的体育」というスポーツ空間の正当性が調達されたことによるものだった。

三、YMCAのレクリエーション

これまで、公園の拡大およびスポーツ空間の正当性を支えた言説を検討したが、なぜ、スポーツ空間が社会的に必要とされたかについては、未だ不十分な分析しか施していない。そのことを明らかにするためには、もうひとつの文脈に注目する必要がある。そして、それは、なぜ、明治期にではなく、昭和期にスポーツ空間が急速に増大していったのかを解く鍵にもなる。それはグローバルな規模で進むレクリエーションの展開である。

二〇世紀以降のレクリエーションの特徴

レクリエーション（recreation）という言葉は、労働で疲弊した精神・身体を再（リ）‐創造（クリエイト）するという意味をもつ。その語義から考えるならば、近代以前からレクリエーションの存在を確認することができるだろうが、ここで重要なのはレクリエーションの起源ではなく、二〇世紀以降に生じた新しいレクリエーションについてである。

二〇世紀以降のレクリエーションは、それまでのレクリエーションには見ることができない以下の二つの特徴があった。すなわち、①組織的なレクリエーション管理の成立、②レクリエーション・プログラムのグローバルな拡がり、の二つである。これらの特徴をもったレクリエーションが本格的に展開したのが第一次大戦から第二大戦の間（戦間期）であった。まずこのレクリエーションの展開を理解するために両大戦間期の社会背景を押さえておこう。

両大戦間期は、世界各地の工業国で、中小企業の没落と大企業の勃興をもたらした。たとえば日本では一九二八年段階で全国の法人企業の払込資本金のうちの三〇・一％が三井・三菱・住友の三大財閥系企業に占められていた。また、この時期は企業の規模だけでなく工場の規模も拡大しており、経済学者の尾高煌之助によれば、一九〇九年当時の「近代的」工場は従業員数の平均が二〇人程度であったが、それが一九一〇年ごろを境に一〇〇〇人を超える大工場が増加した。工場の規模拡大は官僚制の導入を促進することになった（尾高、一九八九）。

こうした組織の拡大と官僚制の進展は労働者の余暇管理の変革をもたらした。二〇世紀初頭は、百貨店・映画・芝居小屋などの都市の消費文化が大きく花開いた時期であったが、余暇の拡大した労働者がそうした消費にうつつを抜かして労働に支障を来さないように、健全な余暇の過ごし方が議論されるようになった。こうしたなかで余暇の組織化の動きが活発になったわけである。丸山真男は、ドイツ・イタリアのファシズムとは異なり、日本では農本主義の影響もあって労働者レクリエーションが進まなかったと指摘しているが（丸山、一九六四）、歴史学者・高岡裕之らが分析しているように、戦間期は欧米のみならずアジア地域でもレクリエーション運動が起きていた（高岡、一九九七）。

こうした余暇の組織化＝レクリエーションがもっとも早く発展したのがアメリカ社会である。二〇世紀初頭のアメリカは、フレデリック・テイラーやヘンリー・フォードの経営管理により、世界に先駆けて、官僚制化と合理化にもとづく企業社会を作り上げた。労働力は、堅固な組織によって管理されるとともに、そこで大量生産される規格化された商品を労働者が大量に消費することで、アメリカは経済発展を遂げていったわけである。このモデルはフォーディズムと称されるが、それは労働だけでなく余暇の組織化も大きく進めた。その展開を大きく進めたアクターがＹＭＣＡであった。

ＹＭＣＡが目指したレクリエーション

ＹＭＣＡは一八四五年にイギリスでその産声を上げたが、なかでももっとも活動が盛んになったのがアメリカであった。アメリカのＹＭＣＡは、一九世紀後半から、鉄道建設従事者への奉仕事業を通じて、重要な鉄道接続地点などに活動拠点を築いた。レクリエーション学者のジャクソン・アンダーソンによれば、ＹＭＣＡの奉仕活動は以下の四点であったという。

（一）産業の必要に応ずる計画を採用することにより、ＹＭＣＡの建物を常時利用する労働者を増加させること。
（二）産業労働者の用に供するＹ字型の建物の建設。
（三）会社が従業員のために建て、その維持に会社と従業員の双方が当たる建物の建設。
（四）市の建物を中心として、労働者のグループに対して、彼らの住んでいる町もしくは工場において、奉仕活動を展開する公開講座の開設。

（Anderson,1955 ＝ 1965: 54）

二〇世紀初頭には、ＹＭＣＡのシンボルたるＹ字型の建物が全米に一五〇以上も建てられた。これらＹ字型の建物には、工場における福利厚生施設を補完するかたちで、集会室・応接室・水泳プール・体育館などが設置された。こうしたレクリエーション施設の費用は、近隣の会社や自治体からの寄付などで賄われた。アメリカ企業は、ＹＭＣＡへの寄附を通じて、従業員に対するレクリエーションの充実をはかろうとしたわけである。

では、アメリカ企業は、なぜＹＭＣＡを通じて、福利厚生を行おうとしたのか。それを理解するためには、当時の福利厚生に対するＹＭＣＡの問題意識を探る必要がある。

ＹＭＣＡが考える工場のあるべき福利厚生について、レクリエーション学者であるジャクソン・アンダーソンがうまく代弁している。彼がいうには、ＹＭＣＡは二〇世紀初頭の工場における福利厚生を物足りなく感じていたという。ＹＭＣＡの労働部門の担当者は、二〇世紀初頭の工場の福祉を次のようにみなしていた。

「一般的に恩恵的な「利益分配、若干の教育的なクラス、浴場、病院、クリスマスの七面鳥、クラブ・ハウス」に限られ……、会社がすべてを計画し、支払をし、労働者は何ら参画しなかったから、……まったく会社の問題であった」
(Anderson, 1955 = 1965: 53)。

つまり、労働者が会社側からパターナリスティックに福利厚生が押しつけられることで、労使双方にとって、あまり望ましい結果が産まれなかったというのである。

ではどうすれば、労使双方にとって、望ましい福利厚生が実現できるというのか。アンダーソンはレクリエーション組織を全員参加の原則にすることが肝要であると指摘する。「従業員のレクリエーション計画が従業員自身の手で、従業員レクリエーション組織を通じて運営される場合は、大成功を収めている。この会は、会社の経営、組合ともに関係ない完全な中立機関であるべきである」(Anderson, 1955 = 1965: 105)。というのも、「彼らは、経営側の干渉主義をうるさがる」(Anderson, 1955 = 1965: 81)

からである。

こうした全員参加の原則に則したレクリエーションとは何か。ここでＹＭＣＡが考える理想的なレクレーション・プログラムがスポーツ――とりわけチームスポーツ――であった。アメリカのＹＭＣＡは、一九世紀の終わりに、バレーボールとバスケットボールを発明している[5]が、それは競技スポーツとしてより、レクリエーションのプログラムとして活用する意図があった。チームスポーツをプレイすることによって、労働者と使用者は同じチームのメンバーとしてお互いを理解するようになり、共同意識を育むことになる。ちなみに、バスケットボールは、アメリカンフットボールから粗暴さをとり、誰でもプレイできるよう、習うにやさしいゲームであることを中心において考案された。バレーボールは、バスケットボールのように身体が激しくコンタクトするものだと、女性が参加しにくいということで、バスケットボールとテニスを組み合わせたものとして考案された（日本バレーボール協会五十年史編集委員会 編、一九八二）。

ＹＭＣＡは、全米各地の拠点に体育館を併設し、雨が降ろうと冬であろうと、プレイできるレクリエーションとして、バスケットボールとバレーボールを発明した。企業はＹＭＣＡに寄附を行い、従業員はＹＭＣＡに通ってバレーボールやバスケットボールなどのレクリエーションを行った。それらがプレイされる空間も、公園といった多機能な空間ではなく、バスケットボールやバレーボールなどの「人工的体育」を専門的に行う空間であった。

四．レクリエーションのグローバル化とスポーツ

ＹＭＣＡ経由のレクリエーションのグローバル化

ＹＭＣＡによるレクリエーションとしてのスポーツはその後、世界的に拡がることになる。ＹＭＣＡは積極的にアジアなどに活動の場を拡げるとともにスポーツについても体育指導者を派遣していた。またアジアからアメリカに留学した学生に対しても積極的にスポーツを伝えていたようである。日本では一九一七（大正六）年に日本で初めてといわれる総合体育館および水泳プールを東京ＹＭＣＡが開設しており、また、日本でバレーボールがはじめて導入されたのも一九〇八年（明治四一年）にＹＭＣＡ留学生としてアメリカＹＭＣＡスプリングフィールドカレッジに遊学していた大森兵蔵が帰国した際といわれる。

アジア各国の体育協会にも、アメリカ出身のＹＭＣＡの体育指導者が存在しており、一九一三（大正二）年から開催された中国・フィリピン・日本の三カ国で争われた極東選手権大会も、ＹＭＣＡから派遣されたフィリピン体育協会主事、エルウッド・エス・ブラウンの提唱によって始まったものだった。この大会は、東洋のオリンピックなるものを目指していたが、そこで行われている競技は実際のオリンピックと異なって、バスケットボール、バレーボール、野球といったチームスポーツが入っていた。それは、チームスポーツを推奨するＹＭＣＡ関係者が、極東選手権大会の設立に関わったからと推測される。

日本国内でのＹＭＣＡのレクリエーション普及

日本のＹＭＣＡでは、一九一七年から、都市に働く勤労青少年を対象にして、商店・工場などに出向いてのレクリエーション・プログラムが実施され、百貨店・遊園地などでもレクリエーション活動を行った。キャンプ活動も、日光と六甲でＹＭＣＡが初めて行っている。また、日本のＹＭＣＡ関係者は、朝鮮でも活発に行動を起こしていた。

こうしてＹＭＣＡは日本でもその活動を積極的に進めていくのだが、そこでＹＭＣＡ関係者が強調していたのは、自らの活動が単なる救貧活動ではないということであった。たとえば京城ＹＭＣＡ総務の丹羽清次郎は次のようにいっている。

「現今社会事業と言えば、直ちに救貧問題と解釈するか、若くはそれに類似せる事業を指すものであって、朝鮮総督府に於て社会事業として数えられて居るものを見ても斯くの如き意見より出でて居るもののように見える。併し、吾等は社会事業というものを、もっと広い立場に於て解釈して見たい、そうして、社会に対する奉仕の事業を成就したいと望むのである。これを言換えれば、救貧授業の如きは消極的であって、既に貧に陥り、難に沈んで居る人を救はうとするものであるが、積極的の意味から言うと、人々の貧に陥り、又社会が難に赴く前に、世の人々と社会とを導いて、これが向上と発展とに努めるのである。」

（丹羽、一九二五、一二）

丹羽がいうところの積極的な社会事業とは少年・青年が誘惑に惑わぬように身体と思想とを善導することである。こうした「積極的社会事業」という考えから、体育活動をその活動の根幹において、体育館・運動場を国家に先んじて整備した。また、前節でも触れたように、ＹＭＣＡは、身体を共に動かすことによって青年の社交状態を高めて協同の精神をつくるという考えを持っていたので、そこで行われるスポーツ活動は野外であればキャンプ・オリエンテーション、屋内であればバスケットボールやバレーボールといった集団スポーツであった。

ただ、こうした活動は、ＹＭＣＡがひとり担っていたわけでなく、ＹＭＣＡで教えを受けた留学生や大学生たちが企業活動に加わることで、工場レクリエーションとしても発展することになった。

たとえば、バレーボールが普及しはじめたのは、一九一三（大正二）年にＦ・Ｈ・ブラウンが来日した際だとされているが、その後、繊維業界がバレーボールを積極的に活用したといわれており、記録に残っているものを挙げると、鐘紡の工場では一九一三（大正二）年に神戸商高の学生がバレーボールの指導を行い、倉紡では一九一八（大正七）年にはバレーボールの社内大会が行われ、日紡では一九二三（大正一二）年にはバレーボールを導入したとされる（『月刊　バレーボール』一九五一年二月号。日本バレーボール協会編、一九八二。ニチボー株式会社、一九六六）。

このような活動が余暇・娯楽関係者にレクリエーションの重要性と、レクリエーションにおけるスポーツの関係の深さを認知させたであろうことは間違いない。そこで次節では、ＹＭＣＡのレクリエーション活動が、国家規模で展開するプロセスを概観する。

五．オリンピックと国家的レクリエーションのグローバル化

国家的レクリエーション運動と「人工的体育」の拡大

ＹＭＣＡの動きは公園設置運動とは異なる「人工的体育」の拡大につながっていったが、この動きをさらに加速させたのが国家的レクリエーション運動の登場であった。

国家的レクリエーション運動とは、国家が労働者の余暇を直接管理する動きのことを指す。丸山真男はこうした国家的レクリエーションの目的を、労働者階級をいかに左翼政党から切り離して総動員体制に巻き込むかということになると論じた（丸山、一九六四）。

丸山はこうした国家による懐柔策が日本では弱かったことを指摘しているが、それが妥当かどうかの議論には踏み込まない。ここでは国家の余暇政策がグローバルな規模で存在していたこと、またそうした国家の余暇政策がスポーツのグローバル化と密接に繋がっており、また、そのグローバル化を利用するかたちで、労働者が直接参加することのできるスポーツ実践／スポーツ空間の整備を促す運動が存在していたことを指摘しておきたい。

オリンピック運動とレクリエーション運動の交差

オリンピック運動とレクリエーション運動が交差するのは、一九三二年の第一〇回ロサンゼルス大会からであった。オリンピックの歴史を概観しながらその説明をする。

一八九六年から始まった当初のオリンピックは、IOCと開催都市のみで運営されていた。というのも、この時代は各競技の国際ルールも整備されておらず、オリンピック大会での競技者も、個人単位あるいはクラブ・大学の代表として参加していたため、各国の競技連盟（＝NOC）や国際競技団体（＝IF）が必要なかったのである。その影響もあり、初期のオリンピック大会は、現在のような国家規模でのスポーツ大会というより、都市イベントという趣が強かった。それゆえ、初期の近代オリンピックは、都市イベントとしてはるかにその規模が大きかった万国博覧会の付属物の扱いを受けていた（吉見、一九九二）。

しかし、第四回ロンドン大会（一九〇八年）から、大会参加の申し込みが、各国オリンピック委員会（＝NOC）を通じて行われることになり、開会式や表彰式でも国旗が用いられるようになった。また、このころ、オリンピックの参加者が急速に増えた。第四回大会では、博覧会会場から施設の提供を受けるほど、財政難で苦しんでいたが、第五回ストックホルム大会（一九一二年）では、開催経費が、寄付と国からの援助だけでまかなうことができるようになった。また、この大会からNOCとIFが整備され、競技規則も整うこととなった。

オリンピックがナショナリズムを喚起するメディア装置の意味合いを強めていくなか、1925年ころからYMCAなどによる全米レクリエーション協会を中心として選手競技によらないレクリエーションの祭典をオリンピックと同時に開くべきだという運動が起きた。

IOCは、アメリカのレクリエーション関係者の要請を受けいれて、レクリエーションに関する特別委員会を設置し、第一〇回ロサンゼルス大会（一九三二年）と同時期に、約四〇カ国のレクリエーション関係者を集めて、第一回の世界レクリエーション会議の開催を決定した（日本レクリエーション協会、一九六七。岸野 編、一九八七）。

フォーディズム的生産様式が世界規模で進むなか、オリンピックと平行した世界レクリエーション会議は一定の理解と成功を収めることになった。

世界レクリエーション会議は一九三二年にロサンゼルスで第一回大会が開かれたのち、一九三六年に第二回大会がドイツのハンブルクで開催される。すでに第一回大会で「遊戯は世界国民を統合する Play unites the Nations」とのキャッチフレーズで閉会のページェント（野外劇）に四万人の観衆を集め成功を収めていたが、ドイツにその舞台を移してよりその存在価値を高めた（日本レクリエーション協会、一九七七、一八—一九）。名称が世界レクリエーション会議であるにもかかわらず、会議が中心の日は、プログラムを見る限り、会期八日間のうち開会と閉会の二日間だけで、残りの日は、「二日目——舞踏と民謡　三日目——国民スポーツ・デー　四日目——ドイツ・デー　五日目——青年団デー　六日目——団体デー　七日目——国防団体デー」と会議というよりもＫｄＦの巨大なイベントと化していた。そしてそのイベントの中心はやはりスポーツ・身体遊戯であった（ドイツ・デーなどはドイツの地域・階層の人びとが午前いっぱい行進をし、午後は「民族は自己のために競技をする」という名が付けられたドイツ人による競技大会で行われた）（磯村、一九三九、一六—三七）。

ハンブルク大会で第一回大会よりも大規模かつ大観衆を集め成功を収めたことにより、ＩＯＣのレクリエーションに関する特別委員会は発展解消し、世界レクリエーション委員会なるものが結成された。しかしやはり両者の関係は深く、「実際的に国際オリンピック委員会は凡て亦、厚生会議委員（世界レクリエーション会議委員のこと。筆者注）にして、凡ての点に於て、彼等の努力は、同一の目的、即ち人類の体位向上福利増進のた為に協力することゝなったのである」（磯村、一九三九、一六—三七）。

東京市の役人として、第一一回ベルリン・オリンピック大会と第二回世界レクリエーション会議の双方を訪れた磯村英一は、ドイツがオリンピックと世界厚生会議（世界レクリエーション会議のこと。筆者注）をうまく使い分けていたと証言している。すなわち、①オリンピック競技に於ては個人の優勝を目的とし、而も之を一般体力強化の刺戟剤となしたること、②厚生大会に於ては独逸従来の風俗習慣を尊重し、国民全体が共に楽しみつつ国家の綜合的能率増進を企図せること（磯村、一九三九、四六。傍点は引用者）である。

磯村によれば、この二方針の併用が「完全に独逸国民の心理を把握し、一面オリンピック大会に優勝すると共に、他面オーストリヤ、ズデーテン地方の併合にも凱歌を挙げることが出来たのである」（磯村一九三九、四六—四七）。磯村のナチズムに対する評価はさておくとしても、磯村がなぜドイツ政府の二方針の使い分けを評価したのだろうか。それは、ベルリン・オリンピックにおいても、いまだほとんどの種目が個人競技であり、競技者一人ひとりの身体美や躍動美にその焦点が置かれていたからである。

実際、レニ・リーフェンシュタール監督（Leni Riefenstahl）によるオリンピック記録映画『オリンピア』の前編である「民族の祭典 Olympia 1. Teil - Fest der Volker」（一九三八年）を見ても陸上競技だけで占められており、後編の「美の祭典 Olympia 2. Teil - Fest der Shonheit」（一九三八年）でも水泳などの個人競技が主となっていて、団体スポーツはほとんど登場していない。当時のオリンピックがその実施種目以上に個人スポーツを中心に考えられていたことがリーフェンシュタールの映像からもわかる。

オリンピックと並ぶイベントとなった世界レクリエーション会議は、ハンブルクの二年後の一九三八（昭和一三）年にローマで第三回大会として開催されることになる。磯村英一をはじめとした日本のレクリエーション関係者は、ドイツ・イタリアという同盟諸国での世界レクリエーション会議の成功を間近で見ることで、日本での開催を探ることになる。ベルリン・オリンピック大会に際して行われたＩＯＣ総会で一九四〇年のオリンピックの日本開催がすでに決定していたこともあって、世界レクリエーション会議の日本開催も難なく認められた。

世界レクリエーション会議の開催にあわせて日本のレクリエーション組織も整備された。YMCAの協力主事だったR・ダーギンは、磯村英一に相談した結果、東京オリンピックを所管していた東京市秘書課長・草間時光、同公園課長・井下清とダーギン、磯村の四氏で準備会合を何度か持ち、世界レクリエーション会議を実現するためには、レクリエーションのナショナル・センターの結成が先決であるとの合意に達する。かくして、東京オリンピック組織委員会の助力を仰ぎつつ、一九三八（昭和一三）年四月、日本厚生協会が設立されることになった（磯村、一九三九、四八―四九）。ここでの「厚生」という語は、welfareではなく、recreationの訳語として用いられた。

日本厚生協会によるレクリエーション運動の拡大

こうして世界レクリエーション会議の準備が進んだが、一九四〇年の東京オリンピックの辞退によって、その開催も頓挫してしまった。しかし、世界レクリエーション会議の開催が頓挫したにもかかわらず、「日本厚生協会のみはそのまま生きのびた」（日本レクリエーション協会、一九七七、二二―二三）。というのも、日本厚生協会は、生き残り策として、設立規約の第四条を運動の正当化に使ったのである。第四条は次のような文言であった。「本会ハ国民生活ヲ刷新シ特ニ余暇ノ善用ニ依リ心身ヲ錬磨シ情操ヲ陶冶シ以テ国民ノ健全ナル身心ノ保全ヲ図ルコトヲ目的トス」（日本レクリエーション協会、一九七七、二四）。この文言が総力戦の思想とつながったものであることは容易に想像できるだろう。

日本厚生協会は、一九三八（昭和一三）年に東京で三九年に名古屋で日本厚生大会を開き、一九四〇年の皇紀二六〇〇年には、大阪で「興亜厚生大会」という世界レクリエーション会議の焼き直し的大会を開くことになる。ただそこでは「何が余暇の善用か」、そして「誰の余暇をどのように善用するのか」について は何ら方針が定まらずに運動が進められていたため、あらゆる娯楽――演劇、音楽、旅行、公園整備、生活環境など――が「厚生」という語を通じて、そのテリトリーの拡大に動いた。といっても、国家的レクリエーション運動は、YMCAの直接的影響を受けて実現したものであり、かつオリンピック運動と連動していた。よって、国家的レクリエーション運動は、当時の娯楽を「レクリエーション＝厚生」という語でもって一括りにまとめた上で、体育・スポーツを頂点とした文化のヒエラルキーを創出したものであった。また、こうした国家的レクリエーションの盛り上がりは、個々人の身体に働きかけるプログラムというだけでなく、人びとが共に身体活動を実践するという観点に重きが置かれていたため、多くの者が同時に身体活動できる場を必要とした。それは、公園のような空間ではなく、何の制約もなく身体を動かすことができる空間（＝スポーツ空間）の整備を促すことになったと考えられる。

また、日本の厚生運動は、戦後の企業スポーツを支えることになったと思われる。当時の厚生運動は、労働の一部として身体運動を位置づけようとしていた。

たとえば、大阪市体力課長であった深山杲は、日本では労働と余暇を別のものとして見なしているが、ドイツでは労働の一部として余暇を見なしていると指摘する。そして、労働の一部として取り組まれているスポーツ活動が、ドイツのトップアスリートを生み出していることを次のように賞賛している。

「この歓喜力行団（KdFのこと。引用者注）にスポーツ局というのがあり、ここでは労働者のスポーツ奨励を扱っているのでありまして、このスポーツはすべて労働時間に行われているので、日本のように休暇時間にスポーツをやらせるのでなくて、労働時間中に月給、日給を与えてスポーツを行わしめているのであります。従って、労働者は、或いは日給を、或いは月給を貰いながら、心身の鍛錬を図ることが出来るようになっているのであります。（中略）斯く如く独逸においては労働者がスポーツの練習に最も十分に時間に恵まれているのであり、その結果一九三五年のオリンピック大会におきまして赫々たる功績を挙げた選手は殆ど総て労働者であり、或いは軍人であり、或いは警察官であったのです。（中略）然るに日本においてはどうか。スポーツに最も多くの練習時間を与えられているのは学生であって、スポーツは学生の専有物とさえ思われる様になっているのであります。」

（「厚生運動と独逸の労働政策（三）」日本工業新聞、一九四〇・九・二五）

ここでは、スポーツが学生の専有物となっている日本の現状が非難されている。そこにあるのは、国力の向上を支える労働者こそが、スポーツにおいても主役になるべきである、という強い信念である。その信念は、余暇と労働が緊密に結び付くべきであるという、レクリエーションの考え方に基づくものであることは言うまでもない。この論理自体は、戦後の企業スポーツを支えることになった。

六．おわりに―レクリエーション活動によるスポーツ空間の拡大と課題―

日本の厚生＝レクリエーション運動は、ガダルカナルからの撤退、山本五十六の戦死など太平洋戦争の劣勢があきらかになった一九四三（昭和一八）年に、消滅に至る。空襲に備えるため、外出が禁止される。そして、食糧増産のため、公園、運動場は畑となり、体育・スポーツをする場も消え去っていく。つまり「戦局の悪化に伴う戦時体制の強化は、厚生運動の基盤をあらゆる面で奪い去り、厚生運動はその生み出した様々な混乱状況を解決出来ないまま、衰退を余儀なくされていったのである」（高岡、一九九七、一六六―一六七）。

しかし、戦後、レクリエーション運動はいちはやく復活する。それは、日本のレクリエーション関係者が、旧来の日本における身体運動と対置させるかたちで、レクリエーションを再定義したことが大きかった。戦後すぐ、スクエア・ダンス（square dance）のブームが起きたが、これはＧＨＱのＣＩＥ（民間情報教育局）が、全米レクリエーション協会からレクリエーション指導者を呼び、占領政策の一環としてのレクリエーション運動のなかで広めたことによるものである。そしてこの普及に一役買ったのが、三笠宮崇仁だった。三笠宮は、戦後すぐに各地で開かれたフォークダンス講習会で、アメリカのレクリエーション指導者とともにスクエア・ダンスの指導を行った。それだけでない。ＧＨＱのＣＩＥは、戦後に武道を禁止したが、その一方で、レクリエーション運動はアメリカ出自であることもあり、積極的に推奨したことが大きかった。ただ、そこにあるのは、男性と女性の結びつきのなかでレクリエーションを再定義したことであった。日本厚生協会は、一九四七（昭和二二）年に「財団法人　日本レクリエーション協会」と

■図５－１．社会教育施設数の推移

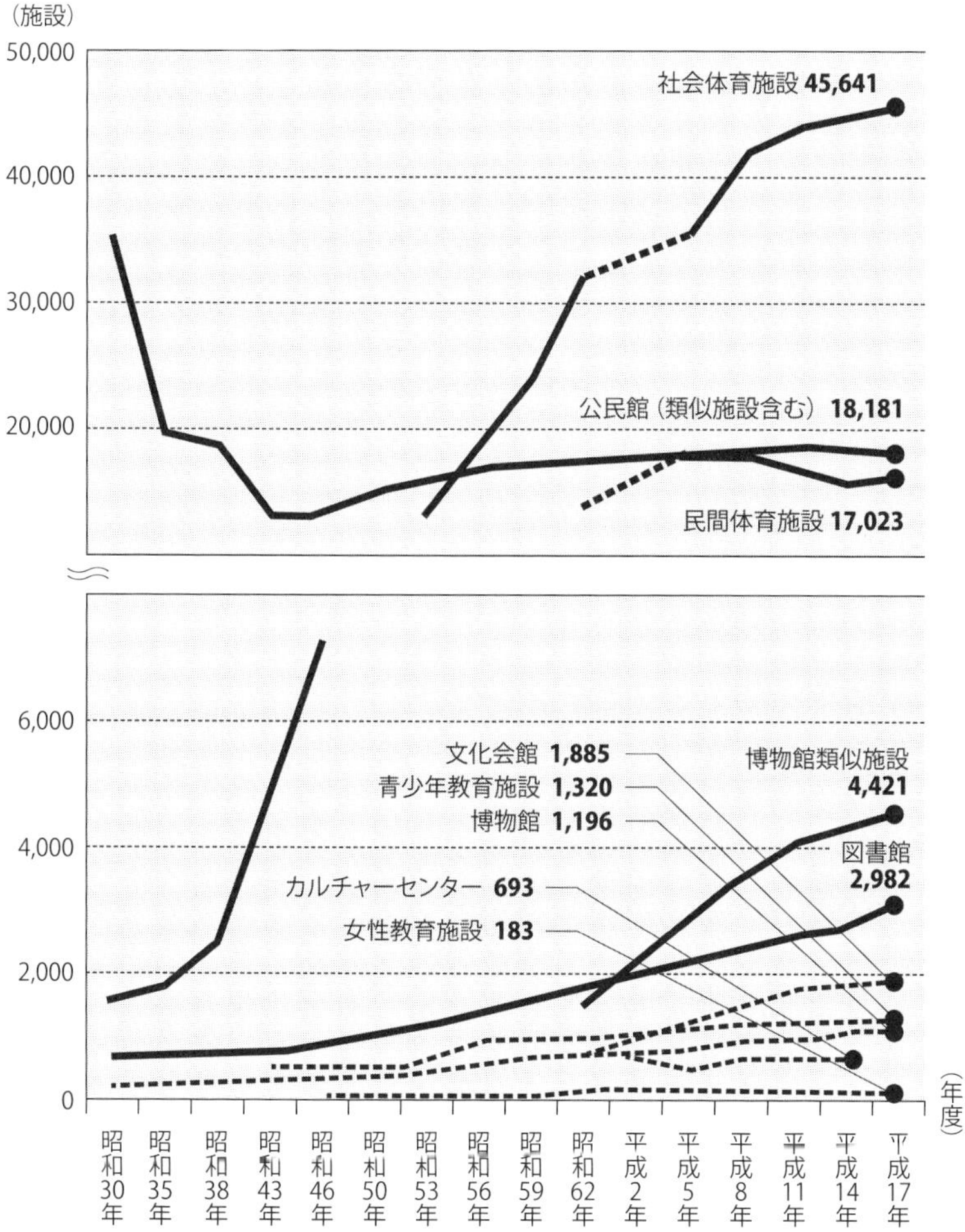

（出典 「社会教育調査報告書」、経済産業省「特定サービス産業実態調査報告書」）

して再出発したが、三笠宮は財団法人の基本財産五〇万円のうち五万円を寄贈し、その協会の立ち上げに積極的に関わっている。そして、一九五一（昭和二六）年には自ら総裁に就任した。戦後のレクリエーション運動は、以上のように、平和と民主主義の象徴としてのアメリカのスクエア・ダンスに新しい皇室ブランドが重なりあいつつ展開していくのだが、それはしかし戦前のような雑多な娯楽団体を抱えたものではなかったがゆえ、その活動はもはや国民すべてを巻き込む運動とまで発展することはなかった。ただ、戦前は一貫したレクリエーション運動を展開できなかったのに対し、戦後のレクリエーション運動は本来のレクリエーション活動——つまり、学校以外でのスポーツ空間の拡大、および体育・スポーツプログラムの実践——に焦点が定められる。

こうして日本レクリエーション協会は、一九四九（昭和二四）年成立の社会教育法で取り上げられた公民館でのレクリエーション活動のプログラム作りや、文部省・労働省とともに「全国職場体育主管者会議」を一九五一年から開催し、企業内での体育・スポーツプログラム作りを進める。

ちなみに一九六四（昭和三九）年の一〇月には近畿一円で第一回世界レクリエーション大会を開いている。この大会が戦前の世界レクリエーション会議の再挙を期した大会であることはいうまでもない。だが、この大会は新幹線開通のニュースや聖火リレーのニュースに掻き消しされ、マスコミにほとんど取上げられずに終わってしまった（日本レクリエーション協会編、一九六五）。

このように戦後日本は、レクリエーションの思想のもと、スポーツ空間を拡大させていく。その拡大は、他の施設にも比べても、飛躍的な伸びを示したのだが（図5‐1を参照してほしい）、ただ、その拡がりは、果たして一般市民に理解される形で進んだのか、大いに疑問である。

現在の日本社会は、福祉国家の危機という状況のなかで、ハコモノ行政の見直しを進めている最中である。当然であるがスポーツ空間の整備も例外とはなっていない。これから真に問われるべきはスポーツ空間を社会的にどのように位置づけるべきかという国民的議論である。バブル崩壊以降の日本企業は、福利厚生施設——とりわけスポーツ施設——をその売却対象としてきた。労働者は以前に比べて個人的な努力でスポーツを行う必要性に駆られている。また、指定管理者制度の導入などにより、公共施設としてのスポーツ空間も大きく変化している状況である。こうした状況のなかで私たちは社会におけるスポーツ実践をどのように位置づけるべきかを真剣に議論すべきであるだろう。

本稿は、レクリエーションという観点から、スポーツ実践／スポーツ空間の社会的な拡がりを見ていったが、こうした作業を積み重ねることによって、スポーツの社会的位置づけを冷静に議論する土壌が生まれてくるのではないかと考える。

（新　雅史）

注

1 ▶ここでは、民俗的な身体実践についての研究は考慮していない。

2 ▶戦後のレクリエーション論の理論的リーダーを占めていたのが東京大学の江橋慎四郎であったが、彼が退官した後、日本の体育学のなかのレクリエーション（社会体育）の地位は大きく下がった。

3 ▶この変化はノルベルト・エリアスがいうところの「議会主義化」(parliamentalization）といえる。議会主義化とは、「短剣や剣を使わないで、議論の力、説得の技術、妥協の技術によって戦う能力」（Elias & Dunning 1986 = 1995）が必要とされるプロセスを意味する。

4 ▶たとえば、重永潜（一九二二）など。

5 ▶バスケットボールは一八九一年アメリカのマサチューセッツ州スプリングフィールドのＹＭＣＡ体育学校教官であったネイスミスによって考案され、バレーボールは一八九五年アメリカ・マサチューセッツ州ホーリーヨーク市のＹＭＣＡの体育係であったウィリアム・ジョー・モルガンによって創案された。

文献

▶Anderson, Jackson M., Industrial recreation. McGraw-Hill Book Company, Inc., New York, 1955.（江橋慎四郎 訳『企業とレクリエーション』ベースボール・マガジン社、一九六五年）

▶Elias, Norbert, & Dunning, Eric, Quest for Excitement: Sport and Leisure in the Civilizing Process, Basil Blackwell, Oxford, 1986.（大平章 訳『スポーツと文明化――興奮の探求』、法政大学出版会、、一九九五年）

▶Reginald A. Bray, The Town Child, T.F. Unwin, London, 1911.（大日本文明協會 編・留岡幸助 訳、『都市の兒童』大日本文明協會事務所、一九一四年）

▶青沼裕之「１９３０年代後半におけるイギリス社会体育政策――「身体訓練・レクリエーション法」（１９３７年）を手がかりに――」（『体育史研究』六号　所収）、日本体育学会体育史専門分科会、一九八九年。

▶浅田隆夫『現代職場レクリエーション基礎理論』労務研究所、一九七二年。

▶赤澤史朗・北川賢三 編『文化とファシズム』日本経済評論社、一九九三年。

▶新雅史「企業スポーツの歴史社会学――「東洋の魔女」を中心に」（『ソシオロゴス』二八号　所収）、ソシオロゴス編集委員会、二〇〇四年。

▶石川弘義「余暇の理論史」（石川弘義 編『人間とレジャー１　レジャーの思想と行動』所収）、日本経済新聞社、一九七三年。

▶石井雄二『職場体育』金澤書店、一九五四年。

▶磯村英一『厚生運動概説』常盤書房、一九三九年（一九九〇年に青空社から発行）。

▶大屋霊城「衛生施設としての公園の価値」（『都市公論』一二―三　所収）、都市研究會、一九二九年。

▶小野良平『都市の誕生』、吉川弘文館、二〇〇三年。

▶加藤橘夫・西田泰介・三隅達郎・江橋慎四郎 編『講座　現代レクリエーション１　レクリエーション概論』ベースボール・マガジン社、一九六三年。

加藤橘夫・西田泰介・三隅達郎・江橋慎四郎 編『講座 現代レクリエーション4 職場とレクリエーション』ベースボール・マガジン社、一九六三年。

岸野雄三 ほか 編（日本体育協会 監修）『最新スポーツ大事典』大修館書店、一九八七年。

岸野雄三 ほか 編『近代体育スポーツ年表』、大修館書店、一九九九年。

坂上康博・高岡裕之 編『幻の東京オリンピックとその時代――戦時期のスポーツ・都市・身体』青弓社、二〇〇九年。

重永潜「遊園の機能に就て」（『都市公論』五―一 所収）、都市研究會、一九二二年。

白山源三郎『レクリエーション――理論と実際』教文館、一九四九年。

鈴木良徳 編『オリンピックと日本スポーツ史』日本体育協会、一九五二年。

スポーツ振興資金財団『職場スポーツ・レクリエーションの実態』スポーツ振興資金財団、一九六八年。

総理府青少年局『職場におけるレクリエーションの実態に関する調査』、一九六七年。

薗田碩哉「厚生運動の研究――『厚生の日本』誌の記事分析を通じて」（『Leisure & Recreation――自由時間研究――』三号所収）、一九八九年。

薗田碩哉・森川貞夫「厚生運動論」石川弘義 編、『余暇・娯楽研究基礎文献集 別巻［解説］』、大空社、一九九〇年。

大日本體育協會 編『大日本體育協會史 補遺』第一書房、一九四四年（一九八三年）。

高岡裕之「総力戦と都市――厚生運動を中心に――」（『日本史研究』一九九七年三月 所収）、一九九七年。

高岡裕之「戦時下大阪における厚生運動」広川禎秀 編『近代大阪の行政・社会・経済』、青木書店、一九九八年。

高岡裕之「解説」高岡裕之 編『資料集総力戦と文化 第二巻 厚生運動・健民運動・読書運動』、大月書店、二〇〇一年。

東京市社会教育課「市民の體育に就て――體育研究所設置の急務」（『都市公論』五―一 所収）、都市研究會、一九二二年。

中馬馨 編『興亜厚生大會誌』興亜厚生大會事務局、一九四一年。

永井松三 編『第十二回オリンピック東京大会組織委員会報告書』第十二回オリンピック東京大会組織委員会、一九三九年。

日本レクリエーション協会『日本レクリエーション二十年史』日本レクリエーション協会、一九六七年。

日本レクリエーション協会『日本レクリエーション三十年史』日本レクリエーション協会、一九七七年。

日本レクリエーション協会『レクリエーション運動の五十年――日本レクリエーション協会五十年史』日本レクリエーション協会、一九九八年。

日本レクリエーションリーション協会 編『世界レクリエーション大会報告書』日本レクリエーション協会、一九六五年。

日本レクリエーション協会調査広報室 編『職場のレクリエーション――職場レク・健康づくりの考え方と実際』、日本レクリエーション協会、一九八五年。

丹羽清次郎「積極的社会事業の必要」（『朝鮮社会事業』大正一四年一〇―一一月合併号 所収）、朝鮮社会事業研究會、一九二五年。

前川峯雄・江橋慎四郎・寒河江善秋・小川長治郎 編『レクリエーション事典』不昧堂出版、一九七一年。

▼丸山眞男『増補版　現代政治の思想と行動』未来社、一九六四年。
▼文部省『学制百年史』、帝国地方行政学会、一九七二年。
▼文部科学省『データから見る日本の教育』国立印刷局、二〇〇六年。
▼吉見俊哉『博覧会の政治学——まなざしの近代』中公新書、一九九二年

第六章

〝体育会系〟神話の起源

近代企業が求めた有用な身体

わが国には、「学校制度に組み込まれた運動・スポーツ系クラブ（部）活動に組織的・継続的に参加した学生」、いわゆる〝体育会系〟の方が、他の学生に比して就職に強いという神話がある。この神話は、戦間期、大正不況、昭和恐慌という慢性的な不況を背景としつつ、高度化し勢力を拡大し続ける企業と、就職難の間隙を縫うべく奮闘する大卒者の間で交わされた駆け引きの中で醸成された。それは結果的に、殖産興業を通じた近代化を企図するわが国にとって理想的な、つまり有用な（＝経済合理的な）身体イメージの一翼を担うこととなった。本章では、当時もっとも発行部数を伸ばした経済雑誌『実業之日本』を主な史料とし、〝体育会系〟神話の誕生プロセスを再構成することにより、わが国の企業が近代化の過程で求めた有用な身体とはいかなるものであったのかを検討する。

一．戦間期スポーツマンに対する実業界の評価

何千といふおびたゞしい大学卒業生がこの不景気に直面して一体どこへ落ちつくであらうか、いづれの銀行会社でも何百人といふ応募者に対して採用人員は僅《わづか》三四名に過ぎない。事実現在の状況では卒業生の全部を収容し切れない。この中にあつて見事栄冠を占める者は確かに他の者と違つた努力を積み秀でた才能の持主であるに相違ない。だがスポーツマンに取つては目前の就職地獄も物の数ではない。スポーツマンの就職には苦労がなく直ぐさま話が運び入社試験もほとんど形式的であるらしい。スポーツマンの中には学問がよく出来る人もあるが、大体において成績が良くない。学校の成績がよ

くないスポーツマンガ何故か高く評価されるのであらうか。
(『帝國大学新聞』第四百七十号、一九三三(昭和八)年三月一三日付[1])

昭和八年の『帝国大学新聞』には、「成績が良くなくても就職に強い」という〝体育会系就職〟の原型がすでに提示されている。「学校の成績がよくないスポーツマンが何故か高く評価されるのであろうか」という問いは、現在でも多くの人びとに共有される問いであろう。これについて、当時京都帝大生で後に読売巨人軍球団社長となる記事の著者、宇野庄治(注1)[2]は、以下のように自答している。

スポーツマンは使ひ易いといふ人があるがこの言は真を穿いてゐるものと思ふ。肉体的にも精神的にも苦に堪へ得るところがスポーツマンの生命であつて実社会のチームワークに歩調をそろへ決してありふれた徒党根性を持つてゐない居ないところが買はれるのではなからうか。(中略)さて就職後のスポーツマンの実際の成績はどうであらうか、一体何業でもそうであるが一芸に通じた人は他の全然違つた業に対しても長ずる通性を持つてゐる。この意味からしてスポーツといふ一芸に長じているスポーツマンは直になれない職業にな染み会得して仕舞ふ、これがスポーツマンの調法《ちょうほう》[ママ]なところであり使ひ易いところである。また真のスポーツマンシツプを備へたスポーツマンであれば苦しい仕事や小言にも黙々として働く。
(同　前)

身体的に優れていることはもちろん、精神的苦痛に耐え得、協調性がある(「チームワークに歩調をそろへ」）にもかかわらず独立心があり（「徒党根性を持っていない」）、慣れない仕事にも黙々と立ち向かってすぐに会得してしまう。現在にも通じる〝体育会系〟に纏《まつ》わるこうしたイメージは、すでに昭和八年の時点で完成を迎えていたといえよう。ここではそれを〝体育会系〟神話と呼ぶ。そして、この神話がどのようにして醸成されてきたのかを、大卒就職の一般化が顕著となる大正時代にさかのぼって確認していく。

二．〝体育会系〟神話の胎動――大正初期の就職環境――

洋行帰りのみた身体「運動の優者は社会の優者」

明治末期、各大学には運動・スポーツの団体が続々と誕生し、着々とその勢力を拡大していた。しかし、洋行帰りの識者、安部磯雄（早稲田大学教授）の目にはまだまだ足りないと映っていた。

学校に運動の設備はあつても、それを利用して運動するものは極めて少数で、大部分の学生は一向に運動方面に興味を持たない、そして夫れをみすみす知つて居る学校側も、小学中学大学を通じて更に運動奨励に骨を折つて居らない。

（『実業之日本』第十八巻 第二十一号、一九一五（大正四）年[3]）

こう述べて安部は、「試験にも体格点数を入れよ」と主張した。この安部の運動に対する強い思い入れの背景には、以下のような認識が強く関わっていると思われる。

社会に出て、競争場裡に立つて何よりの資本となるものは体力である。体力の無いものは競争場裡に立たない前から結局負けであることは見え透いてゐる。それを知りつつ体の弱い者を社会に出す学校は不親切である。だから其様な卒業生はもう一年延期して、身体の強健になる迄証書を与へないで置くのは当然のことと思ふ。

△運動の優者は社会の優者

（中略）学生時代に体力を鍛へた者は、鍛へない者よりも社会に出てから完全に職務を果すことが出来るのみならず、最後の勝者となることが出来るのである。

（同　前）

安部は、かような認識に基づき、学校内での運動を奨励した。「社会に出て死ぬ」とは、現代から見れば誇張された表現のように思われるかもしれない。しかし、たとえば東海銀行では、「一四、五歳から一八、九歳までの少年行員を市中の「商業夜学校」で勉学させた」ところ「過労による死亡者が続出した」という（菊池晋二（東海銀行 常務取締役）、『実業之日本』第十八巻 第五号、一九一五（大正四）年[4]）。大正四、五年という、「年々呼吸器病患者や其他内臓の患者が増加する」時代にあって、「有用の社員なればなるほど休まれると会社に損になる」と考えられるようになっていた（『実業之日本』第十九巻 第十一号、一九一六（大正五）年[5]）（注2）[6]。健康は、個人が社会で生き抜くために極めて重要な要素とみなされたのである。

〝体育会系〟学生側の主張

他方、求職者である学生側も自身のスポーツ経験を社会での有用性の観点から積極的に主張し始める。一九一六（大正五）年のある会社の面接試験で、重役から学科の悪さを指摘された野球青年は、以下のように返答した。

「ええ、学科は余り出来がよくありませんでした。けれ共《ども》吾々が選手になる迄に鍛へられる心身の鍛錬は容易なものでありません。又選手となつて己が守るなり攻るなりする塁上に立つた時は、其頭の活動、注意力の緊張は、迚《とて》も学窓に閉ぢ籠つてノートと首つ引きをして居る学生の窺ひ知る処でありません。其頭の活動、其注意力の綿密に勝つたからこそ選手となり得たのです。私はこれから社会に立つて、此頭の活動と此注意力で戦へば、やはり野球に於ける如く、社会の戦場でも屹度《きっと》選手たり得るを疑ひません」

（『実業之日本』第十九巻 第十三号、一九一六（大正五）年[7]）

ここから、学生自身もスポーツに親しんだ者の方が、「頭の活動」や「注意力」といった能力の発揮をもって、実業界において成績優秀者より有用な身体たり得ると考えていたことがわかる。これらは、健康ともまた異なる精神的な能力を表し、とかく身体的な能力のみに秀でているものと観念されがちな〝体育会系〟の身体を、より総合的な優秀性の下に組み込もうとしているようにも感じられる。

選抜基準の原理的不在と「健康」の台頭

大学は教育組織として、学生の学生としての優秀さを評価するが、企業は経済組織として最終的には利益を重視せざるを得ない。重要なのは入社後に「メキメキと器量を挙げる」有用な身体であるが（阿部泰藏（明治生命保険会社社長）、『実業之日本』第十九巻 第九号、一九一六（大正五）年[8]）、それを採用以前に峻別する基準は原理的にあり得ず、したがって成績も絶対の基準ではあり得なかった。この時期の「人物」とは、体格や成績といった数値化できる基準以外の、「入社後に技量を現わす」見込みを算段するための総合的な選抜基準であったと推察されよう。

そのなかで、揺らぐことのない採用基準が、健康であった。採用に際して健康を重視する傾向は少なくとも昭和初期までは続き、それは企業の利益と効率性に基づいて認識されていたと考えられる。「聖路加国際病院メヂカルセンター」に勤め、数々の企業で「人物採用體格検査」を担当した堀内彌二郎（内科医）は、明治末から始まった当該検査について、昭和一〇年の時点から以下のように振り返っている。

「仕事は豫定通り運ばねばならぬ大勢の病人が出ると能率が下がる、更に世相上病社員に對しても報酬も出し退職金を與へなければならぬと云ふ複雑なる世の中になつて來ました。（中略）例へば或大きな會社から言へば社員の結核病患者の爲に費す費用が一ヶ年（中略）三〇餘萬圓の豫算なりとのことを承知しましたが、［少し改善したのは］恐らく嚴重な體格検査の好影響療養所特設の好結果等の爲めでありませうそれを考へても將來病氣にならない者を使ふと云ふ事が痛切な條件になつて來ます。（中略）滿州に仕事してゐる或會社が新規採用社員を滿州迄派遣し一ヶ月にして仕事不能になつた場合に費やす金が約三〇〇〇圓になると聞いてゐます。（中略）以上の實例で今日人物採用試験は學績優秀思想堅固といふ點丈けでは困る、仕事能率上又青年成功上どうしても身體の強健を必要とする様に結論せざるを得ぬ次第で御座います。」

（傍点は引用者。堀内彌二郎、『診療大観』一〇号、一九三五（昭和一〇）年[9]）

このように、大正初期には、〝体育会系〟を積極的に採用しようという直接的な表現はまだ見られないが、成立し始めた大卒労働市場においては選抜基準の動揺が見られ、また公衆衛生的な背景から頑健な身体が要請されたことで、〝体育会系〟を希求する動きはすでに始まっていたといえるだろう。

三. 〝体育会系〟の可視化と「体育熱」の高騰 ―大正中期の就職環境―

実業界に多かった〝体育会系〟出身者

大正も中頃に入ってくると、〝体育会系〟が就職の場面に現れるというより、すでに社会で活躍している学卒者の中に、在学中スポーツを嗜んだ者の多いことが気づかれるようになる。

今は何々会社の重役、府県知事、或は大学の教授、博士と言つたやうな、地位なり、名望なりのある人であつて、その昔、野球、庭球、ランニング、短艇なりの選手として鳴らした者は、随分と多い。（『実業之日本』第二十二巻第二十二号、五四頁、一九一九（大正八）年[10]）

一体四十三年の卒業者には運動家が多いのも珍である。関田猛夫君は（太宰銀行支配人）もボートは五番を受け持つて手腕を揮つたが、彌治《やじ》も盛《さかん》にやれば雄弁家で、地方の演説会に出掛けたりして、その方面でも大いに覇を称したものだ。銀行でも重んぜられ、友人間に将来を期待されてゐる。工藤熙雄君（東洋護謨《ゴム》会社庶務課長）もやはりボートの選手で、常勝の誉を握つたものである。（『実業之日本』第二十三巻第九号、一九二〇（大正九）年[11]）

早稲田や慶應もこぞってその人が野球部のOBであることを主張するようになる（飛田穂洲（元早稲田大学野球部主将）、『実業之日本』第二十三巻第十号、一九二〇（大正九）年[12]。三田塁上人、『実業之日本』第二十三巻第十一号、一九二〇（大正九）年[13]）。そして、その理由についても、「健康」や「強壮なる身体の持ち主」という理由以外の理由が登場する。

野球などをやつて、他と屢々《しばしば》折衝した経験のある人間は、学校で本蟲になつて勉強して居る者よりも、実社会に出ては、学校の成績は兎に角、案外度胸もあり決断もあり商売に向いて居ると云ふ事である。櫻井彌一郎君、吉川清君、肥後英治君、神吉君、ずつと後輩でも皆相当にやつて居る。（『実業之日本』第二十三巻第七号、一九二〇（大正九）年[14]）

ここでは、運動部に所属したことで「折衝した経験」を有し、「度胸」や「決断」に優れているという実業向きの適性が観念されている。厳密にいって〝体育会系〟神話、つまり、〝体育会系〟は他に比して就職しやすいという観念ではないが、業務そのものに対する、しかも非‐身体性に由来する「有用性」は、大正中期に主張されるに至ったといってよいだろう。

「体育熱」の高騰による〝体育会系〟の就職

だが、〝体育会系〟、つまり運動部経験を有する人材へのまなざしが、その働きぶりそのものについて成立したかというと、そうでもなかった。大正半ばに注目されるのは、実業界における「体育熱」である。

近時大会社大銀行大商店、並びに少し大きなる商店にあつて、野球団、庭球団の設けのないところは、恐らくないと言つてよい程であらう。そのうち庭球にありては、三井銀行、三井物産、三井鉱山部、古河合名会社郵船会社、鐘ケ淵紡績、山下汽船会社、満鉄、大阪商船、大阪電燈、大阪鉄工所、川崎造船所等一二に止まらない。

（『実業之日本』第二十二巻 第十九号、一九一九（大正八）年[15]）

万朝報記者であった鷺田成男[16]は、大正九年、「白熱的高潮に達せる会社銀行野球団評判記」と題し、野球団を持つ一〇二の企業名を列挙、その一部に寸評を加えるような記事を『実業之日本』（第二十三巻第二十三号）に寄せている[17]。そこでは、実業団野球への熱の高まりを以下のようにシンボリックに表現している。

此のチームは何れも店を開く前に練習し試合をする、或る夏の事某商店から某商店へ電話をかけ「五時に試合をして下さい」と頼むと先方では「此の頃五時は遅い、四時にしませう」と電話が切れ、其の当日の午後四時相手方が日比谷に行くと敵はゐない、非常に憤慨して怒鳴り込むと、「私の方は四時に行つて居りましたが貴方の方が来ない」との事によくよく聞くと朝の四時と知れて、結局大笑ひとなつた。

（『実業之日本』第二十三巻 第二十三号、一九二〇（大正九）年）

大学スポーツの熱狂を引き継ぐ形で、実業界のスポーツは勃興期にあった。各商店銀行会社は、野球や庭球といった花形スポーツ選手を入社させ、その運動部の充実を図るようになっていた。

尤も強チームは増田屋である。増田屋は、横浜の増田増蔵氏の経営にかかり、その三男稲三郎君が支店長をしてゐる。稲三郎君は嘗て早稲田野球部の主将たりし人、今や早大系の名選手、大井、松田、加藤、八幡等を入店せしめて、強チームを組織してゐる。大井は怪投手として日本一の名ありしもの、松田また強級投手として謳はれ、さらに加藤に至つては殆んど飛燕に等しく、稀に見る名遊撃手として数々の名を馳せしもの、同商店の強きも偶然でない。

（『実業之日本』第二十二巻 第十九号、前掲[18]）

企業からみた〝体育会系〟採用における二つのメリット

さらに、こうして当世の名選手を抱えることが、会社にとっては宣伝広告機能を担うメディアとして認識されるようになる。

而してこれらの大会社の各庭球部は競つて学校チームの大選手を引抜いて行く。早稲田、高商党《とう》〔ママ〕のスタープレーヤーがこれらの各会社銀行に入つて、牛耳をとつてゐる例は頗る多い。現にレギスレーションの大選手として、極東一の名あり、北米の球界までも震撼せしめた名手熊谷の如きは、三菱銀行部に在勤してゐた。三菱の重役の名を知らぬ者はあつても彼の名を知らぬ者は恐らくない。三菱が熊谷を有していることは、確かに誇りといはねばならぬ。

（同前[19]）

一方で、満州や台湾といった植民地では、スポーツの集合的実践による離職防止機能が認識され、盛んにスポーツが奨励されるに至る。

わけても満鉄の如きは野球を奨励すること甚しく、各地に諸チームを設けてゐる。満鉄がかく野球を奨励するのは、深い理由がある。それは満鉄が社員を内地から招き入れた場合、社員の多くは、青年のこととてややもすると懐郷病《ホームシック》にかかり、早きは数十日、その半は望郷の念に堪へずして、職を辞して国へ帰る者が多い。ここに於いてか、満鉄には、社員が望郷の念に駆られんとする防止策として運動部を設置し野球庭球を奨励した。数万金を投じて各地に大運動場を設置する。殆んど強制的に運動を行はしめた。果して此満鉄の策は図に当たつて、逐年望郷の念に駆られた余り辞職するものがなくなつたさうである。

（同前[20]）

大正初期から中期にかけて、各企業はスポーツの対抗戦において鎬《しのぎ》を削るようになっていた。いつの世でも、スポーツにおいて優勢を保つにもっとも効果的な手法は、有力選手を獲得することであろう。各企業は、学閥という名のネットワークを用いて効果的にこれを進めていったものと推察される。

ここには、前項で確認したような〝体育会系〟の仕事そのものへの評価は一切入り込んでいない。①広告宣伝と②遠隔地における離職防止という二つの機能によって、企業におけるスポーツの奨励がまず正当化され、次いで学卒の名選手の採用が正当化された。実業界におけるスポーツ熱の高まりは、健康や強壮な身体といった通説とは異なる次元において、〝体育会系〟神話の成立を後押ししたのである。

四．〝体育会系〟神話の確立―大正末期／昭和初期の就職環境―

採用基準としての〝体育会系〟

大正末期から昭和初期になると、いよいよ上記の言説の累積が〝体育会系〟神話として了解されるに至る。

数年前までは運動家と云へば、学校中の鼻摘者《はなつまみもの》か餓鬼大将視せられ、傭入《やとい》れる方でも警戒したのであるが、最近では学生も学校も運動に対する理解もあり、また運動技術の習得中に知らず知らず多数の人物観や処世観を養ふなどの利益もあつて、卒業頃には思わぬ修養を積んで居ると云ふ関係があると信ずる。運動家は多く体格も勿論優秀で会社として見逃すことの出来ぬ採用条件であるから、自然彼此考察を重ねると在学中運動に趣味を持て居たような人物が採用されることになり易いのである。

(『実業之日本』第二十六巻 第六号、一九二三（大正一二）年[21])

面白い現象は運動のチャンピオンが採用せらるゝ傾向のあることで、之れは三井と言はず各会社とも運動熱が昂騰して運動が盛んになつて来たことや、又チャンピオン自身は、健康の持主であり且つ猛烈に身体を鍛錬する結果精神も快活であり、態度も敏捷活発であると云ふようなことが其原因を為して居るらしい。

(『実業之日本』第二十六巻 第十号、一九二三（大正一二）年[22])

ここでは、運動に熱心に取り組むことがある種の精神修養を促進するという、いわば運動・スポーツの教育効果をその主因として捉える見方が示されている。このような認識は、〝体育会系〟ビジネスマンの活躍への気づきとともに、学力偏重採用への反省、すなわち「学業成績」への疑義が前提されていた。

学業成績が飛び抜けて優秀な人物は、兎角に学究的な人が多く、会社として客相手に商売をするのには少し不向である。それに反して、学生時代運動家であつたと云ふ経歴のあるものは、如何にも応待が円滑に行きさうに感じられる。そして成績もあまり悪くないとすれば先づ採用候補者に残したくもなるのである。

（『実業之日本』第二十六巻 第十号、一九二三（大正一二）年[23]）

スポーツに関わることは、ビジネスマンに必要な「快活さ」の象徴であるとともに、学問に耽溺し過ぎない、現代的にいえばバランスの持ち主と見なされたのかもしれない。前述の通り、学力は重要な選抜基準となったが、絶対の基準とはなり得なかった。ビジネスマンとしては同時にさまざまな資質が求められるのであり、採用時にはそれらすべてを含みこんだ「将来性」を見極める必要があった。日清日露戦争後、大正九（一九二〇）年春の第一次反動恐慌、大正一一（一九二二）年春の第二次恐慌を経験し、慢性的な不景気＝就職難の様相を呈するわが国にあって（中村[24]）、ますます有為の人材が求められるに至り、学力偏重主義への反省が〝体育会系〟神話成立の背景となったのである。

具体例に強化される〝体育会系〟神話

昭和に入ると、実際にそうした修養が実務の具体的場面において顕著な効用を発揮することも同時に示されるようになる。

清水だとか、熊谷だとか、戸羽だとか一つの、ある会社銀行に籍を置く者が、かたわらテニスのチヤンピオンとして鳴らして居る場合、誰しもお勤めの方はすつかりお留守で、月給だけ只貰ひして居るんだらうと想像するだらう。けれども事実は全く左にあらずで、会社や銀行へ出勤する時間こそ少くはあれ、一寸大きな取引や、むずかしい問題やは、テニス・マンとして名前と顔を売込んだ彼等が出かけて、他の何人よりも上手にまとめてしまふんである。現に三井物産の清水君の如きも、チヤンピオン、ミスター・シミズで、ラケットを打振る一方、海外支店でのどんどん、大事な商売の算盤玉も、上手に弾いて行くといふことだ。

（『実業之日本』第三十巻第十一号、一九二八（昭和三）年[25]）

学生時代の運動家は大いに歓迎される。これは健康という点から考えても理由があるのだが、殊に会社［＝明治生命］としていいことは、運動家には非常に友人や知合が多くて、書生時代から書斎にばかり籠つていた勉強家よりも所謂顔が広い。そこで後で外交に廻つた時にも保険勧誘の領域が広くて便利だからだ。

（『実業之日本』第三十巻第二十二号、八五―八六頁、一九二八（昭和三）年[26]）

このような具体例によって補強されながら、〝体育会系〟は有用な身体として広く認知されるに至った。健康かつ強壮なる身体、快活な人格（＝成績が良すぎないこと）、そして実業界が「体育熱」に冒されることでもたらされたスポーツ競技力へのニーズによって、〝体育会系〟神話はまさにこの時期に成立したといえるのである。

加藤氏　［三菱商事常務］運動をする人は確かに宜《よ》いですね。スポーツマンシップを持つて居る人は余り悪くならないと思ふ。仮りに野球にしてもテニスにしてもボートにしても、まあ色々の運動があるが、それ等の選手になれるやうな人は矢張《やは》り其仲間から推賞された人だと思ふのです。自然それ等の仲間に於て人物が選り抜かれて居ると思ひます。

山名氏　［慶應大学］私の経験に依ると今お話の通りスポーツマンの人格者であると云ふことは確かに或る点まで明かな事実だと思ひます。が、また別の意味でベースボールとか其他のチヤムピオンは、諸会社が学校卒業生を採る一の条件です。例えば大阪毎日新聞などでベースボールの達者な人を入れて居るが、あれはそれで新聞の声価を博しやうと云ふ訳なのです。（注3）

（『実業之日本』第三十巻第二十二号、一九二八（昭和三）年[27]）

五．〝体育会系〟神話の洗練 ―昭和初期以降の就職環境―

二つの変化

この不景気の嵐をついて、スポーツ用具だけは颯爽として売れる。この就職地獄の叫びの中に、スポーツマンだけはチャンチャンと就職をして行く。運動狂時代……。
（『実業之日本』第三十三巻 第十七号、一九三〇（昭和五）年[28]）

野球部の選手あたりになると、満鉄安田あたりから三拝九拝してたのみにくるので、就職の心配はない。実にスポーツ万歳の秋である。清水組や、目黒蒲田あたりにラグビー選手が活躍し、松坂屋あたりでも腕ッぷしのきく連中が売場に立つてゐる。
（『実業之日本』第三十三巻 第六号、一九三〇（昭和五）年[29]）

実業界における体育熱・スポーツ熱とともに、〝体育会系〟神話は広く人口に膾炙した。大恐慌以来の不景気に苦しむ他の学生を尻目に、〝体育会系〟の就職は好調を維持した。それは、一般の目には「運動狂時代」（『実業之日本』第三十三巻 第十七号、一九三〇（昭和五）年[30]）、「スポーツマン黄金時代」（『実業之日本』第三十四巻 第四号、一九三一（昭和六）年[31]）と映ったに違いない。〝体育会系〟は、文字通り時代の注目を浴びたのである。

その注目は、〝体育会系〟への洞察を深め、〝体育会系〟をめぐるコミュニケーションを活性化させることになる。すなわち、〝体育会系〟がいいのか悪いのか、採用した企業にはいかなる損益をもたらすのか、その原因は何なのかということについての言説が多数登場するようになる。以下、とりわけて重要と思われる二つの観点からその変化を記述しておく。

「プロ／アマ」の区別の出現

一つ目は、就職後の〝体育会系〟における「マネキン」と「実務」の分化、すなわち社会体育における「プロフェッショナル」と「アマチュア」の区別が生じたことである。

就職戦線においては、各種スポーツ界の花形連が、いつも勝者の地位を確保して、何千何万の戦友たちを羨ましがらせていることは、今に始まつた話ぢやないが、それにしても慶應の大投手宮武が、のつけから三百円の高給で日畜をするといふ噂には、全国の卒業者ばかりぢやない、コツコツと七年二ケ月間、骨身をすりへらして労働を提供してようやく金百円也の月給取の諸君をまで、すつかり憂鬱性神経衰弱に陥れてしまつた。(中略)

日清生命が、かつて早大野球部の名選手として、また名主将としてその名一世に高かつた伊丹君を外務員として持つたことによつて、如何にとくをしてゐるかは、既に本紙上でも度々かいたことだが、この日清生命における伊丹君と、今度の日畜における宮武君とでは、その会社対社員の地位（？）に少しばかり相異があるやうな気がする。といふのは宮武君は――噂によれば――純然たるマネキン的存在で、これによつて日畜の名を「宮武の日畜」として全国に宣伝しようといふのであるに対して、伊丹君は、とにも核《〔ママ〕》にも自分が自分の名において保険の勧誘をして歩き、それによつて多くの契約をとつて来るのだから、単なるマネキン的存在とは少し異《ちが〔ママ〕》はう。（傍点強調は原著者によるもの）
（『実業之日本』第三十四巻 第四号、一九三一（昭和六）年[32]）

慶應の宮武には優遇就職、高額報酬、そして競技力を生かした広報機能を期待されるという特徴があるのに対し、早大の伊丹はそのネームバリューを生かし、保険の勧誘において多くの契約を獲得するという、仕事そのものに対するスポーツの効用が前提されている。前者はスポーツをすることが職業として捉えられているのに対し、後者はあくまで保険の外交業務が仕事であり、その業務の生産性を上げることで会社への貢献度を高めているものと理解できる。

　こうした「プロ／アマ」という分化の中で、「プロ」は現場の業務をもたない「マネキン」として劣位に位置づけられていくことになる。


就職難の今日、スポーツマンの就職が非常に好条件であるが如く云はれてゐる。スポーツが生活の方便としてのものであるならば、至極結構、それでよろしいであらう。

然し――これは各人の主観的、認識の相違によつて異なる問題であるが――学校の使命が究学に重点を置くものであるとすれば、又、別の問題で、静観するならば、スポーツマンの就職の平易を以て、必ずしも幸福なこととは云はれない。

（中略）

スポーツマンはスポーツマンの圏内に於ける当面の受益に眩惑されて、吸収力を失つてしまつたならば、スポーツマンとしての声名を失つた場合に、悲哀なる自己を見出さなければならない。（河合君次（東京地下鉄）、『実業之日本』第三十四巻第二十一号、九八―一〇〇頁、一九三一（昭和六）年[33]）

私が学生時代に野球の選手であつたといふ名目の下に、就職上の条件として、矢張り同じように野球を行わなければならない会社、即ち職業線上に野球といふものを必要としなくてはならない就職口を避けることを、私は第一の主要条件とした。何故ならば、私は学校を出てから後は、野球を自己の職業意識の中に入れたくなかつた。先輩の中には野球を行ふべく、その職以外に縛られて、心ならずも行つている人を目撃して、私は尚更その感を深くした。特に私は、社会人となつてまで野《や》球技《きゅうぎ》＊［ママ］を完全に果し得るだけの余剰な能力を持合してゐなかつた。（伊丹安廣（日清生命）、『実業之日本』第三十四巻第二十一号、一九三一（昭和六）年[34]）

昭和以前には「プロ／アマ」の区別が導入されておらず、したがって業務における「生産力」向上とスポーツにおける「競技力」向上という二種類の目的をもった〝体育会系〟採用が混同された状態で存在していた。

翻《ひるがえ》って本章冒頭に挙げた昭和八年の〝体育会系〟のイメージには、ここで観念される「プロ」が抜け落ちている。〝体育会系〟神話はその後、「アマチュア」を前提にしたものへと変質し、「マネキン」としての就職は〝体育会系〟神話からその姿を消したのである。

深刻化する思想問題と実業界の認識

二つ目は、国内の思想問題が深刻になったことを受けて、「思想穏健なること」が〝体育会系〟の特徴として語られ、それをもって〝体育会系〟神話をより強固に定着させたことである。

一般に採用の方針は以上のやうな「試験や面接を一通り行うが、重役の伝手を採用するという」事情によつて決定されるのであるが、しかしスポーツマンは何れにしても歓迎されるさうである、野球選手などはどこにでも歓迎されてゐるが、何れのスポーツに限らず、スポーツマンは性格などが明るく社交的でもあり、危険思想などもつてゐないために非常にいいハンデ《［ママ］》キヤツプをつけられてゐる訳である。

（『実業之日本』第三十六巻 第三号、一九三三（昭和八）年[35]）

「危険思想」の持ち主を忌避する傾向は大正時代初期からあった。もともとは勉強のし過ぎ＝苦学による性格の歪みや「煩悶」、「神経衰弱」などは精神的欠陥として一括りにされ、実業家には不向きとされた。大正中期あたりから『実業之日本』誌上では、たとえば法学博士の浮田和民が「危険思想退治策」を講じたり（『実業之日本』第二十一巻 第九号、一九一八（大正七）年[36]）、社長の増田義一が「過激思想の侵入を防遏せよ」と説いたりしている（『実業之日本』第二十二巻 第十号、一九一九（大正八）年[37]）。その特徴は、「危険思想」、「過激思想」の定義をせずに、その影響や防止策を議論することであり、また、それ等を人体における感染症のように理解し、その対処策として医学的な認識を下にしていたことであろう。

危険思想撲滅の方法は最も慎重の態度を以て研究す可き問題である。（中略）譬《たと》へば人体に有毒黴菌《ばいきん》の侵入を予防し、又は之を駆除せんとするが如きものであるから、身体内部の各機関は生理上如何に防衛を為して居るか、また外部より之を保護せんとする医者は如何なる応急手段を施すかを研究すれば自然に危険思想退治の方策も案出せらるゝのである。

（浮田、前掲[38]）

こうした認識が、今度は精神的な歪みや弱さと過激思想への「感染」を結び付けるような認識へと変化していく。

病概して過激思想に感染するものは思想上の抵抗力ないためである、恰《かく》も虚弱なる身体は病菌に冒され易いと同一である。故に身体の抵抗力を養う必要あるが如く、健全なる思想を以て他の危険思想に打克つことを講ぜなくてはならない。

（増田、前掲[39]）

「健全なる精神は健全なる身体に宿る」

ここには、身体・精神・思想の相互連関が生じていると考えられる。このころ誌上では『健全なる精神は健全なる身体に宿る」という標語が跋扈するが、身体の統御を以て精神を統御するとの考え方が散見されるようになった。結果、増田は英国での視察をもとに、思想問題の対策として運動競技を奨励することを主張するようになる。

脳髄も肉体も精神の主人ではなくその臣僕たる可きものである。（中略）肉体をして能く精神の忠僕たらしめんと欲するならば之を強健なるものとしなければならぬ。而して柔弱なる肉体は精神を支配し、結局これを柔弱ならしむるのである。
（浮田和民、『実業之日本』第二十二巻 第二十二号、一九一九（大正八）年[40]）

彼ら［英国の学生たち］が運動競技に熱中するのは身体を健全にすると同時に、思想を混乱せしむるが如き不必要な読書の時間を奪ひ、或は不健全なる思想に浸るの暇を去る為めで、従て自ら彼らの精神や思想を健全に導き、思想的破産者たるを免るゝ所以であると云ふ。
（増田義一、『実業之日本』第二十三巻 第十八号、一九二〇（大正一〇）年[41]）

昭和初期になると、慢性的な不況状態のなかで日増しに烈しくなる下層労働者や小作人を中心とした「同盟罷業（労働争議・小作争議）」を背景に、思想的に穏健であること、すなわち「左傾」や「赤」から距離をおいていることが採用の際に見極められるべき重要な要素して浮上してくる。

インテリゲンチヤの中堅たる卒業生の運命は、ブルヂヨアジーの藩屏《はんぺい》としのみ、僅に生活を支へるべく決定されてゐる。その習得せる技術と行政的或は事務的手腕によりて、資本階級の忠実なる家の子郎党として一切の行動を規律する時にのみ、生存を許されることを自覚しなければならぬ。この自覚と行動こそ、ブルヂヨアジーの注文であり、この注文を満たす性格は、従つて就職成功の第一条件でなければならぬ。

（吉田荒次（注4）、『実業之日本』第三十三巻第七号、一九三〇（昭和五）年[42]）

「思想穏健なる者」としての〝体育会系〟

昭和初期、『実業之日本』誌上では「思想問題に深い研究を持つた人を嫌ふ向きの会社もある」（名取夏司（帝国生命専務）、『実業之日本』第三十三巻第二十三号、一九三〇（昭和五）年[43]）といわれるようになり、そうした思想に耽溺するイメージと対照されたのが、〝体育会系〟であった。そこには、健康で、快活で、穏健で、従順であるといった有用な身体のイメージが、すべてのマイナスイメージと対比される形で刻印されていたのである。

近年非常な勢いで蔓延しつゝある共産主義に対してもスポーツマンは反対の立場にある、かつて三高が赤い学生を二拾名近く退学処分に付した時森《ママ》高長が学校を赤の手から救ふには運動を盛んにするより他ないといはれたがこれと同じ意味で近頃銀行会社ではスポーツが奨励され自然スポーツマンが歓迎されることになつたのである。

（宇野庄治、『帝國大学新聞』第四百七十号、一九三三（昭和八）年三月一三日付[44]）

六．〝体育会系〟の身体と〝教養系〟の身体

運動・スポーツの修養効果

大正末期、京都帝国大学で商法の教鞭を執った高根義人は、「愉快なる精神 強壮なる身体の養成法」と題して運動の精神面への効用を次のように表現した。

> 運動精神とは積極的には事物に全力を尽すこと、正々堂々たること、勇気、忍耐、団結一致力、敵方に対する公平礼譲心を養ひ、其反対を排斥し卑劣野卑及び怯懦心《きょうだしん》の根絶に努力する精神である。（中略）野外遊戯には必ず競争が伴ふもので、それに依つて競争心を非常に発揮し、従つて進歩向上の気風を養成するが、一面には手段を選ばず、只相手方に勝てばよいと云ふ傾向も生じ易いのである。これはより人情の通弊とも云ふ可きであらうがその心情に抵抗して、正々堂々と、自己の有らん限りの力を尽し、少しも卑劣な事をせず競争することに依つて、競技者はその人格を偉大にすることが出来るのである。
>
> （『実業之日本』第二十四巻 第五号、一九二一（大正一〇）年[45]）

〝体育会系〟とは、元来身体の頑健性を主張し、丈夫で長持ちがセールスポイントであった。その後、「体育熱」の高まりと共に、スポーツの精神修養や社会性を高める効果が声高に叫ばれるようになり、〝体育

会系〟はいつしか、実業界における全き有用な身体イメージへと昇華した。文部行政も企業もスポーツを奨励したが、それはただ単にスポーツの普及にあったのではなく、スポーツの普及による精神性の普及、正々堂々、高潔で公正なスポーツマンシップの普及が意図されたのだった。

〝教養系〟の就職

一方、マイナスイメージを一手に引き受けた身体イメージも存在した。それは、文学部に所属する学生であったと推察される。広範な統計資料と史資料を用いながら「教養主義」の没落過程を描いた教育社会学者の竹内[46]によれば、文学部は「教養の奥の院」と呼ばれ、その在籍者は戦間期の学生の中でもっとも勉強したとされる。文学部生は他学部の学生に比べもっとも図書館を利用し、思想書や哲学書を読み漁った。彼らは経済学部や法学部のような「パンのための学問」から距離を置き、学問のための学問をひたすら追究したのである。

また文学部生は特にスポーツを「野卑なもの」として退け、自らの虚弱な身体を恥じるのではなくむしろ、文学部生であることの証として誇るようなハビトゥスを有したとされる。一連の分析の中で竹内は、文学部生をスポーツ嫌い、不健康、農村出身者が多いことで特徴づけた。農村出身ということは経済的に決して楽ではないということを意味し、あるいは必然的にスポーツには手が出なかったのかもしれないが、ともあれこうして、文学部生は思想書や哲学書に耽溺する虚弱な苦学生というイメージが確立していく。ここでは、こうした特徴を有する学生のイメージを竹内に倣って〝教養系〟と呼ぶ（注5）。

スポーツを嫌い、虚弱な身体をもち、勉強ばかりして思想に耽溺してしまうとなると、前項までの議論からは企業への就職は難しくなると予想される。果たして〝教養系〟の就職はどのような様相を呈したの

■図6－1．大正中期の東京帝大学部別就職率の推移

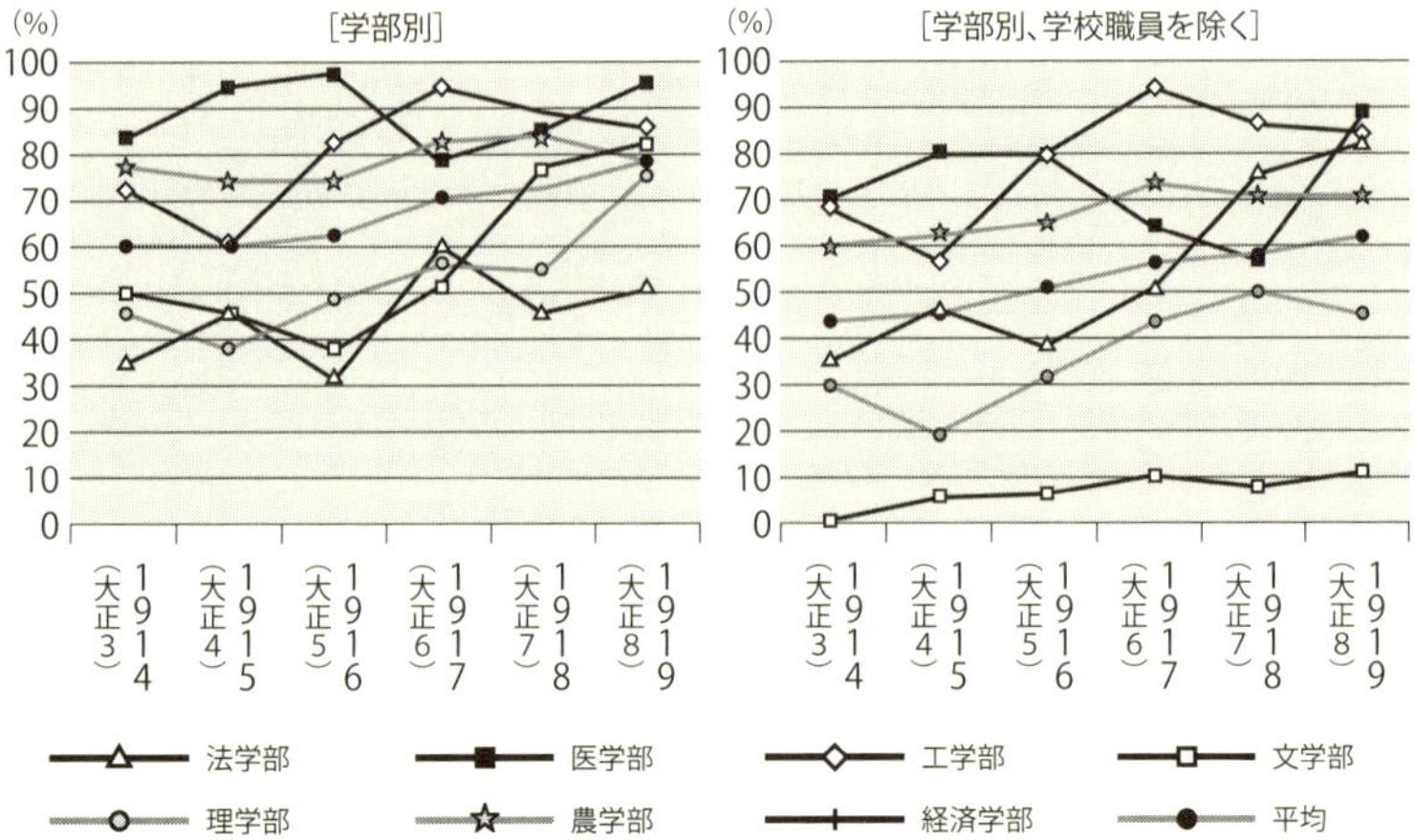

（出典 「教育年鑑」刊行会 編（1983）『教育年鑑』第1期、日本図書センター、1983．第1巻 大正6年版（p.389）、第2巻 大正7年版（pp.191-192）、第3巻 大正8年版（pp,87-88）、第4巻 大正9年版（pp.159-161）、第5巻 大正10年版（pp.94-95）、第6巻 大正12年版（pp.81-82）より筆者が作成）

だろうか。図6－1を参照されたい。

大正期の『教育年鑑』から学部別の就職率を経年的に算出すると、全六学部中最下位ではあったものの、他の学部との差はさほど目立たない（図6－1左）。しかし、学校・教員関係の就職を除くと、文学部からの就職者のうち大部分が教職員となり、一般企業にはほとんど就職しなかったことがわかる（図6－1右）。スポーツ嫌いで、虚弱な身体を持ち、そして苦学により歪んだ性格をもった〝教養系〟は、それほどまでにビジネスマンとして不適格とみなされたのである。

日本の近代化を支えた〝体育会系〟の身体

以上、〝体育会系〟神話に注目しながら、近代企業が求めた有用な身体の一部を描き出してきた。昭和初期の人材イメージをまとめて振り返ることで、日本の近代化を担った有用な身体のイメージを提示しておこう（表6－2）。

大正初期、まだ〝体育会系〟への明確な気づき

■表 6－1. 主な先行研究における就職・採用慣行に関する認識

著者	尾崎 盛光	麻生 誠	大森 一宏	天野 郁夫	福井 康貴
著作（発表年）	『日本就職史』（1967）	「就職の社会史」（1980）	「戦前期日本における大学と就職」（2000）	『学歴の社会史』（2005）	「就職の誕生」（2008）
立場	文学者	教育社会学者	社会経済学者 経営史学者	教育社会学者	社会学者
主眼	わが国の（大卒）就職の通史的描出。	大卒就職の社会史的描出。	企業における採用パターンの変遷と大学における就職活動の制度化過程の描出。	学歴社会の形成過程とメカニズムの教育社会学的考察。	〈自己の力による就職〉の発生起源の社会学的析出。
就職・採用慣行の開始時期	明治末期から大正4、5年にかけて、企業による大卒者の採用が慣行化する。	明治35年頃から大正10年頃にかけて、大卒者の実業界へのキャリア・コースが成立。	日露戦後期から大正初期にかけて、大卒者を定期的に採用する企業が登場。	財閥系の大企業は明治30年代より高学歴重視の採用政策をとり始める。	戦間期。
説明	●大卒者による企業幹部への昇格、企業内での発言権の増大。 ●ものづくりにおける技術革新の必要性。理工系ブームが発端。	●企業規模の拡大、経営の高度化、企業環境の国際化が、高等教育卒のビジネス・リーダーを要請した。 ●高等教育人口の増加による供給過剰で、官界への就職が途絶されたため。	●大学ー企業間の労働市場の制度化過程に関心があるため、大卒者が増えた理由については言及せず。 ●各大学は、大正不況期に生じた就職難に対応すべく、紹介・斡旋の仕組みを強化した。	●企業組織の官僚制化の進行、規模の拡大に伴う管理業務の発生。専門的管理者、経営者への必要性。 ●「官尊民卑」の風潮の打破。企業の社会的威信を高め、官庁と同格化するため。	●明治末期から昭和初期にかけての高等教育機関（大学・専門学校）の卒業者数の激増による人材の需要先の変化。
“体育会系”への言及	○	×	×	×	○

■表 6－2. 昭和初期の人材イメージ

項目	有用な身体	非 - 有用な身体
スポーツ	する、できる	しない、できない、野蛮として退ける
身体	強壮、剛健、体格よし	柔弱、虚弱、貧相
健康	良好、体力あり	結核、花柳病、栄養不良、等
精神	堅実、正常	神経衰弱、煩悶、神経質、変態心理、等
性格	颯爽として快活、社交的、公正	陰鬱、自棄的、妙にひねる、理屈っぽい、姑息
学業成績	悪くない、良すぎない	良すぎる、勉強のし過ぎ
思想	穏健、堅実、健全	過激思想、危険思想、左傾、マルクス主義
交友関係	広い	狭い
実務	できる	できない
結果イメージ	“体育会系”	“教養系”

はなく、社会の競争に生き残るためには強壮なる身体を持ち合わせるべきだという信念のみが存在した。大正中期、各会社の重役に〝体育会系〟が多いことが認識されるようになり、〝体育会系〟の萌芽がみられるようになる。そこには、実業界を席捲しつつあった「体育熱」の高まりを背景とし、①広告と②遠隔地における離職防止という二つの機能が明確に意識されるようになる過程が存在していた。大正末期になると、〝体育会系〟は確立される。〝体育会系〟ビジネスマンの活躍への気づきとともに、学力偏重採用への反省が背景を成した。

　昭和初期にはそれまでと異なる展開があった。〝体育会系〟神話における「プロ／アマ」の区別が明確になり、アマチュア的要素が優位に序列づけられる中で、改めて公正高潔な精神性であるところのスポーツマンシップが有用な身体を構成する要素として浮上する。折しも慢性的な不景気から労働運動が激烈を極める時期にあって、マルクス主義、左傾、赤への警戒、すなわち思想問題が社会的に取り沙汰されるようになっていた。こうした文脈の中で、身体的にも精神的にも問題を抱える〝教養系〟がマイナスイメージを一手に引き受け企業から忌避されたものと考えられた。同時に、〝体育会系〟は何の変化もなかったがために「思想穏健」のメルクマールと認識され、採用上ますます重要な視点として了解されるに至ったのである。

　〝体育会系〟は、その成立から昭和初期まで、いわば最良の人材イメージとして君臨してきた。近代企業は、その合理性を追求する中で、〝体育会系〟の身体を有用な身体として認識し、希求したのである。近代日本を牽引したのが近代企業だとすれば、〝体育会系〟こそが、日本の近代化を支えた象徴的身体であったともいえるかもしれない。

（東原 文郎）

附記

本稿は、平成二〇—二二年度科学研究費補助金（若手研究（スタートアップ）、課題番号：20800043）、および平成二三—二六年度学術研究助成基金助成金（若手研究（B）、課題番号：23700733）による研究成果の一部であり、二〇一一年九月に発行された『スポーツ産業学研究』第二一巻二号、一四九—一六八頁、「〈体育会系〉就職の起源～企業が求めた有用な身体：『実業之日本』の記述を手掛かりとして～」に若干の加筆修正を施したものである。

注

1 「宇野庄治（うの・しょうじ）（一九〇三—一九七〇）昭和時代後期の野球人。明治三六年八月三日生まれ。昭和五年読売新聞社に入り、運動部長などを経て、二三年読売ジャイアンツ球団代表。三二年三度目の代表となり、長嶋茂雄、王貞治の獲得に尽くした。兵庫県出身。京都帝大卒。」[47]）。

2 事実、劣悪な公衆衛生環境のもと、わが国の若者は非常に高い結核罹患率を誇った。

3 座談会の参加者は次のとおり。小林正直（三井物産常務）／加藤恭平（三菱商事常務）／乳井龍雄（三井銀行文書課長）／丹治経三（安田保全社秘書部長）／渥美育郎（大阪商船東京支店長）／山名次郎（慶應大学）／坪谷善四郎（早稲田大学）／増田義一（実業之日本社長）。

4 十河[48]によれば、吉田は満州国政府産業部鉱工司工政科長として満州自動車製造株式会社の設立に関わった。

5 ただし、ここでいう〝教養系〟が、たとえば「スポーツマン」や「運動家」のように、当世の人々に実在のイメージとして意識されていたかというと、そうではないと思われる。

文献

1 宇野庄治「スポーツマンと就職戦線 果たして彼は有能か」『帝國大学新聞』第四百七十号、一九三三（昭和八）年三月一三日付 八面（縮刷版、八八頁 所収）、九三三年。

2 デジタル版 日本人名大辞典 +Plus（URL：http://kotobank.jp/word/%E5%AE%87%E9%87%8E%E5%BA%84%E6%B2%BB ［最終確認二〇一一年三月一日］）

3 安部磯雄「運動が青年の心身に及ぼす三大効果」（『実業之日本』十八巻二十一号、七一—七三頁 所収）、一九一五年。

4 菊池晋二「優等生を実業界に採用する疑問」（『実業之日本』十八巻五号、二一—二二頁 所収）、一九一五年。

5 記者「十五大会社々員採用物語（二）百種百態各会社の内幕卒業生就職の天機」（『実業之日本』十九巻十一号、三六—四〇頁 所収）、一九一六年。

6 池田一夫他「人口動態統計からみた二〇世紀の結核対策」『東京都健康安全研究センター研究年報』五四、三六五—三六九頁、二〇〇三年。

7 碧堂生「新社員詮衡係実話 採用されたる青年 拒絶されたる青年」（『実業之日本』十九巻十三号、三二頁 所収）、一九一六年。

8▼阿部泰蔵「社員採用の際余は如何なる青年を選擇するか」（『実業之日本』十九巻九号、六一―六三頁　所収）、一九一六年。

9▼堀内彌二郎「體格檢查特に人物採用身體檢查に就て」（『診療大観』一〇号、二三九―二八八頁　所収）、一九三五年。

10▼寸鐵生「運動家出身の名士」（『実業之日本』二十二巻二十二号、五四頁　所収）、一九一九年。

11▼月並楼主人「十年前に卒業した明治大学出身者総評」（『実業之日本』二十三巻九号、六三頁　所収）、一九二〇年。

12▼飛田穂洲「実業界を中心とした名選手の行へ」（『実業之日本』二十三巻十号、五四―五七頁　所収）、一九二〇年。

13▼三田畧上人「実業界を中心とした名選手の行へ」（『実業之日本』二十三巻十一号、六一―六四頁　所収）、一九二〇年。

14▼月並楼主人「十年前に卒業した慶應義塾出身者総評」（『実業之日本』二十三巻七号、九三頁　所収）、一九二〇年。

15▼一記者「全国大会社商店の体育施設」（『実業之日本』二十二巻十九号、四二頁　所収）、一九一九年。

16▼WEBページ「立教大学体育会水泳部の歴史-1」（URL：http://www.rikkyo.ne.jp/sgrp/swim/history/historytext-1.html　[最終確認二〇一一年三月一日]）

17▼鷺田成男「白熱的高潮に達せる会社銀行野球団評判記（二）」（『実業之日本』二十三巻二十三号、五三―五四頁　所収）、一九二〇年。

18▼一記者「全国大会社商店の体育施設」（『実業之日本』二十二巻十九号、四三頁　所収）、一九一九年。

19▼一記者「全国大会社商店の体育施設」（『実業之日本』二十二巻十九号、四二頁　所収）、一九一九年。

20▼一記者「全国大会社商店の体育施設」『実業之日本』二十二巻十九号、四四頁　所収）、一九一九年。

21▼実業之日本社「各社の新卒業生採用ぶり」（『実業之日本』二十六巻六号、四〇―四一頁　所収）、一九二三年。

22▼記者「三井物産の採用ぶり」（『実業之日本』二十六巻十号、二二頁　所収）、一九二三年。「就職難の現在に於ける大会社の社員採用ぶり」、（同書　二〇―二七頁　所収）、一九二三年。

23▼記者「各社の新卒業生採用ぶり」（『実業之日本』二十六巻六号、四〇―四一頁　所収）、一九二三年。

24▼中村隆英『昭和恐慌と経済政策』講談社、一九九四年。

25▼実業之日本社「テニス・マンと商売」（『実業之日本』三十巻十一号、四三頁　所収）、一九二八年。

26▼実業之日本社「各大銀行会社の明年度卒業生の採用ぶり（三）明治生命の採用標準―運動家が歓迎される理由は―」（『実業之日本』三十巻二十二号、八五―八六頁　所収）、一九二八年。

27▼小林正直 他「学校卒業生の就職問題座談会」（『実業之日本』三十巻二十二号、三四―四四頁　所収）、一九二八年。

28▼北鎮生「財界スポーツ王国巡礼（その一 両横綱の三井と三菱）」（『実業之日本』三十三巻十七号、六八―七一頁　所収）、一九三〇年。

29▼実業之日本社「就職エピソード」（『実業之日本』三十三巻六号、四八―四九頁　所収）、一九三〇年。

30▼北鎮生「財界スポーツ王国巡礼（その一 両横綱の三井と三菱）」（『実業之日本』三十三巻十七号、六八―七一頁　所収）、一九三〇年。

31▼実業之日本社「スポーツマン黄金時代」（『実業之日本』三十四巻四号、六八―六九頁　所収）、一九三一年。

32▼実業之日本社「スポーツマン黄金時代」（『実業之日本』

三十四巻四号、六八―六九頁　所収）、一九三一年。

33 河合君次「アマター・スポーツのプライド」（『実業之日本』三十四巻二十一号、九八―一〇〇頁　所収）、一九三一年。

34 伊丹安廣「学校より社会」（『実業之日本』三十四巻二十一号、一〇二―一〇三頁　所収）、一九三一年。

35 実業之日本社「新入社員は斯うして採る 某デパート当事者の実際事情公開」（『実業之日本』三十六巻三号、三六―三七頁　所収）、一九三三年。

36 浮田和民「危険思想退治策」（『実業之日本』二十一巻九号、二八―三二頁　所収）、一九一八年。

37 増田義一「過激思想の侵入を防遏せよ」（『実業之日本』二十二巻十号、六―一〇頁　所収）、一九一九年。

38 浮田和民「危険思想退治策」（『実業之日本』二十一巻九号、二九頁　所収）、一九一八年。

39 増田義一「過激思想の侵入を防遏せよ」（『実業之日本』二十二巻十号、一〇頁　所収）、一九一九年。

40 浮田和民「第一流の執務家になる資格」『実業之日本』二十二巻二十二号、六五―七〇頁　所収）、一九一九年。

41 増田義一「学生思想の一転機」（『実業之日本』二十三巻十八号、二―六頁　所収）、一九二〇年。

42 吉田荒次「一九三〇年の就職新戦術」（『実業之日本』三十三巻七号、一八二―一八三頁　所収）、一九三〇年。

43 名取夏司「百パーセント自己紹介法」（『実業之日本』三十三巻二十三号、一四〇―一四一頁　所収）、一九三〇年。

44 宇野庄治「スポーツマンと就職戦線 果たして彼は有能か」『帝國大学新聞』第四百七十号、一九三三（昭和八）年三月一三日付、八面（縮刷版、八八頁　所収）、一九三三年。

45 高根義人「愉快なる精神 強壮なる身体の養成法」（『実業之日本』二十四巻五号、六二―六四頁　所収）、一九二一年。

46 竹内洋『教養主義の没落　変わりゆくエリート学生文化』中公新書、二〇〇三年。

47 デジタル版 日本人名大辞典+Plus「宇野庄治」(URL：http://kotobank.jp/word/%E5%AE%87%E9%87%8E%E5%BA%84%E6%B2%BB［最終確認二〇一一年三月一日］)

48 十河孝雄「アジア・太平洋戦争期における満洲と自動車工業：満洲自動車製造株式会社を中心に」（『一橋経済学』二（一）、五一―七一頁　所収）、二〇〇七年。

第七章

近代日本が否定した「身体」

江戸末期の開国をきっかけに近代日本は「裸体」を否定した。首都が置かれた東京では明治初期から「裸体」取り締まりが強烈に行われたが、「裸体」否定は日本全国にすぐ受け入れられたわけではなかった。一八九九年の改正条約発効による内地雑居の開始や日露戦争による公徳意識の高まりにより、「裸体」の否定は全国的に徐々に受け入れられるに至った。

一．近代日本が否定した身体――「裸体」

江戸期に見る「裸体」の日本人

表7－1は、一八七七年から一八八一年までの五年間において、東京府での違警罪（現在の軽犯罪法の前身）から、取り締まり延べ人数の多い上位四項目を示したものである[1)]。「便所に非ざる場所へ小便する者」（いわゆる立ち小便）とならび、当時の取り締まり数の最上位を争う項目に、「裸體又は袒裼《たんせき》し醜體をなす者」がある。明治一〇年代の東京では、「裸體又は袒裼」であることにより罰金などを課された者が、年間三〇〇〇～四〇〇〇人もいたのである。なお、この「裸體又は袒裼」とはまったくの裸ではない。「双肌脱ぎや尻はしょりまでを含む、相当程度の肌の露出[2)]」のことであり、上記の違警罪で取り締まりの対象となった装いのことである。この装いを指して、本章では「裸体」と表記する。

■表7－1．東京府違警罪　取り締まり人数[1]

項目	1877 (明治10)年	1878 (明治11)年	1879 (明治12)年	1880 (明治13)年	1881 (明治14)年	合計
市中往来筋に於て便所に非ざる場所へ小便する者	4,570	5,159	4,088	3,851	2,777	20,445
裸體又は袒裼し醜體をなす者	3,179	7,545	4,322	3,470	1,042	19,558
喧嘩口論し且驚愕すべき噪鬧をなす者	2,708	3,379	2,714	2,814	1,678	13,293
夜中無燈にて諸車を挽く者	496	1,222	1,563	1,407	476	5,164

■図7－1．
鳥居清長『橋間舫回舟遊興の図』（3枚続の内、部分）
（東京国立博物館所蔵　Image : TNM Image Archives）

この「裸体」は、江戸期以前の日本で、日常的に見られた光景であった。例えば、一八五四年にペリーと共に来日した宣教師サミュエル・ウェルズ・ウィリアムは、下田に滞在した折の記述で、〝男は「前をほんの半端なぼろ［ふんどし］で隠しただけで出歩」いているし、「婦人たちは胸を隠そうとはしないし、歩くたびに太腿まで覗かせ」ており、「裸体の姿は男女共に街頭に見られ」る〟と述べている[3]。また、一八六六年に来日したイタリア人であるV・F・アルミニヨンも、日本の街路において、「ほとんど丸裸、あるいは木綿の薄い肌襦袢一枚をまとっただけで往来を歩いている男がいる」ことや、「庶民の子供たちもしばしば裸のままである」ことを取り上げている[4]。江戸期以前の絵画資料にも、日本人の日常における「裸体」姿が垣間見られるものが数多くある。例えば、鳥居清長（一七五二～一八一五）の江戸時代中期の作である『橋間舫回舟遊興の図』（東京国立博物館所蔵、図7－1）には、上半身の片肌を脱いで、魚を調理しようとしている男性が描かれている。これらからうかがえるように、江戸期以前の日本では、「裸体」は庶民のごく日常的な装いの一つだったのである。

「裸体」に対する禁令のはじまり

しかし、この「裸体」は開国に伴う外国人との接触を機に、禁じられることとなる。幕末に来日し、十年以上日本に滞在し、新聞の発行などを行ったジャーナリスト J・R・ブラックは「この頃（一八六七年）まで、日本の荷役人夫は、外国人居留地の中でさえ、一年のうち三期、即ち冬を除いては、いつも生まれたときのままの姿をしていた。」と述べ、さらに以下のように記述している。

「神奈川奉行は、「生まれたままの衣服の上に、衣服を追加すべし」という命令を出した。さらに「横浜近辺の日本人はすべて、公共の良俗に反するような固有の奇習を避けるように」という命令を出した。（中略）「これは極めて不埒なことである」とこの廻状は述べている。まったくそのとおりだ！」[5]

当時、日本ともっとも交易のあったイギリスは、ヴィクトリア時代と呼ばれる禁欲的な道徳が支配する時代を迎えており、「肉体を、品位を脅かすものとみな」す風潮があった[6]。ブルジョア階級のさまざまな礼儀や嗜《たしな》みに関するエチケットの本が多数あらわれ、性道徳も厳格になっていく時代を彼らは生きたのである[7]。そのような外国人にとって「裸体」は、貧困や不潔の象徴であり品位を脅かす野蛮なものだと見なされた。日本の「裸体」に対しても、彼らは野蛮と見なしたのである。

このような、「裸体」を野蛮なものとみなす外国人の視線に対応し、外国人が多く去来する横浜港などを中心に出されたのが「裸体」の禁令である。江戸末期には横浜港など、外国人との接点があるエリアに出された禁令だが、明治維新後には、布達という形で全国各地に広がっていく。たとえば一八七一（明治四）年には東京府で出された次のような布達が全国各地に出されていったのである。

〔附記〕裸体禁止

辛未○明治四年。十一月廿九日　区々　正副戸長

一、同府下賤民共、衣類不着裸体ニテ稼方致シ、或ハ湯屋へ出入候者モ間々有之、右ハ一般ノ風習ニテ、御国人ハ左程相軽メ不申候共、外国ニ於テハ甚ダ之ヲ鄙ミ候ヨリ、銘々大ナル恥辱ト相心得、我ガ肌ヲ顕シ候事ハ一切無之由。（中略）自今賤民タリトモ決シテ裸体不相成候条、稼方ニ付衣類ヲ着シ不便ノ者ハ半纏又ハ股引、腹掛ノ内相用ヒ、全身ヲ不顕様屹度相慎ミ可申。（以下略）[8)]

労働時や湯屋への往来時など、日常的に見られる「裸体」が「外国において野蛮だとされる」という理由から禁じられていることがわかる。「裸体」を野蛮と見る外国人の視線に対して横浜港で出された禁令が、直接的には外国人との接点を持たない全国各地にまで広げられていったのである。

それでは、この禁令は人びとにどのように受け入れられたのであろうか。禁令が出された当時の人びとの反応を、当時来日していた外国人の旅行記などから見ていこう。

「裸体」の禁令に対する反応

横浜市の風俗を記載した『横浜市史稿風俗編』で、「海外との通商貿易は日々に隆昌になつて来た横浜は、外国人の手前に対して斯かる羞恥を敢て犯す者は少なくなつたが、明治初年にはまだまだ此蛮風は屏息しなかつた[9]」と述べられているように、「裸体」の習俗はすぐには消失しなかった。一八七七（明治一〇）年に来日したモースは、彼を横浜から人力車で挽いた車夫の様子について、「横浜市の市境線を離れると、とても暑かったので立止って仕事着を脱いで了った（市内では法律によって、何等かの上衣を着ていなくてはならぬのである）[10]」と、法令の及ばぬ範囲になるや否や「裸体」になる様子を描いているし、今西（一九九八）が詳しく述べているように、京都府においては、新政府に対して「徴兵断之事」などの要求にならんで、「裸体宥免之事」という「裸体」習俗の容認を要求した一揆も起こっている[11]。

そんな人びとの「裸体」禁止の最前線に立ったのが警官である。一八七八（明治一一）年にイギリスからの女性旅行者であるイザベラ・バードの記述から、警官による取り締まりの様子がうかがえる。

私の車夫は、警官の姿を見ると（中略）横棒のところに置いてある着物を慌てて着ようとした。また人力車を後ろで曳いていた若い男たちも、私の車の後ろに屈んで急いで着物をつけようとしていた。（中略）その日はたいそう暑かったので、私は彼のためにとりなしてやった。他の場合なら逮捕するのだが、外国人に迷惑をかけるから今日のところは大目に見よう、と警官は言った[12]。

このような警官による取り締まりは日常的に行われたようだ。たとえば、愛知県の『愛知県警察統計表』

■図7－2．愛知県における「裸体禁止令」に基づき静止を促した人数

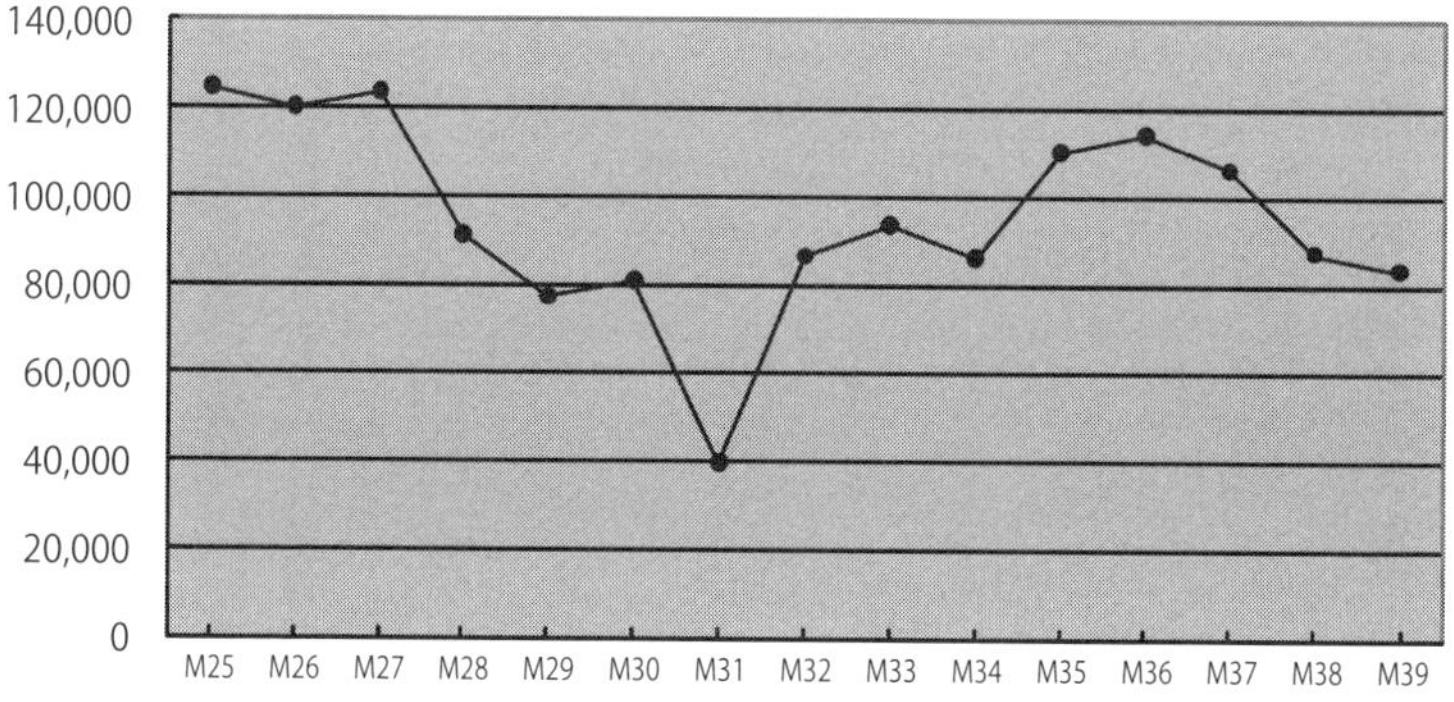

（愛知県警察部『愛知県警察統計表』より筆者が作成）

の「裸体」の制止を促された人数についての記載[13)]を見るとその件数はもっとも多い時期には年間延べ一二万件以上にものぼる（図7－2）。同じ警察統計表によると、明治二五年頃の愛知県の人口は一五〇万人程度であったから、最盛期には実に、一二、三人に一人ほどが「裸体」であることによる注意を警官から受けていた計算になる。このように、「裸体」習俗は警官による取り締まりの対象にはなったものの、すぐに消失したわけではなかったのである。

それでは、この「裸体」の否定は、全国にどのように伝播し、受容されていったのか。子どもの「裸体」を否定した存在としての「学校・教員」、大人の「裸体」を否定した存在としての「新聞」に注目しながら、そのプロセスを見てみよう。

二.「裸体」否定はいかにして全国に伝播したか ―学校と新聞が果たした役割―

子どもの「裸体」を否定した学校

一八七四（明治七）年に来日し、約二年間滞在したロシア人革命家メーチニコフが、「東京のかつての孔子の聖堂には、英語師範学校と皇后の特別の庇護を受ける女学校が設立されている。ちなみにこの女学校の監督を任せられている尊敬すべきアメリカ婦人は、日本人らしく半裸の女学生たちに即刻、男ものの袴、つまり縦縞模様の軍人用パンタロンをつけさせるのだった[14]。」と書いているとおり、学校は全国的に子どもの「裸体」を否定する最前線であった。小学校の生徒心得に着衣の規定として書かれた、「毎日ヨク顔手衣服等ヲ清潔ニシテ参校スベシ」[15]、「朝は早く起き先づ衣服を着かへ顔と手を洗ひ口を漱き髪を梳り尊長へ礼義をなすべし」[16]などとあるように、子どもが学校で「裸体」であることは許されなかったのである。その背景にはもちろん、「裸体」を野蛮なものとして見る外国人の視線があった。一八八一（明治一四）年に発行され、地区の小学生を対象とした生徒心得が収録された「学事諸規則」（開拓使函館支庁編）の第十七條の「体操場タリトモ肌膚ヲ露シ或ハ地上ニ座臥スル等野蛮ノ風アルヘカラス」[17]という表記からも、江戸末期以来、「裸体」を否定した根拠としての野蛮性が学校教育における「裸体」否定の根拠としても使われていることがわかる。

それでは学校における「裸体」否定はただちに受容されたのであろうか。一八八九（明治二二）年に教員によって投稿された雑誌記事を例に、その受容の状況をみてみよう。

私ハ山間僻地を以て音に高名き但北に住居して教育者の席末を汚して居る者で御座り升が常に皇国の風俗が頽廃して居るのを痛く嘆はしく思ひますれど到底現代人民の陋風を改良するのハ私共の力の及バぬ所なれども責めてハ第二代目の人民即ち今の児女等の陋風を改良するのハ教育者我々の責任だから是非共此責任を尽さなくてはならぬと同僚者とも屡々相談して之が実行を試みました[18]。

ここからは、「第二代目の人民即ち今の児女等の陋風を改良するのハ教育者我々の責任」と、学校が「裸体」をはじめとする古い習俗を改良する機能をもち、教員が先頭に立って、子どもたちの習俗改良に取り組んでいた様子が垣間見られる。それでは、その関わりの結果はどうだったのであろうか。引用を続ける。

(陋風改良のための教育を行うと) 着々其結果が現ハれまして一時私に喜びて居ましたが誠に一時の喜に帰しましたは実に遺憾の至りでありります　そハ何故かと申すと児女が在学中ハ模範と教訓に因りて其風俗も可なり見るへかりしも退学後世間の弊風に吹かれて漸次還原するのでありませす　そこで私ハ二代目の人民の陋風を改良するには父兄即ハち現代人民の陋風を改良せねば到底良結果を見ることハ困難であると考へ附きましても前申す通り仲々私等が微力の及バぬ所でありますか……[19]。

在学中は、「模範と教訓」によって改良されたように見えた陋習《ろうしゅう》も、一度学校を卒業すると、「世間の弊風に吹かれて漸次還原」してしまい、元の木阿弥となってしまう、というのが実際の状況だったようである。学校内の規則により改良された習慣は定着することなく、消えてしまったのである。そのため、投稿者らは、元を絶つことが必要だと、「父兄を集めて」あるいは「退学生を徴して」指導を行う必要があることをこの投稿の結論としている。

このように、学校は「裸体」を野蛮なものとし否定する学校規則により、子どもの「裸体」を否定しようとした。明治一〇年代から二〇年代にかけて、学校規則に服装などの規定が盛り込まれ、模範と教訓によってあるべき姿が明示された学校内においては「裸体」の否定はある程度機能したようだ。しかし、卒業後、その影響から逃れるや否や、子どもたちの習慣は元に戻ってしまい、その効果は消失してしまう、という意味ではその効果は限定的なものに過ぎなかった。人びとの暮らしの中に根付いた「裸体」は、学校教育という子どもの世界だけに通用するルール化・習慣化だけでは、否定し切れなかったのである。

それでは、学校教育を出た後の、大人の世界では「裸体」はどのように否定され、全国に広がっていったのだろうか。明治二〇年代以降の「裸体」否定の状況を、当時の「新聞」や警察の取り締まりの状況に注目しながら、みていこう。

大人の「裸体」を否定した新聞

以降では全国への「裸体」否定の広がりを追跡するため、主に、熊本県の地方紙『九州日日新聞』(一八八八・明治二一)年一〇月創刊、現在の熊本日日新聞)を取り上げて「裸体」否定の状況をみていく。最初に「裸体」に関する記述が出現するのは創刊翌年の夏、一八八九(明治二二)年六月の以下の記事である。

●裸体で罰金
市内川原町雑業大井辰蔵(三十八年)は裸体の儘店先に徘徊し再三査公の説諭を受けしことありしが

一昨日午後又た又た赤條々《あかはだか》となり居るを巡行の査公に見咎められ罰金二十銭に処せられたりとご注意ご注意[20]。

巡査からの再三の注意にもかかわらず「裸体」で居たために熊本県における県設違警罪のうち、「裸体禁止令」に違反したことにより罰せられ、科料を科された一人の男性に関する記事である。取り締まりの状況の記述とともに、「ご注意ご注意」との記述があるとおり、新聞は警察や教員と同様、「裸体」を否定し、その習俗を矯正することを意図したメディアであった。ただし、明治二一年の初出以来、「●裸体と袒裼　例年八、九月両月は裸体及び袒裼をなして違警罪を犯す者多き時期なるが今客月中当市警察署に於て関係せし右違警罪犯人数を掲ぐれば裸体六十八名、袒裼四十三名なりと[21]」など、取り締まりの統計資料を紹介した記事のほか、「裸体」を特に取り上げた記事はしばらく見られない。

ところが、一八九九（明治三二）年、状況が一変する。「裸体」に関する記事が突如、急増するのである。その皮切りとなるのが六月の以下の記事である。

▲お目玉
市内洗場一丁目菓子屋石崎直一（三十八）は一昨日店頭に両腰を抜ひて居つたので巡査のお目玉を頂戴してご法の通り[22]。

一八八九（明治二二）年六月のこの記事以降、ほとんど記事がなかった前年までとは異なり、七月、八月と立て続けに「裸体」を扱った記事が続く。記事を引用しよう。

●裸体になりて違警罪
市内寺原町字鴨丁山本辰造、玉名郡田原村字田原木村小太郎、飽託郡川尻町小林末吉、市内段山中山重吉、細工町四丁目指田武八、米屋町二丁目巽甚蔵の五名はお行儀の悪るいことを為したるにより何れも罰金[23)]。

●違警罪一括
飽託郡春日村岡本桂太郎　新鍛冶屋町二十番地古田末市　仝新出京町百六十二番地藤井伊吉　仝迎宝町六十九番地畑山義一　飽託郡春日村百九十番地西村嘉七　仝春竹村井上栄吉　市内昇町三十五番地町野勘四郎　仝横紺屋町十二番地吉見庄蔵　仝新町二丁目十番地江上末吉は何れも公衆の目に触ゝ処に於て裸体となり　飽託郡本庄村七十番地丸山末八は臀部を顕して街路をうねり行き　西外坪井町百六十番地林嘉平は去十六日午前四時頃北新坪井町街路に酔臥し居たるに依りご法の通り違警罪に処せらる[24)]。

このように、取り締まりの対象者を列挙する内容の記事が、連日掲載され続ける。掲載された日時とそこに挙げられた人物の人数をまとめると以下のようになる。

八月一二日　裸体：一七人(うち女性四人)、臀部露出：四人
八月一三日　裸体：四人、祖裼：三人、臀部露出：二人、その他罪目：二人
八月一五日　裸体：四人(うち女性一人)、祖裼：一人

八月一七日　裸体：二人、その他罪目：一人
八月二〇日　裸体：一人、袒裼：一人（女性）、その他罪目：五人
八月二一日　裸体：一人、臀部露出：一人、その他罪目：一人
八月二二日　裸体：四人、臀部露出：二人、その他罪目：一人
八月二五日　裸体：一人（女性）、その他罪目：三人
八月二九日　裸体：三人、袒裼：三人（うち女性一人）、臀部露出：四人、その他罪目：二人
八月三一日　その他罪目：二人
九月二日　裸体：一人、その他罪目：一人
九月三日　その他罪目：二人
九月六日　裸体：四人（うち女性一人）、袒裼：二人（うち女性一人）、臀部露出：五人、その他罪目：二人
九月七日　裸体：二人、袒裼：一人
九月一〇日　裸体：一人、臀部露出：三人、その他罪目：二人
九月一三日　裸体：一人、臀部露出：四人
九月二一日　裸体：四人（うち女性一人）、臀部露出：二人、胸部露出：一人、股部露出：一人、その他罪目：三人
九月二三日　その他罪目：二人
九月二七日　裸体：一人、袒裼：一人

（以上、『九州日日新聞』当該日の記事より）

この後約一ヶ月の間をおいて掲載された、一〇月二五日に、「飽託郡横手村字北岡三百四十八番地石山平八はご苦労にも此寒さにお臀を剥き出したるに依り査公の関係となる」[25]という記事まで、この年の「裸体」取り締まりへの集中的な言及は続く。このように、一八九九年には、新聞はあたかも「裸体」の違反者をつるし上げるように、集中的に違反者の報道を行い、「裸体」を否定していくのである。なお、この類の記事は、一八九九年に集中しており、一九〇一年以降はしばらく見られなくなる。

それでは一八九九年にこのような記事が急増した背景には何があったのだろうか。ここで注目したいのが、八月一〇日に掲載された以下の記事である。

●警察小事故
塩屋町裏一番丁五十三番地石井大次郎は臀部を露わして不体裁を極めたるに依りご法の通り　地蔵町十三番地車夫森川末吉は車建場に於て袒裼し居たるにより之も仝じく　洗場町三丁目十五番地米村寿吉は公衆の目に触るゝ処に於て裸体となりたるを以て之れ亦仝じく　近来人力車挽子にして不当の賃金を請求するものあるやにて殊に外人雑居の折土地不馴の彼等に対して寸分たりとも斯様のことありては不都合に付き其筋に於ては厳重に取締る由なり[26]。

ここで注目したいのが、「外人雑居」という言葉である。この時期の熊本に何が起こっていたのだろうか。その状況を当時の記事を引用しながら見ていきたい。

全国的な「裸体」否定熱を高めた「外国人の視線」の地方進出

「外人雑居」についての報道をしている記事の一つが、一八九九（明治三二）年八月四日の以下の記事である。

●改正条約の全部　実施は本日にあり

……吾人は今日にありて対挙条約の実施を慶祝するの情一段の深大なるあると同時に雑居の外人を迎へて之を利用し之を操縦し彼を致して彼に致されざるの準備を整頓するの必要頗る深切なるを信ずるなり吾同胞の外人を待つ博大の襟度を披いて之を迎ふると同時に自主的精神を執りて彼を待たんことを欲するなり改正条約の実施に臨んで吾人の感懐略此くの如し[27]。

一八九九年は、一八九四（明治二七）年に結ばれた改正条約（領事裁判権の撤廃・対等の最恵国待遇・関税自主権の一部回復）が発効した年にあたる。これに合わせて外国人居留地制度が廃止され、外国人には「内地雑居」が認められるようになったのである。そのうえ、この「九州日日新聞」のお膝元である熊本の三角港は、開港されることとなる。以下は、それに関する記事である。

●開港場二十二港

既電の如く政府は従来開港場横浜、神戸、大阪、長崎、新潟、函館の外更に特別輸出港の二十二港を関税法施行の日即ち来八月四日より開港することに決し去る十二日の官報を以て公布せられたり其港

名左の如し

駿河　清水港	尾張　武豊港	伊勢　四日市港	筑前　門司港
筑前　博多港	肥前　唐津港	肥前　口の津港	肥後　三角港
対馬　厳原港	長門　下関港	対馬　佐須奈港	対馬　鹿見港
琉球　那覇港	岩見　濱田港	伯耆　境　港	丹後　宮津港
越前　敦賀港	能登　七尾港	越中　伏木港	後志　小樽港
釧路　釧路港	膽振　室蘭港[28]		

一八九九（明治三二）年、熊本の三角港は開港され、外国人が訪れるエリアの一つとなったのである。これにより、「九州日日新聞」は先に挙げたように、「準備を整頓するの必要」をしっかりと満たし、「吾同胞の外人を待つ博大の襟度を披いて之を迎ふる」のはもちろんのこと、「自主的精神を執りて彼を待たんことを欲する」と自主的な風俗の改訂を呼びかけたのである。その文脈で、「裸体」は以下の記事で指摘されるように、醜い風俗の象徴として攻撃の対象となる。以下の記事でその主張を見てみよう。

●公徳の養成風俗の矯正に就て

……風俗は之を栓ずれば或る一の習慣たるに過ぎざれども風習の如何は直に其人の心事を徴するを得べきが如く社会も亦其風俗の如何によりて共通の社会精神を察するを得ずとせず……更に風俗如何を顧みるにしないに在つては白昼店頭に袒裼するもの、裾高く躡くゝ者胸部脛脚を露出するもの往々あり地方に於ては啻に是れのみならず婦人すら湯具一片の外全く裸体なるものあり淫猥の歌を放歌する如きは挙けて数ふ可からざるなり是れ果して善良なる風俗と云ふを得べきか殊に内地雑居も目前に見るの今日外人をして之を見之を聞かしめば夫れ何とか之を評せん吾人外人にあらざるものと雖も之を醜と呼ばざるを得さるなり……[29]。

白昼店頭における袒裼や胸部脛脚の露出、あるいは婦人の「裸体」などを挙げ、内地雑居により外国人がこれを見たり聞いたりすれば、「醜」と評価するに違いないと、その風俗を矯正する必要性を論じ、「裸体」を攻撃しているのである。同時に、警察においても「裸体」などの風俗矯正は重点的な実行項目となることが、以下のように述べられている。

（中略）本県警察に於ては夙に茲に見るあり単に法律規則の励行をのみ主とせず必らず先づ其主旨のある所を知らしめんが為め公徳の養成風俗の矯正等に付て市内各地方の人びとを会して其方法を講求し且実行せしめんが為め協議会を開くことゝし去る三十日は高野市警察署長、坂本保安課長、佐々布市助役等列席し該会を専念寺に開き一昨晩は新町忘吾会舎に昨晩は廣町正廣寺に之を開き本日は午後七時より京町正廣寺に之を開き京町及出町の重なる人びとを協議せしむと云ふ

風俗改善の必要性を人々が理解し、それを実行できるようにと、熊本県警察部で、警察署長、保安課長、助役などを集めて、その手段を講じるための会がもたれている、というのである。実際、一〇月五日の以下の違警罪の件数からも、「裸体」が厳しく取り締まられている様子がわかる。

●客月中の違警罪数

当市警察署に於て客月中取扱ひたる違警罪数は二百三十七件にして其重もなるものは街路又は店頭等公衆の目に触るゝ処に於て袒裼、裸体及び臀部を露はしたるもの百三十三、街路に於て牛馬諸車を横へ行通の妨害をなしたるもの二十六、街路便所のあらざる所に放尿したるもの十三、人力車挽子にして執業中服装を乱したるもの十一、三間未満の街路に馬車を牽き入れたるもの十五等なり[30]。

九月の違警罪による取り締まり二三七件のうち、「裸体」に関するものが、一三三件を占める状況であったのである。この前年の八月と九月を合わせた取り締まり件数、「裸体六八名、袒裼四三名」をこの年は九月だけで超えており、取り締まりに力が入れられていることがわかる。

もちろんこれは、熊本に限ったものではない。他のエリアでも同様の取り締まりの強化が起こっている。一八九六〜九八年までの三年を「雑居前」、一八九九〜一九〇一年までの三年を「雑居後」として比較する(雑居前後とも二ヵ年以上のデータが確認できた府県のみ)と、以下の表7－2のようになる。これをみると、一二府県のうち、一〇府県において「裸体禁止令」によって取り締まりの対象となった人数が増加していることがわかる。特に注目すべきは、地方における件数の伸びである。「内地雑居」に伴う外国人の視線の地方進出が、各地の警察による「裸体」否定を加速させ、それを後押しするような形で新聞が啓蒙機能、懲罰機能を担ったということができよう。

このように、江戸末期に始まった「裸体」の禁止は、明治初期に布達の形で伝えられて以降、ここに至って本格的に全国に広がっていく。その禁止は、本来「外国人」が出入りする横浜から始まったことからもわかるように、常に日本人を見る、外国人の存在を意識したものであった。その意味で、一八九九年の

■表 7－2. 雑居前後 3 年における「裸体禁止令」取締人数の比較[31]

	鹿児島	福岡	沖縄	高知	静岡	長野	東京	群馬	栃木	山形	岩手	福島
雑居前 3 年	159	1452	2	494	285	78	596	211	30	210	12	29
雑居後 3 年	432	1203	1	867	317	168	1246	320	48	687	23	83

「外国人」による内地雑居が、「裸体」の取り締まりを過熱させたというのは、当然の流れであった。新聞は、外国人を迎えることを意識して、その風俗改善を訴えるとともに、「裸体」禁止令の違反者の対象者を連日報道するような形でその動きを後押しした。こうして「裸体」は、外国人の広がりとともに、全国的に否定されるに至ったのである。ただし、毎年の取り締まり件数がただちに減っていないことからわかるように、「裸体」はただちに消失したものではなかった。

　それでは「裸体」の否定はいかにして人びとに受容されるにいたったのか。次の節ではそこにつながるポイントとして日露戦争の時期に着目し、その変化を簡単にみていきたい。

三.「裸体」否定理由の変化―日露戦争と「裸体」―

日本人の見た外国人の「裸体」

「裸体」の受容を考えるにあたり、日本人自身が外国人に対して向けたまなざしを見ておこう。以下は、日露開戦を受けて、足立北鴎（荒人）という人物が出版した『野蛮ナル露国』という書籍の中の「海水浴の裸体男女と湯屋の男女混浴」を扱った記述である。

露国に於ける男女関係は実に鼻摘みである。其の一例を挙ぐると、土耳古を除いて他の欧羅巴諸国では男の前で女が肌を露はすといふことは断じて無く、また女の前で男が肌を露はすといふことも決して無い、女が化粧する時など、厳に扉を鎖して、他人に窺はせないのは無論であるが、露西亜では男の前で裸体になる女、女の前で裸体になる男、それが平気な顔をして居るには驚く[32]。

ここでは、ロシアにおける「裸体」がヨーロッパ諸国のそれと比較して述べられており、ヨーロッパ諸国が「男の前で女が肌を露はすといふことは断じて無く、また女の前で男が肌を露はすといふことも決して無い」一方で、ロシアでは「男の前で裸体になる女、女の前で裸体になる男、それが平気な顔をして居る」と、その習俗を述べている。さらに引用を続ける。

夏季に海水浴へ行つて見ても、西欧羅巴の諸国では男女が海水浴をやるには必ず肌衣を纏ふて居る。足の先きと首から上との外は肉体を露はさない。そして其の肌衣も日本で用うるやうな薄い、白いのでは乳房の辺などが透いて見えるから、厚くて白くないものを用うるので、それから其の肌衣も決して遠方から着て出かけていくのではない[33]。

海水浴においても、ヨーロッパでは足の先と首から上しか肉体を見せず、海水浴に用いるような水着も遠くから着ていかないということが指摘されている。一方、ロシアについては次のように記載がなされている。

それを露国の海水浴場ではこんな設備がないのみならず、身に一布片を纏はない男女が大手を振りながら海へ入る。そして海水浴場のある処は大抵遠浅であるから、陸地より海中へかけて長い橋が渡してある。其の橋の上を赤裸々の男女が相前後して歩いて行く状は、宛然太古の景色である。天の浮橋時代の光景である[34]。

ロシアでは「赤裸々の男女が相前後して歩いて行く」とし、それを「太古の景色である」と評価する。さらにそれらに対して、「人類中にもこんな野蛮な、無恥なものがあるか」という評価を下す者があるとしている[35]。ここでは、「裸体」の露出度を「文明―野蛮」を測る物差しとし、「裸体」を人目にさらすことをしようとしない「ヨーロッパ」を最上位に置いて、さらに「裸体」も厭わず海水浴を楽しむ「ロシア」を野蛮として下位に位置づけている。開国当時は日本をまなざし、評価する主体であったロシアを、今度は日本の側が、「裸体」という観点から野蛮視する、という構図が現れたのである。もちろん、日本人が他国の「裸体」を評価する、という視点自体はこれ以前からもあった。たとえば、一八八九（明治二二）年には、「欧米人を始め我々がインド若くはアフリカ地方の風俗を観て、蛮野なりとするものハ即ち其裸体赤脚等、外部に現ハるゝものを見て之を評するに過ぎず[36]」と、インドやアフリカの風俗を取り上げて、その野蛮性は「裸体」に起因するという論が展開されている。ただ、それに続く論は「若しインド及アフリカの人にして衣を纏ひ、靴を穿ち、欧米人及我々と形姿を同ふせば、之を評して悪風醜俗野蛮なりとの語を下ださゞるならん」と、日本の風俗はまだ改良されねばならない、という日本はまだまだ野蛮な風俗にある、ということを前提としたものであった。一方、この『野蛮ナル露国』の中では、日本が文明国ロシアの野蛮性を指摘し、落としめる根拠として、その身体的装いを持ち込んでいるのである。

江戸末期以降、「裸体」を野蛮と見なす外国人の目に配慮した日本人は、今の日本の習俗は「野蛮」であるという前提に立ち、自らの「裸体」を否定し続けてきた。しかし、日露戦争期に至り、身体的装いを軸に他国の野蛮性を指摘し、攻撃の対象とするという論が出てきたのである。この背景には、東京などの都市部を中心とした「裸体」否定のある程度の完成がある。例えば一九〇一（明治三四）年の東京朝日新聞の記述には、「普通の人の尻端折さへ少し高過ぎる時は違警罪に問はれ、査公の叱責を受くる今日とて股脚を露す者は日増に減じ、警視庁の取締方大分効力を示して居」るという記事が書かれている[37]。このように、「裸体」否定は外国人との接点が多かったエリアを中心に完成されつつあったのである。

それでは、それに続く地方はこれをどう内面化していったのか。新聞などの論調を改めて確認していこう。

「裸体」を否定する主体の変化――「一等国」意識

日露戦争の終戦後、日本の「裸体」をはじめとする習俗への意識はどう変わったのか。一九〇五（明治三八）年八月二四日の『九州日日新聞』に掲載された、「一等国」という社説には、日露戦争を終えた当時の日本人の意識の変化が垣間見られる。

日本は今や露西亜の強大国を破りて優に世界一等国の伍伴に躋りたり、列強は今後東洋に志を伸ばさんとすれば、必ず先づ日本の鼻息を伺はざる可らざる迄に優越の地歩を占めたり、日本の勢望と地歩とは、一躍して突飛の昂騰を為せるを認む可き也、国としての資格が此くの如く昂騰したるに伴うて、国民としての資格は、果して能く世界一等国民のそれと比較して、毫も遜色なきを得るか、如何

こうして、国としての自信を深めた人びとは、一等国に相応しい公徳を身につけ、「欧米人と手を執て翱翔し、毫も凝滞する処なく寧ろ彼を誘掖感化する程の雄渾なる意気を有」し、「世の先覚の士、及び教育の任に当る者」にならねばならないとの自意識を持ち始めたのである[38]。この意識は、さらなる「裸体」への攻撃を呼び起こす。一九〇五年八月に掲載された「裸体」に関する記事である。

●はがきたより
俘虜将校散歩して日本風俗評を為した中に一体には優美なれど水前寺にて身巻一つに肌着一貫で殆んど腹部も打出して居るのは支那人にも見ないといつた慮外ながら、聞棄てにもならぬ哩（矯正子）[39]。

捕虜であるロシア人将校が「肌着一貫で殆んど腹部も打出して居るのは支那人にも見ない」と、中国と比較する形で日本の「裸体」をまなざしていることに対して「慮外ながら、聞棄てにもならん」ず、「矯正」すべきだと主張される。このように、他国との文明度を測る比較軸の中で、「裸体」が語られ、その中での優位性を築くためにも「裸体」は矯正されねばならないと訴えられているのである。また、この翌年には、一九〇〇年以降しばらく誌面上に見られなくなっていた、「裸体禁止令」違反者を記載した記事も以下のような形で復活する。

▲告発　市内小澤町柳邊才八（二四）は一昨日裸体になりて◎細工町五丁目田原商店の雇人原田武熊（十八）は昨日祖裼して、◎春日町字方日坂口松太郎（四十三）は胸腹部を現はして◎同町古道後藤卯八妻お鳥（三十三）は街路上に小供の小便をまらして◎呉服三丁目騎馬惣一は胸腹部を現はして[40]

▲告発　市内塩屋町小山登（十八）下職人町益雪方雇人荒川末吉（二十三）同田辺角次（二十一）三名は一昨日孰れも店頭に裸体になりて[41]

▲告発　市内阿弥陀寺町阪本信三郎妻フク（二十）は一日の中に祖裼と裸体になり巡査の説諭を用ゐざるより◎市外本山村林田猪之助は塩屋町今金屋前にて通行妨害の為め告発されたり[42]

「裸体」が集中的に取り上げられた一八九九年と比較するとその数は少ないが、「裸体」禁止令の違反者の記事が日露戦争後に復活するのである。「一等国にふさわしい公徳を身につける」ということが意識される日露戦争後には、一等国としての公徳に反する習俗として「裸体」は否定されるに至るのである。警察統計に見える実際の取り締まり件数についても、地方を中心に日露戦争後にその件数を増やしていることがわかる（表7－3）。

このように、日露戦争後の一等国意識などを機に「裸体」の否定は、外国人の「裸体」を野蛮と見る外的なまなざしへの配慮に比重を置いたものから、他国との比較の中で自律的に「公徳を身につけねばならない」という内面的な意識に比重を置いたものへ変化し、全国的な定着への一歩を踏み出したのである。

■表7－3．日露戦争前・中・後に年間における「裸体禁止令」違反者数の平均 43)

	日露戦前（1902、3年）	日露戦前（1904、5年）	日露戦前（1906、7年）
鹿児島	297	363	333
山形	279	359	794

四．おわりに ―「裸体」習俗の変容とさらなる課題―

幕末の開国をきっかけとして外国人の〝まなざし〟にさらされたことにより禁じられることとなった日本の「裸体」習俗が辿った足取りについて、明治中期から日露戦争後の資料における「裸体」習俗に関する記述を分析の中心としながら、追跡してきた。その内容を要約すると以下のとおりとなる。

①開国を契機とした「裸体」を不快なものと見る「外国人のまなざし」が、近代日本政府によって「裸体」習俗を禁止させるに至った。

②子どもに対する「裸体」否定の伝播ツールの一つには、学校教育の現場が使われた。例えば、体操場や教室などで「裸体」は矯正されるものとして捉えられ、指導がなされた。しかし、その影響は限定的なものに留まり、家庭に帰ったり、卒業したりすると、そこでの指導は効果を失い、学校教育の現場が「裸体」習俗解体の切り札になることはなかった。

③地方社会に対する「裸体」否定の伝播ツールの一つとして、新聞が大きな役割を果たした。とくに、一八九九（明治三二）年の条約改正発効に伴う新たな開港地の設置と、内地雑居の開始により「外国人のまなざし」が地方に進出し、「裸体」習俗を取り締まる波が地方に広がるきっかけとなった。開港地が設置された熊本県の『九州日日新聞』は啓蒙・さらには懲罰を加える仕方で、その否定を強化した。

④日露戦争をきっかけに、これまで日本の「裸体」習俗を評価する主体であった列強の一角であるロシ

アを、逆に「裸体」であることを指標にして野蛮視する言説が登場した。また、自国を一等国として見なす意識が芽生えることで、適切な礼儀作法を身につけた国民であることが内発的に要求されるようになり、「裸体」の否定はより内発的な形で全国に定着していった。

これらから、「外国人のまなざし」をきっかけに近代日本が禁じようとした「裸体」習俗は、法律による取り締まりだけではなく「学校」「新聞」などを通してもその解体を促進させられたが、「裸体」習俗が全国的に受容される土壌が整うためには、日露戦争などを契機とする人びとの内面の変化を待たねばならなかったといえよう。

ただし、本章においては主に参照した『警察統計書』と、『九州日日新聞』など、指導者側が作成した資料であるという性質上、その考察にも限界があるといわざるを得ない。近代日本が作り上げようとした身体がいかに人びとの中に浸透したのか、を考える上では、さらに人びとの内面の変化などについても考察を加える必要があるであろう。また、近代日本が作り上げた身体がいかに日本人の中に根付いていったのかを跡付け、その特徴をさらに際立たせるためにも、日本以外の国々における「裸体」の捉え方や、日本が植民地支配を敷いた台湾や朝鮮半島などに向けたまなざしについても検討する必要があろう。これらについては今後の課題としたい。

（竹田 直矢）

■文献

1▼大日方純夫『明治初期警視庁・大阪府・京都府警察統計』柏書房、一九八五年。警視庁『警視庁統計書』クレス出版、一九九七年。

2▼奥武則『文明開化と民衆 ―日本近代精神史断章―』新評論、一九九三年、八頁。

3▼サミュエル・ウェルズ・ウィリアム 著/洞富雄 訳『ペリー日本遠征随行記 新異国叢書 八』雄松堂書店、一九六〇年、三〇三頁。(S.WELLS WILLIAMS. A JOURNAL OF THE PERRY EXPEDITION TO JAPAN. (1853-1854). 1910.)

4▼V・F・アルミニヨン・大久保昭男 訳『イタリア使節の幕末見聞録』新人物往来社、一九八七年、九四頁。(V.F. Arminjon. Il Giappone e il viaggio della corvette Magenta nel. 1866. 1869.)

5▼J・R・ブラック/ねず・まさし・小池晴子 訳『ヤング・ジャパン 二 横浜と江戸』東洋文庫一六六、平凡社、一九七〇年、一五七―一五八頁。(John Reddie Black, Young Japan. 1800.)

6▼スティーヴン・カーン/喜多迅鷹・喜多元子 訳『肉体の文化史』法政大学出版局、一九八九年、一五頁。(Stephen Kern, ANATOMY and DESTINY A Cultural History of the Human Body. 1975.)

7▼同書、一九―二〇頁。

8▼東京都 編集・発行『東京市史稿市街篇 第五十二』一九六二年、五七五―五七六頁。

9▼横浜市役所『横浜市史稿 風俗編』一九三二年、八九九―九〇〇頁。

10▼モース/石川欣一 訳『日本その日その日 二』平凡社、一九七〇年、一五六―一五七頁。

11▼今西一『近代日本の差別と性文化』雄山閣出版、一九九八年、一六三―一六九頁。

12▼イサベラ・バード/高梨健吉 訳『日本奥地紀行』東洋文庫二四〇、平凡社、一九七三年、一七五頁。(Isabella L. Bird, Unbeaten Tracks in Japan. 1885.)

13▼愛知県警察部『愛知県警察統計表』より作成。

14▼メーチニコフ 著・渡辺雅司 訳『回想の明治維新 ―ロシア人革命家の手記―』岩波書店、一九八七年、二六九頁(レフ・イリイッチ・メーチニコフ「日本における二年間の勤務の思い出」一八八三―一八八四年)。

15▼文部省 編『小学教師心得』師範学校刊、一八七五年。『明治大正「教師論」文献集成 第一巻』ゆまに書房、一九九一年、九七頁。大分県第五課 編『大分県小学生徒心得』一八七八年、七頁。

16▼神奈川県学務課 編『神奈川県小学生徒心得』金港堂、一八七九年、二頁。

17▼開拓使函館支庁 編『学事諸規則』魁文社、一八八一年、二五七頁。

18▼『大日本風俗改良会会誌』第拾弐号、一八八九年、一六頁。

19▼同書、一八八九年、一六―一七頁。

20▼『九州日日新聞』一八八九年六 月六 日付。

21▼同紙、一八九八年八月三日付。

22▼同紙、一八九九年六月一四日付。

23▼同紙、一八九九年六月三〇日付。

24▼同紙、一八九九年七月一九日付。

25▼同紙、一八九九年一〇月二五 日付。

26▼同紙、一八九九年八月一〇日付。

27▼同紙、一八九九年八月四日付。

28▼同紙、一八九九年七月一六日付。

29▼同紙一八九九年九月二日付。

30▼同紙、一八九九年一〇月五日付。

31▼鹿児島県警察部『鹿児島県警察統計表 明治二九—三四年』。福岡県警察部『福岡県警察統計書 明治二九—三二、三三、三四年』。沖縄県警察部『沖縄県警察統計表 明治二九—三四年』。高知県警察部『高知県警察統計表 明治二九—三五年』。静岡県警察部『静岡県警察統計表 明治二九—三三年』。長野県警察部『長野県警察統計表 明治二九—三四年』。警視庁『警視庁統計書 明治二九—三二年』。群馬県警察部『群馬県警察統計表 明治二九—三四年』。栃木県警察部『栃木県警察統計表 明治二九—三四 年』。山形県警察部『山形県警察統計表 明治二九—三四年』。岩手県警察部『岩手県警察統計表 明治二九—三四年』。福島県警察部『福島県警察年表 明治二九年』『福島県警察統計書 明治三〇—三三年』より作成。

32▼足立北鴎(荒人)『野蛮ナル露国』集成堂、一九〇四年。一三頁。

33▼同書、一三—一四頁。

34▼同書、一五—一六頁。

35▼同書、一六頁。

36▼織田純一郎「風俗改良の方法ハ如何ん 東京の客舎にて」(『大日本風俗会会誌』第拾弐号、三頁 所収)、一八八九年。

37▼中山泰昌 編『新聞集成明治編年史 第十二巻 日露戦争期』財政経済学会、一九三六年、二九〇頁。

38▼『九州日日新聞』一九〇五年八月二四日付。

39▼同紙、一九〇五年八月二日付。

40▼同紙、一九〇六年七月一九日付。

41▼同紙、一九〇六年七月二四日付。

42▼同紙、一九〇六年八月一日付。

43▼鹿児島県警察部『鹿児島県警察統計表』(ただし、一九〇七年は『鹿児島県警察統計書』)、山形県警察部『山形県警察統計表』博聞社より作成)。

第八章

経験と切り離された身体の行方

健康をめぐる近代的身体の一断面

一九世紀後半に先立つ近世養生論が「衛生」概念の導入によって変化したプロセスは、すでにいくつかの研究で検討がなされている。ここでは、それらの研究の蓄積を確認しながら、近代化によって背負った課題が、後にどのような格闘史として展開されたのかに注目する。とくに、一九三〇年代後半から第二次世界大戦終結までの日本の学校における健康教育教科成立の基盤形成過程を中心に詳述し、学校に「健康教育」が導入された意味を検討することで、近代的身体が形成される一端をみていきたい[1]。

一．経験と分断された健康の知

養生から衛生への変容にともなう健康観の変化

はじめに、「衛生」概念の受容による近世後期養生論の変容過程を概観しておきたい。

一九世紀後半に先立つ近世養生論が近代化に伴う「衛生」概念の導入によって変化した健康観、そして、この変化によって背負った課題については、瀧澤利行や成田龍一によって既に検討がなされている。両者の説明によりながら「養生」から「衛生」への近代的変容について確認してみよう。

近世養生論に変わり、新たな健康形成概念として登場した「衛生」は、コレラに代表される外来の健康阻害因子から国家を防衛する意図を内在化し、個人における健康の達成と国家全体における健康の達成を、同一の原理によって推進することを示した概念であった[2]。その特徴は、「養生」が内面の倫理として機能し、経験知と結びつくのに対して、「衛生」は、制度化の方向をもち、主体に対して外部からの強制として人々の前にたちあらわれた[3]。そして、「内面的規範として一人一人に自己の振る舞いを自覚させるとともに、公共性の名のもとに上から人々に覆いかぶさる。加えて、この過程は「文明」として進行し、「衛生」の規範に従わない人々は軽視され、さらには強制力をもって排除される。人々は否応なく養生論の世界からひきずり出され、衛生の世界につれこまれ、それぞれの身体を衛生的価値に馴致し、衛生的世界の仕組みと価値を学習せざるをえない[4]」状況をつくり出した。そして、「近代国家としての明治日本で「養生」と「衛生（Regimen）」が並立するに至って、日本の健康思想は新たな局面を迎える。個人の健康形成概念としての「養生」と集団ないし社会の健康形成を理念型としてきた「衛生（Hygiene）」とが混淆する過程で、明治の日本では、きわめて特異な概念統合がなされた。儒教的な「修己治人」観と西洋近代の「社会進化論」がとりあえず論理的に整合化されて、きわめて特異な「養生」と「衛生」の理念的結合が行われた。個人から国家への漸層化が一見論理的に矛盾なく行われ[5]、しかも「養生」における「自己主義」は、修練、鍛錬という方法的原理の基礎として温存されていった。個人の「養生（衛生）」は国家の「養生（衛生）」の必要不可欠な単位となった[6]」のである。

このように、近代日本における「衛生」概念の導入は、近世養生論と論理的矛盾なく理念的結合がなされながらも、一方で民衆知・経験知（idea）と切り離された新たな情報（information）として人々の前に現れた[7]。衛生社会への参加を暗黙のうちに義務と課す「衛生」概念は、具体的には公衆衛生政策として展開され、'Public Health' を「公共衛生」ではなく「公衆衛生」と翻訳されたように[8]、衛生習慣を有する「民衆」の育成と社会参加を想定し、その普及と啓発の期待を概念の内に含んでいた。

そのため、学校における「衛生」の啓発・教育機会についても、その導入は必然であり、早くは一八七二（明治五）年の「学制」に「養生法講義」、そして「小学教則」（一八七二年）には「養生口授」が科目として位置づけられた[9]。しかしながら、明治期から大正中期までの公衆衛生政策は、衛生知識の普及よりも公衆衛生制度と環境のインフラ整備を優先したことから、「学制」以降の「教育令」（一八七九年）、「改正教育令」（一八八〇年）、「小学校教則綱領」（一八八一年）では「養生口授」は姿を消した。改めて「衛生」の教育に注目が集まるのは、一九二〇年代であり、環境管理によって解消が難しい側面、そして予防することができない点を人々の衛生的社会参加（participation）によって補おうとした。

成人を対象にした衛生知識の普及機会は、「衛生展覧会」や「ラジオ体操」などのイベントと関連づけて展開された[10]。こうした積極的な取組も、職業や年齢、階層、生活圏を異にする人々に対して一様に知識を普及させる機会を確保することは難しく、国民皆学として設置された学校に視線が向けられることとなった。子どもに「衛生」の教育を行い、子どもを介して家庭にまで衛生知識を普及させようとする学校衛生改革は、一九二〇年代より顕在化し、右に示した背景から促進されている。

学校における衛生知識の普及――「健康教育」の導入――

文部省の学校衛生政策は、一九二〇年代から興隆する学校健康教育運動（以降、「健康教育運動」と略す）によって、学校衛生から「健康教育」への転換を進め、インフラ整備と特定の病弱児童に対する疾病予防（対策）から多数の一般児童に対する健康増進へとその内容と対象を拡張させた。この転換は、結核をはじめとする感染症の予防メカニズムが明らかになることによって政策・制度化され、予防のために健康知識・技術を提供し、個々のライフスタイルについて、合理的に自己コントロールすることが求められた。さらに、後の展開において、予防を超えて健康増進が叫ばれ、積極的に健康を獲得する能動的主体の形成が目的化された。

「健康教育」の導入は、疾病の予防と健康増進を推進するプロセスとしてみることができるが、一方で画一的ライフスタイルの普及を進めることによって、均質的な健康空間（生活世界）を形成する機能としての役割をも果たしている。

本章では、「養生」から「衛生」への近代的変容のなかで負った課題として、自己修養が修練・鍛錬として顕在化した一九二〇年代からの学校衛生改革に注目する。特に、学校における「健康教育」の導入による構造の変化に着目し、戦前昭和期健康教育運動の延長線上に展開された戦時下改革過程を叙述することによって、健康観の近代化がもたらした経験から切り離された健康の行方について詳しくみていきたい。

二、健康教育運動の興隆

健康教育運動の普及と役割

日本の学校における健康教育運動は、一九二〇年代に展開された第一回明治神宮競技大会(一九二四年)、第一回全国体育デー(一九二四年)といった文部省の体育政策、そして体育研究所の設置(一九二四年)など、第一次世界大戦を背景とした体育政策の隆盛に起点をもっている。

体育政策が具体化される中で、文部省は欧米の健康教育実態調査を行い、一九二七（昭和二）年に米国の'Health Education'を翻訳紹介した学校衛生叢書『衛生教育』[11]を編纂している。この叢書の刊行以降、学校衛生関係雑誌には、衛生教育実践の紹介がみられるようになる。一九二〇年代の健康教育運動における展開においては、健康教育機会の確保が検討されていた。後に、帝国学校衛生会の協力によって全国的普及の基盤が形成されると、各地の学校において徐々に健康教育の内容が検討され、各学校が独自の衛生教授訓練要目を作成するに至った。

衛生教授訓練要目は、当初、健康習慣の心得として項目が列挙されるだけであったが、地域学校衛生関連団体が指定するモデル校を中心に実践が試みられることにより、一九三六(昭和一一)年頃までに、学年別編纂要目、そして月別編纂要目として、詳細なカリキュラムへと発展している[12]。

健康教育運動の展開においてインパクトをもった米国C・E・ターナーの健康教育論は、文部大臣官房体育課の吉田章信、同学校衛生掛の大西永次郎、東京市特別衛生地区保健館の野津謙といった文部省・厚生省関係者が積極的に受容・普及に努めたことによってムーブメントの展開に大きな影響を与えている。

健康教育運動は、それまでの学校衛生を教育的機能のもとに再編成する役割(「広義健康教育論」)とHealth Instructionを強調し、衛生教授訓練要目の充実を図る役割(「狭義健康教育論」)の二つの展開に大きな影響を与えた。

郷土の健康教育計画と地域格差の是正

健康教育運動では、子どもの健康問題を解決するために、地域性を重視した。これは各地でみられる疾病が、トラコーマ、寄生虫感染、齲歯、結核等、「都市」や「農村」によって罹患・流行の様子が異なっていたこととともかかわっている。

野津謙はターナーの健康教育論を受容し、次のように、地域性を重視した考えを示している。

「日本は中央集権で、東京が中心ですが、東京でやっている事を何でも田舎へ持って行って直ぐあてはめ様とする傾向が有りますが、之は慎み度い事であります。実際虚弱児童は東京が中心で一番多いのですからね。或ひは他処で歯磨訓練をやって居るから此処でもやらねばならぬと言ふ様な事は正しい健康訓練ではありませんので、寄生虫の多い地方では其の撲滅を目標にして訓練してよいのです。つまり精神と肉体を強くする事が主眼ですから、郷土に合ふ様な方法でやって戴き度い。次に学校的と言ひますのは、校長、訓導に依って異るのでありますが、兎に角学校の現在に即した方法でやる事です[13]」

以上のように、地域性を強調した「健康教育」の展開を提案している。

米国の 'Health Education' の受容によって一九二〇年代から一九三〇年代に日本の学校で展開された「健康教育」は、教科や制度に支えられることはなく、各学校が郷土の実情に合わせてカリキュラムを作成することにより実践されている。このことは、ターナーがモルデン市で展開した「健康教育計画[14]」(Malden Studies) に範を得ているが、日本社会への導入に際しては、明治以降、トップダウンで導入されてきた近代学校教育システムの前に、学校・教員側から地域格差是正の声があげられた。

地域性を生かした「健康教育」実践は、その多くが道府県におかれていた学校衛生技師や各地域におかれた学校衛生関連団体の指導の下で展開されている[15]。

「健康教育」の普及が遅れた地域や独自に「健康教育」カリキュラムを作成できない学校では、衛生教

■図8－1．C.E.ターナーの来日―皇居にて―
（左より、吉田章信、斎藤潔、ターナー、１人抜いて、野津謙、大西永次郎）著者所蔵

授訓練要目の作成に苦慮するばかりではなく、「健康教育」の理解もままならない状態であった。

地域格差の是正については、学校衛生調査会、学校衛生主事会議（後に学校衛生技師会議）、全国聯合学校衛生会総会等の会議において[16]、文部省に対して「健康教育」をナショナルカリキュラムに位置づけるための建議が検討されている[17]。

帝国学校衛生会や文部省は、「健康教育」の理解が十分ではない状況に、社団法人生命保険会社協会の協力を得て、Ｃ・Ｅ・ターナーを招聘（一九三六年）するなど（図８－１）[18]、健康教育の普及と拡大を模索するが、その後も地域格差は是正できなかった。

一方、「健康教育」に積極的に取り組んでいるとされる地域においても、「健康教育」は「学校衛生」の概念と同一視されるなど、共通理解に課題を抱えていた。この点について、野津謙は、当時の学校の様子を次のように語っている。

「私共が学校へ参りまして、校長さんに、「あなたの学校は健康教育・学校衛生に就いてどの位やって居られますか。」と聞きますと私の学校には太陽燈が有りますとか、毎日体温を測って居りますとか色々お応へになりますが、然し学校を病院と同じに取扱はれては大違ひだと思います[19]」

右のような例を挙げて、学校では未だ学校衛生施設・設備の充実のみに力を入れており、「健康教育」の考え方が十分に理解されていないことを指摘している。

同様に、広島高等師範学校訓導の中尾勇は、健康教育運動の中で理解されてきた「健康教育」の概念について、「養護」、「学校衛生」、「体育」の各概念との関係を検討し、あらためて「健康教育」の導入が必要であることを強調している。

「少くとも今日の時代的要求としての健康教育は、も少し広い概念の上に立たなければならぬ。従来用ひられて来た養護も学校衛生も、体育もすべてその内容として包摂されるものと思ふ。即ち健康教育とは一般児童を対象として、積極的に鍛錬をなし、身体の諸機能を増進する所の体育運動と、更に児童は個々にその身体的状況を異にするものであるから、その身体状況に合するが如き、個別的考慮に基づく学校衛生がその内容となり、その方法は或は教授により健康知識を開発し、訓練によって生活の指導と良習慣の保持をなさしめる事こそ、健康教育の真意義なりと解するものである[20]」

中尾が整理した「健康教育」概念は、健康教育運動によって受容したターナーの健康教育論そのものの解釈であり、同論が、日本における「健康教育」の導入に与えたインパクトをそのまま表現している。一九三九（昭和一四）年に、このような概念整理がなされていることは、「健康教育」は一部の学識者には理解されていながらも、学校や地域の教育実践レベルでみるならば、「健康教育」は、未だ十分な理解の上で実践されているとはいえない状況であった。

健康教育運動は、「健康教育」の考え方が十分に理解された中で展開されていたというよりも、「健康教育」概念が模索されながら展開されたムーブメントであったといえよう。

戦前昭和期健康教育運動が抱えた課題

一九三六（昭和一一）年以降の健康教育運動は、戦局の拡大によって、非合理性の中の「合理的」「綜合的」改革として、新たな側面が模索されるようになる[21]。具体的には、①体系化された衛生教授訓練要目を中心として教科目を編成すること、②衛生教授訓練要目をより効果的に実践するために、生活に根ざした教材を作成することの二側面において発展がみられる[22]。

一九三六（昭和一一）年頃までの健康教育運動の展開は、健康教育機会の確保と衛生教授訓練要目の作成・発展過程でもあった。一九四〇年代の総力戦体制下においては、一九三〇年代後半までのムーブメントが以下の四点において総括され、「健康教育」の重要性が強調されている[23]。

第一に、「文化の発展による身体活動の低下が体力の低下をもたらす」と指摘され、当初は「社会体育」の問題であるとの見解から、厚生省の主導により「国民体力向上運動」が展開された。しかしながら、将来の国民体位の向上を考慮し、学校教育における「健康増進」が重視されるに至った。

第二に、入学試験準備の過重負担によって、健康を害することは重大な問題とされ、「身体修練」による「健康増進」が重要視された。そして、「都会の児童」に対しては入学試験の過重負担から解放すること、「田舎の児童」には十分な栄養を摂取することが課題とされた。

第三に、従来の「体育」、「学校衛生」、「養護」は、それぞれが分科した系統の下で実践されており、これを「健康増進」という観点から互いに連携して総合的プログラムとして再構成することが、新たな「健康教育」の課題とされた。

第四に、これまで「特殊児童」を中心に展開されていた「健康教育」を、多数の一般児童を対象とした「健康教育」へと対象を拡大させることが課題とされた。

以上の四点が、一九三〇年代に展開された健康教育運動の総括と課題であり、一九四〇年代の戦時下改革では、四つの課題に対して、実践の効率化や合理化が検討され、「主観的な感想や空理空論の羅列ではなくて、客観的な統計の上に立って[24]」、健康に関する事項の「連繫」を図りながら、「綜合的」に整理されつつ改革が進められることとなった。

三、戦時下の学校衛生改革 ―連繫、合理化、科学化、綜合化の追求―

一九四〇年代に至る学校衛生の総合的改革は、前項に示したように、健康教育運動の総括と批評により改革を推進させている。しかしながら、これまでの健康教育運動と戦時下改革のとらえ方は、「これらの運動も、昭和一二年支那事変勃発の頃から、ファッショ化に利用されやすかった衛生訓練運動を残して、急速に衰微していった」と健康教育運動の「衰微」ととらえられている。

同様に、国民学校における体錬科体操「衛生」の導入についても「健康教育運動時代に目指した目標や内容に比べて、あまりに初歩的・貧弱な段階にとどまった感がある。しかも知的教材は含まれず、体系化もなされないまま終わった[25]」とされ、戦時下の改革をそれまでの健康教育運動の衰退してとらえている。「衰微」との表現は、戦後になされた評価であり、同時代的には「衰微」と一言で表現されるだけの改革過程ではなかった。以下、健康教育運動の戦時下に至る改革過程について再検討してみよう。

「衛生訓練」と「衛生教授」機会の模索

一九三七（昭和一二）年以降、盧溝橋事件からはじまる日中戦争によって、戦時体制の強化が進められ、資源の効率的配分が検討されるようになった。「健康教育」の導入についても、同様に「効率化」「合理化」「綜合化」といった視点が考慮され、内容の再編が進められた。

例えば、富山市が進める学校衛生改革では、「児童の保健生活に必要なる日常行為を支配する衛生教材を選定し、其の合理的取扱と衛生訓練としての特別なる立案と相俟って衛生教育の徹底を期すべき[26]」として、「衛生教育（衛生教授）」と「衛生訓練」の合理的関係を考慮した新しい「衛生教育要覧」を作成している。

新「衛生教育要覧」は、児童の発達段階を考慮して、各学年に教育内容を配当し、「理科修身の衛生教材と系統配列を出来るだけ一致せしめその該当時間に授くる事、尚体操時間に併せ授ける場合、看護婦に担当せしむべきもの、学校医に依頼するもの、其の他学校及学級の朝の訓話或は衛生週間、健康週間、齲歯予防週間等前述の特殊行事の際に適当に実施する[27]」として、他教科にみられる衛生内容の取り扱い時期を考慮して実践するよう、効率化が図られた。

米子市啓成尋常小学校においても、「衛生教授」と「衛生訓練」の関係を、次のように整理している。

「衛生教授は衛生訓練と共に健康教育の要諦であるから両者共に綿密なる連絡を保ちて進めなくてはならぬ。故に全学年を通し具体的計画の下に衛生教材を配列し、児童の心理的並に年齢的発達の程度に応じ、彼等の本能的欲求と、知識の進歩とに適応して秩序的の段階を踏み健康生活に必要なる一切の事項を含んだ教材を中心として合理的な取扱を必要とする。而して知識と実行、理論と実際、換言すれば教授と訓育との間に緊密なる連絡を保たしめ[28]」

るとして、教育内容の合理的再編を行った。

和歌山県西牟婁郡秋津川尋常高等小学校では、富山市總曲輪尋常小学校や米子市啓成尋常小学校と同じように合理的改革を進め、具体的に「社会行事、学校行事及各教科の衛生的教材等と連絡統合した月別衛生教育経営案[29]」を作成している。

学年別・月別配当衛生教授訓練要目については、①学年別に取り扱う際の児童の発達段階を根拠づけ、②他学年間のつながり、③そして教科間の内容と取り扱い時期をも考慮し、「知識と実行」「理論と実際」などの関連を明確に整理した上で「健康教育」計画が考えられている。

衛生知識の教授機会として位置づけられる「衛生教授」は、その延長線上に、健康教育教科の新設が期待されていた。この点は、一九三八（昭和一三）年五月に開催された地方学校衛生技師会議（以降、「学校衛生技師会議」と略す）の議論にみることができる。

同会議において、文部大臣より諮問された「学校体育ノ刷新振興ニ関シ衛生養護ノ適切ナル方案如何」に対し、会議では「一 健康生活ノ陶冶ヲ正課トシ之ニ一定ノ時間ヲ配当スベシ」、「二 衛生訓練ヲ重視シ要目ヲ定メテ之ガ徹底ヲ期スベシ」等の答申案が検討され、最終的に「健康知識の教授に正課として一定の時間を特設すべきこと」との建議がなされた。

しかしながら、「教科を無理に新設して、児童に過重の負担を負わせては、本末転倒である」との意見があり、健康教育教科の成立を強力に主張することができない側面をも持ち合わせていた。

以上の困難な立場から導き出された結論は、他教科に点在する健康教育内容に注目し、他教科と密接な関連をもち、内容を精選・合理化することであった[30]。とくに合理化において「衛生訓練」が優先的に重視されたのは、「健康教育」を教科として新設ができない以上は、より実生活に密着した実践に重きをおき、知識よりも訓練を優先させるとの立場をとったことによる。

戦時下における改革は、「衛生訓練」を中心として、「知識教授」は、他教科に点在する「衛生教授」内容と連繋し、合理的体系化をなすことによって新たな「健康教育」体系をデザインしている。

訓練の優先は、実際のカリキュラムにおいて、「身体の訓練」「修練」「鍛錬」を唱える国民学校体錬科体操（一九四一）の内容と接点をもち、同教科中に「衛生」の内容が訓練として位置づけられた[31]。「知識教授」の内容については、国民学校国民科修身、理数科理科、芸能科家事等に点在する衛生の「知識教授」内容に注目し、これと関連づけることによって体錬科体操「衛生」を補い、国民学校における「衛生教授」機会として組織された[32]。

学校衛生関係者の連繋 ―― 校医、学校歯科医、学校看護婦から学級担任、養護訓導へ ――

戦時下に至る改革は、教育機会の模索や教育内容の選択以外についても、様々な面において進められた。学校衛生は、明治以降、学校医、学校歯科医、学校看護婦といった医療関係者を中心に発達してきたが、「健康教育」への注目以降、学校衛生の担い手に一般教員を配置・参加させる試みとして改革が行われている。文部省嘱託の高橋喜一は、明治以降の学校衛生について、学校医、学校歯科医、学校看護婦の活動を振り返り、今後は学級担任が「衛生訓練」を担うべきとの見解を示している。

「学校医、学校歯科医、および学校看護婦による学校衛生の分野の活動は年と共に発達して来ている。然し児童の学校生活に対して最も直接的な責任を有する学級担任教員による健康の指導訓練は実に不十分であったと断言し得る。児童は一日二十四時間の生活によって生長する。従って児童の生活様式を合理的に科学的に設計し、適正なる指導によって調整していくことは健康への最初の出発点でなければならない筈である。健康は生活の様式、環境と無関係ではあり得ない。従って児童の健康について考えるならば先づその生活に注目し、一日の行動が健康の正道にある様に指導してゆかなければならない。斯くの如き指導訓練の責任は家庭にあっては父母、学校にあっては最小限度の集団単位たる学級を、最大限の時間を受け持つ担任教員が主として負わなければならないのである。しかも多くの家庭には健康に関する科学に乏しい、従って教員の責任は益々重きを加へるのである。訓練され、指導せられるのは児童毎日の生活である。それを以てこの指導訓練は常時行はれることが必要である[33]」

文部省関係者のこうした総括は、「衛生訓練」重視の立場と関係をもちながら、それまで学校衛生の中心に位置づけられていた学校医、学校歯科医、学校看護婦から、「健康教育」の担い手として学級担任へ注目し、日常の実践力育成と訓練を強調した改革として進められている。

福井師範学校附属小学校においても、「先づ第一に学級担任者に猛省を促さねばならないことを痛感する。実に健康教育の第一人者は学校医にもあらず。学校看護婦にもあらず衛生主任にもあらず学級担任者その人である。如何なる衛生上の原理も健康教育の理論も、又調査研究もその学級担任によって真に各児童に即して実践される[34]」と「健康教育」の中心に学級担任を位置づけている。

さらに、学級担任とともに注目されたのが、学校看護婦や学校衛生婦の存在である。

学校医、学校歯科医は嘱託であったために、学校生活において、教育や訓練までを負うことは不可能であった。一方で、学校看護婦や学校衛生婦は常勤職員であり、一九四〇（昭和一五）年頃には、全国の学校に多くの学校看護婦や学校衛生婦が配置されており[35]、医療従事者の立場から行う洗眼、点眼、救急処置といった仕事を中心に活動していた。一部の学校看護婦や学校衛生婦には、教育や訓練を負う者もみられたが、教育職員ではなかったことから、教育や訓練は職務とされていなかった。

以上の状況から、文部省は、国民学校令（一九四一）において、「国民学校ニハ教頭、養護訓導、及准訓導ヲ置クコトヲ得」（第一五条第二項）、同令第一七条第三項に「養護訓導ハ学校長ノ命ヲ承ケ児童ノ養護ヲ掌ル」と規定し、新たな教育職員として養護訓導を誕生させている[36]。

養護訓導に期待されたのは、看護婦の仕事に加えて教育や衛生訓練に従事することであり、それまで学校衛生が対象としてきた特定の病弱児童の治療を越えて、多数の一般児童に対する予防医学と健康増進にかかわることであった[37]。

その期待の現れは、養護訓導の免許状を得るための試験内容にもみることができる。試験検定の試験科目には、教職四科目の他、「衛生訓練」が課されており、教育職員として一般児童を対象にした「衛生訓練」

を職務とした実践への期待がうかがえる。

児童の生活を周囲から合理的に管理・訓練するために配置された学級担任と養護訓導は、多数の一般児童を対象としながら、一方で個々の児童に配慮することが求められた。

以上のように、戦時下改革は、「衛生」の教育内容をナショナルカリキュラムに位置づけるとともに、その担い手として、「健康教育」実践の中心に教員を配置する改革でもあった。

個別的対応と家庭との連携 ―― 包囲される個々の身体 ――

「健康教育」の主張とともに、その担い手として注目された学級担任は、常勤の教育職員として常に児童と接する場所におり、また、個々の児童への対応が可能な位置にいることから注目されている。

明治期以降の学校衛生は、「何処迄も、体質異状とか疾病の保有者に対する特殊考慮を要求しているのであり、個的取扱の必要とはそれが主眼の如く解され[38]」ており、虚弱児童や特別な配慮を有する児童への対応を中心に発達してきた。

しかしながら、健康教育運動が展開される中で、「個的取扱の必要は単に健康恢復の必要ある児童のみならず、健康保持に留意すべき児童も、更に又健康増進を企画すべき児童にも、この個的取扱は原則的な要件である。この点従来の学校衛生に関する誤認を一掃しなければならぬ[39]」として、多数の一般児童を「健康教育」の対象に位置づけなければならないとされた。以上のことから個別的対応もまた、多くの一般児童にまで拡大されることになり、嘱託である学校医や学校歯科医、学校看護婦では十分な対応が困難であり、学級担任が着目されることとなった。

山梨県北巨摩郡韮崎尋常高等小学校では、「同一環境に育つ児童であっても、各個人の身体状況生活状況を観察すれば、文字通り十人十種であ」り、このような「郷土及び児童の実際に即したる指導をなす」には、「毎日生活を共にし全人としての児童の指導者である受持教師に如くはない」として、「健康教育」は、校医から教員へとその担い手を移すとともに、「細部に至っては各個人の体、生活に応じさせ」、かつ「児童の実際を認識し、其れに応じたる指導」を行うためには学級担任が適切な位置にいると考えられている[40]。

「健康教育」は、単に一斉教授による教育の対象として認識されたのではなく、個々の身体や個々のライフスタイルに応じた手厚い教育を要請していたのである。

さらに、個人の身体を取り巻く環境は、「保護者会の後援を受け、職員及び学校医の協力並に家庭との親密なる連絡に依りて着々之が実現を期し[41]」たとする実践、「悪習慣と雖も家庭と学校との連絡[42]」により改善が試みられた実践等、個々の児童の身体を取り巻く環境が、「連繫」の眼差しと管理によって、網の目で囲まれるように組織されている。

以上のように、戦前の健康教育運動によって拡大した対象、領域、マンパワーは、戦時下に至って、教員集団、学校医、学校歯科医、学校看護婦（養護訓導）、家庭が「連繫」することにより「児童の生活様式を合理的に科学的に設計し、適正なる指導[43]」を行うよう、関係者の「連繫」を重視した改革でもあった。

そして、個人の身体についての把握は、度重なる改正により整備された身体検査によって詳細に把握され、教育に活用されることになる。

「健康教育と言へば、個々の児童を対象とするといふ事は根本的な原則である。その為にはまづ調査が必要であり、検査を実施しなければならぬ。その調査とか検査の結果に基づいて、目的は打立てらる可きものである。かくて調査や検査が生きて来て、検査の為の検査や、調査の為の調査とならないで、実践の基礎となり、必要かく可からざるものとなる訳である。又この為には実施上の注意として、家庭との連絡を密接にし、相提携して行ふことが必要となるのである[44]」

以上のように、個々の児童は調査によって把握され、個別的対応のための環境が組織された。個々の児童への働きかけは、「風土の環境条件」、「家庭の生活程度」、「学校の施設・設備」等の環境状況によって異なるため、対象とされる児童の状況を「健康増進」、「健康保持」、「健康恢復」の三段階で把握し、個々の状態と発育発達を考慮した「治療」、「訓練」、「教育」等の働きかけが必要があると指摘した。ここに明治以降の学校衛生が対象としてきた少数の病弱児童の治療・指導は、多数の一般児童を対象とした「健康教育」へと拡大し、さらに個々の身体状況に応じて働きかける環境が整えられた。

身体検査と健康教育――目的の明確化と計測結果の活用――

一九三七（昭和一二）年一月二七日、文部省は、学生生徒児童身体検査規程を廃止し、新たに学校身体検査規程を公布した。新規程では「従来は身体検査を受くるものは学生、生徒、児童のみであったが、今後は学校職員、使丁、給仕に到るまで皆検査を受くること[45]」とした。

学校では、学校身体検査規程の改正点について、次のように受け止めている。

「改正規程中、吾々が最も留意せねばならぬ点は、第一條と第七條である。第一條には身体検査の目的があり、第七條にはその利用処置が明示されている。

従来の検査規程は唯検査を行ふべきことと、その方法についての掲示のみで、施行する趣旨、目的を明示せず、又その結果処理活用に就ても何等触れる所がなかったのである。然るに今回は検査施行の趣旨、目的並に結果の処理活用を明示しているのである。

即ち学校に於て行ふ身体検査は、各検査項目について健康状態を精査し、これを基礎として適切なる養護と鍛錬の方法を講じ、以て体位の向上を期し、健康の増進を図る為に施行するものである。

・・・(中略)・・・

第七條は検査結果の処理活用にして、学校当局として最も留意すべき点である。即ち保護者に対して如何に取扱ふべきか、衛生教育上如何なる点に留意すべきか、要養護児童に対して如何に特別施設を講ずべきか等幾多教育的施設はあるであらう。もしこれ等の施設を講ずることなく只統計のみの作製にして事終われりとするならば、何等従来の身体検査と異る所がないのである。即ち折角学校に責任を持たせた改正の精神も何等意義を為さぬのである。換言すれば検査結果の利用処理の適切を欠くならば、それは国家の要求が奈邊にあるかを全然知らぬものと言ひ得るであらう[46]」

身体検査規程の改正は、①検査結果を有効に活用するために行われたこと、②教員の結核が問題視されるなかで、学校関係職員をも対象とした包括的検査として実施するよう改正されたこと、③身体検査の結果を個々の発育的特性として考慮することによって、個別に効率的な対応を行うことの三点に注目した改正であった。

学生・生徒・児童・学校関係職員を「綜合的」に精査し、その結果に基づいて、個別に効率的な対応を行うこと、そして個別的対応に学級担任がかかわっていく、これが同規程改正の目的であった[47]。以後、身体検査は、感染症の予防、そして健康増進に向けた規範化と規準を示すための機能的役割を果たすこととなった。

身体の機能「体力」と訓練

身体の外形的調査として身体検査規程が改正される一方、身体的機能として、「体力」に注目が集まっている[48]。

一九三八（昭和一三）年、厚生省の新設によって、省内には国民の「体力」を取り扱う部局として体力局が設置された。同局は、後に国民体力法や体力章検定をはじめとする体力政策を企画・制定した厚生省の中心部局であった。

厚生省の体力政策は、就学児童、生徒、学生以外の国民を主たる対象にしており、学校教育における「体力」問題については、文部省体育局の担当であった。

文部省体育局は、一九四一（昭和一六）年一月八日に新設され、同局衛生課課長には、厚生省体力局より重田定正が着任するなど、厚生省と文部省間で人事異動が行われている。

文部省の「体力」研究は、一九二四（大正一三）年に設置された体育研究所において、岩原拓や吉田章信らを中心として進められてきた蓄積があり、体育局の新設以降、厚生省の体力政策に触発されながら、これまで以上に「体力」に関心を払い、政策が検討されている。

学校における「体力」の理解については、広島高等師範学校附属小学校を中心して積極的な体錬科研究が進められており[49]、「外型的には発育標準に適するやうに成長して居ても、運動能力がこれに伴はず、作業能力に於て劣るならば、その身体は健康とは言へない。一般に健康といふ概念には従来とも、この能力の方面はあまり問題にされていなかった」として「この能力」、つまり体力を「健康教育の重要な要素」として位置づけている。

そして、体力の一要素として「精神力」に言及し、「精神力により身体的条件を克服した例は少くない。最近体育は意志教育の別名に外ならずとさへ言はれている。即ち体育に於ける精神的意味が強調されている訳である。又教育それ自体の考へ方に於ても、従来の精神を主とし、身体を従としようとする観念は打破されつつある。かくて教育に於ける身体的意味は強調され、心身は一如として、止揚される考へ方が最近特に強いやうに思ふ。ここに健康教育も要は身体の問題と共に精神の問題であり、両者の相関的な関係である[50]」として、「精神力」に注目している。

そして、これまでにドイツ・英国に学んだ「学校衛生」、米国に学んだ'Health Education'を「精神力」を媒介として次のように東洋的考え方と結びつけている。

「由来東洋に於ける健康法は、常に精神修養と結びついていたのである。精神を鍛錬することによって肉体を健全ならしめる方法、即ち精神的健康法であった。古来印度に行はれた轆酥法や座禅、更に支那に於て行はれた胎息法又摂生調気法等は皆その類である。これらは我が国にも仏教徒の手によって伝へられ、又伝播さられたのである。所が西洋に於けるそれは、多くは身体の作用的構造的原理によって、打建てられたものである。

かくて健康法としても単に肉体の問題ではなくて、如何に精神の作用が大切であるかが判るのであって、ここに健康教育にも精神力を一要素となす所以が存するのである。
健康教育はまづ体位向上が重要なる問題である。従来稍々おもすれば、特殊的取扱を指すかの如く考へられていたが、今日の小学校に於ける健康教育の問題は一般児童を対象とした、積極的な健康増進運動たることが第一の急務と考へる次第である[51]」

西洋と東洋の融合は、文部大臣橋田邦彦が道元の『正法眼蔵』や王陽明の『伝習録』を解釈し、「心身一如」、「知行合一」を強調したように、主客分離に立つ認識論から離脱し、これまで様々な項目として分断されてきた事項を結び付けていく改革として進められた。一九四〇年代の改革は、全体論的発想の下に合理的改革として展開された点において注目される[52]。

「精神力」を「体位」の概念に含み、精神の作用によって身体的条件を克服するとしたことはその改革の一例である。「精神力」には、精神と身体の「訓練」が重要であり、このことを野津謙は、「社会の発展に適応した身体を訓練する」と表現して、「健康教育」を強調した。

四．健康の内面化と習慣・態度の訓練

「衛生訓練」と「衛生習慣」の形成の重視

戦時下の学校衛生改革は、学校衛生が築いてきた衛生管理面の限界を乗り越え、また、健康教育運動で展開された内容を総括しながら、さらに発展させようとする試みでもあった。

内容を、「適切」に、「合理的」に、「科学的」に、「総合的」に、「有効的」に再構築する。それは、社会や国家が直接的に行う環境管理の限界から個人に健康を内面化させることによる管理へと移行するプロセスとしてみることもできる[53]。

兵庫県師範学校訓導の横田初治は、衛生管理の整備には多額の経費がかかること、また、どのような最新で素晴らしい衛生施設を完備しても、学校卒業後、その衛生施設を離れると意味をなさなくなると指摘し、学校における「衛生訓練」と「衛生習慣」の形成を重視している。

> 「近年健康教育への関心は漸次高まりつつあるが如くであるか《ママ》、それは主として学理研究、衛生設備、教授衛生、特別学級の編成、体育運動、疾病治療等概して外的努力に重点を置き、児童自身の自覚をもとにした訓練の徹底とは言ひ難い恨みがないではない。いふまでもなく健康教育は知識の附与と共に訓練により児童の学校及び家庭に於ける生活を通じて、自覚ある健康生活を営むの良習慣を涵養するのでなくてはならぬ。外部的形式的整備も大切であるが、莫大なる経費と、教員の労力と時間を非

常に多く要する様なものは永続性を欠き花火線香式になり易い。如何に完備した施設も華やかな活動も生命なき断片事業の羅列に終る。言ふ迄もなく本問題は一時的の努力では到底有効なる効果を見ることは出来ない。否児童在学中を以つてしても猶著しい結果に迄到達することは至難である。於茲内的思想の涵養に努め、実効的習慣を錬成し、卒業後といへども実行するの習慣を馴致するものでなくてはならぬ[54]」

右のように「健康教育」の導入は、主体的に健康を獲得することによって、これからの健康を継続する最良の方法として注目されている。

山梨県北巨摩郡韮崎尋常高等小学校では、「衛生訓練」と「習慣」の関係について、さらに詳しく、次のように説明している。

「衛生と訓練とは密接な関係を持ち之を切離す事は出来ない。訓練の実践徳目のうちには衛生生活が含まれ、又衛生生活を為さしむるには訓練的色彩を濃厚に持つものが多い。例へば時間的生活をするといふやうな事は衛生生活でもあり、決まり正しいといふ道徳生活でもある。よい姿勢といふ衛生的習慣を養ふには訓練的方法に依らなかったら徹底は期せられない。かく衛生と訓練とは密接不離のものであるが此処ではさういふ考へで稿をすすめるのではない。衛生的躾、即ち衛生的態度、習慣の馴致といふやうな言はば衛生を訓練づけるといふ様に考へるのである。衛生、之は単に準備的、知識的の性質のものではない。現在のためのものであると同時に将来永久、生命の続く限り必要のものである[55]」

以上のように、「衛生訓練」とは、「衛生的習慣」を「訓練的方法」によって徹底することではなく、「衛生的生活を望む衛生的態度養成を図る」ことを「衛生訓練」としている。つまり、健康を目指す「態度」こそが訓練されるべきであるとしているのである。

訓練されるべき対象としての「態度」

こうした「態度の訓練」は、「健康こそ道徳の根柢である。健康への生活指導こそ真の道徳教育である。健康であることは国民としての重大義務の一つである。我々の身体は固より国家に捧げた身体である。自己の為に、自分の欲望達成の手段として健康となるのではなく、悉く国家理想の実現の為に奉仕せんがための健康である。先づ健康こそ道徳の根柢であり国民の義務である[56]」として「道徳教育」と結び付けられている。

「身体の訓練」から「態度の訓練」への変化は、さらに戦時体制下における皇国民「錬成」と健康教育の接点を形成している。

佐賀県唐津市唐津尋常小学校では、「健康教育」を次のように位置づけている。

「健康教育は、自らの力に依って皇国民としての健康生活を建設して行く基礎を確立するにある。・・・(中略)・・・健康教育は、自らの力に依って自らの体位を見つめ、之を基礎に自覚的に健康生活を建設して行く基礎的態度が訓練さるべきであり、而かもそれは敬虔なる皇国に捧ぐる身体錬成の態度に於て企画されねばならぬことは明白である[57]」

戦時下教育の目的は、国民の教育から皇国民の「錬成」へと転換した[58]。このことにより、国民学校体錬科体操「衛生」の内容は、「身体ノ清潔（身体ノ清潔・口腔ノ清潔）」、「皮膚ノ鍛錬（薄着ト摩擦）」、「救急看護」を通して健康を目指す「態度」が訓練され、実践力を形成することを目的に導入された。

さらに一九四〇年代に作成された衛生教授訓練要目には、「要目の綜合的訓練として、児童の日常生活に於ける一日中の生活順序を制定し、所謂綜合実践訓練として家庭との緊密なる連絡の下に規律ある生活を営ましめることは極めて有効適切なる指導方法である[59]」として、健康なライフスタイルの体系化が試みられている。

健康教育運動が目指した「健康教育」は、一九二〇年代当初は、個人が健康を獲得することを目的として注目されたが、戦時下に至る展開では、健康の規範を内面化させることの訓練と健康的ライフスタイルの確立を目的とし、これを通して、個人が国家に帰属する文脈へと強固に接合されている。

五.「健康教育」のその後 ―合理的な自己コントロールの浸透と抵抗―

以上にみてきたように、「健康教育」は予防概念の確立により、予防的にコントロールできる可能性をもった一般児童を対象として、今後の健康的生活を積極的に獲得するために導入された。疾病罹患の予測可能性が明らかになることによって、予防や健康増進が進められ、これにより、人々の生活が均質化された健康的ライフスタイルとして確立することをも意味していた。

戦後、学校における「保健科」に結実する健康教育教科の導入過程は、人々に対して健康で合理的な生き方を推進する状況の成立過程でもあり、言い換えるならば、予防医学の知見から「演繹される生活態度の諸原理（医学や科学）に従属させようとする個人[60]」を「健康教育」を通して成立させている。

近年の行動科学化する「健康教育」はこれを一層促進しており、「高度な合理化と自己コントロール[61]」が支配する社会への適応を迫っている。

とくに、学校教育課程において「健康教育」の枠組みが確保されると、「健康教育」の目的を検討する思想的側面は退潮し、行動化に限局した技術的側面（skill）のみがクローズアップされる。その健康知識は、他者の経験や実験、疫学・社会調査によって一般化された抽象的情報（information）であり、個人の経験から切り離された知識として分配される。そのため、個人にとっては「どうやらそうらしい」情報として目の前に現れ、自己の経験から導き出される生活実践原理（idea）とは距離を有するがゆえに、道徳的に強調された「健康教育」として展開される。

「健康教育」は、ナショナルカリキュラムに位置づけられて以降、今日まで様々な面において改革と実践が試みられているが、教育現場を見ると、子どもだけではなく、教育実践を担う教師までもが、こうした「健康教育」に対し懐疑を抱きながら授業を行っていることが少なくない[62]。

技術的側面（skill）にのみ限局した授業では、「どのように生きるか」といった個々の価値観、そして経験と距離を有しているがゆえに、道徳的価値を自明として教条的に進めてしまう。この前提がモヤモヤとした感情（懐疑）を生み出し、多くの場合、この感情が何であるかが明確にならないまま、子どもも教師も、ただ道徳的に強調される「健康教育」を引き受けることとなる。

こうした懐疑の背景には、近代社会の根幹をなす社会意識の地殻変動を理解しておく必要があるだろう。例えば、吉見俊哉による近代の地殻変動を例にすれば、二一世紀を前に、人びとの意識として、それ以前に支配的であった「しっかりと計画を立てて、豊かな生活を築く」（〈利〉志向）や「みんなと力を合わせて世の中をよくする」（〈正〉志向）といった未来中心の考え方は、一九七〇年代以降、徐々に弱まり、「その日その日を自由に楽しく過ごす」（〈快〉志向）や「身近な人たちとなごやかな毎日を送る」（〈愛〉志向）といった現在中心の考え方がより支配的になったとされる[63]（傍点筆者）。

学校の教室で行われている「健康教育」は一九七〇年代以降、支配的になったとされる「〈快〉志向」「〈愛〉志向」といった現在中心の生き方の支配性が、近年の「健康教育」が主張する予測可能性の中で現在の自己を合理的にコントロールしながら生活することの意味（未来志向）とズレを生じさせており、生きる目的と手段のミスマッチを起こしているように思われる。これゆえに、子どもも教師も「健康教育」に懐疑的（懐疑による感覚的な抵抗）になり、何となく困惑を抱くなかで授業が展開されているのだろう。

さらに、新自由主義的な政策と親和性をもち、個人の責任を基本原理とする行動主義に立脚した「健康教育」は、環境に適応する強い自己の形成をめざしている点からみて、これを強調しすぎるならば、コミュニティをバラバラに解体する可能性をも孕んでいる。

これに対し、一九九〇年代以降のムーブメントであるヘルスプロモーション（「Health Promotion」）で注目される「参加（participation）」の概念は、新自由主義的な「健康教育」の考え方を包括しながら、新たな側面にも光をあてている。

バラバラに解体されつつある個とコミュニティを、「参加」と「対話（dialogue）」によって再構成しようとする試み（Project）は、今日のヘルスプロモーティングスクール（Health Promoting Schools）に見られる考え方や一九三〇年代（昭和一一年頃まで）の健康教育運動で見いだされた健康なコミュニティの形成、そして戦後教育改革において注目された学校保健委員会機能などにみることができる。

こうした試みは、近年、定型化された'Program'として追求されている側面があるが、その枠を越えて、より主体的で創造的な経験を創出する'Project'として再考され、探求し直されることで、個々が主体性をもって他者とかかわり、自己を、そして他者を「ケア」し合い（caring）ながら[64]、コミュニティに「参加」することをめざした「つながりの健康教育」としてデザインできる新たな可能性を秘めている。

こうした実践の原理を振り返りながら、経験と切り離され、「リアル」が欠如する今日の生活空間で、規範化され、制度化された身体に対して新たなビジョンによるコミュニティの創造・実践が求められている。

（七木田文彦）

附記

本稿は、二〇一〇年一〇月に日本学校保健学会機関誌『学校保健研究』第五一巻第四号に掲載された論文「戦時下学校衛生改革と健康教育教科成立の基盤形成過程―能動的主体形成の目的化―」を加筆・修正したものである。

注

1 現在、日本の学校教育課程に位置づけられている健康教育教科は、小学校体育科の「保健領域」、中学校保健体育科の「保健分野」、高等学校保健体育科の「科目保健」といった通称「保健科」と呼ばれる教育機会に実施されている。これまで、健康教育を実施する教科の成立史といえば、戦後教育改革によって誕生した「保健科」、または、その基盤を準備した国民学校体錬科体操中に位置づけられた「衛生」(一九四二)の成立に着目されてきた。体錬科体操「衛生」や保健体育科は、健康に関する教育内容を安定した教科目の枠組みとして位置づけ、系統的学習の機会を確保・形成したという点において制度的成立史の中心に位置づけられており、本稿では、一九四一年の体錬科体操「衛生」の成立をもって健康教育教科体制の成立という立場をとっている。新村拓は、著書『健康の社会史 ―養生、衛生から健康増進へ―』(法政大学出版局、二〇〇六年)のなかで「衛生の内面化に向けた健康教育」として、学校における「健康教育(実際は衛生の教育)」を教科書の養生・衛生内容の取り扱いを中心に検討している。本稿では、「衛生の教育」と「健康教育」は同時代的分析により異なるものとしてとらえており、かつ「健康教育」導入時の思想や学校の実態をふまえながら考察した。

2 瀧澤利行『近代日本健康思想の成立』大空社、一九九三年、一二七頁。

3 成田龍一「身体と公衆衛生 ―日本の文明化と国民化―」歴史学研究会編『講座世界史四 資本主義は人をどう変えてきたか』東京大学出版会、一九九五年、三七五―四〇一頁。

4 同書、三八九頁。

5 瀧澤による「個人から国家への漸層化」とは、「個人の健康形成が「修身」の要素とされ、「修身」の帰結として「家」の安定が、「家」の安定の帰結として国家の統治が、国家統合の帰結として世界の平定が実現する「修己治人」観を基礎とする「漸層的養生観」がダーウィン、コント、スペンサーらの影響による社会有機体説および社会進化論と結合することによって、個人の健康形成を目的とする個体の養生と明治期の国家経営の理念のひとつであった「富国強兵」を実態とするいわば「国家の養生」とがともに優勝劣敗原理によって説明された点である。ここには、養生観における古代中国思想に由来する道徳主義的規範から西洋近代思想に由来する功利主義的範型への移行が示されている。その移行は、明治期の近代国家形成の意図が西洋近代の思想・科学とその支持勢力によって正当性を付与されるとともに、在来の思想文化とその支持勢力を媒介としつつ増殖され、国家や社会の形成として個人および集団の健康形成が組織化されていった」ことを示している（瀧澤利行『近代日本健康思想の成立』大空社、一九九三年、二二三—二二四頁）。

6 瀧澤利行『近代日本健康思想の成立』大空社、一九九三年、二三七頁。

7 瀧澤利行「近代日本における養生思想の展開」一九九二年（東京大学大学院教育学研究科博士学位論文）、および、成田龍一「身体と公衆衛生　—日本の文明化と国民化—」歴史学研究会編『講座世界史四　資本主義は人をどう変えてきたか』東京大学出版会、一九九五年、三七五—四〇一頁。

8 飯島渉「衛生の制度化と近代性の連鎖」飯島渉・久保亨・村田雄二郎 編『シリーズ　二〇世紀中国史二　近代性の構造』東京大学出版会、二〇〇九年、二二三—二三〇頁。

9 田口喜久恵・森昭三「明治五年の「学制」における「養生法」設置の背景」（『学校保健研究』三〇（三）、一二二—一三三頁所収）、一九八八年。

10 田中聡『衛生展覧会の欲望』青弓社、一九九四年。および、黒田勇『ラジオ体操の誕生』青弓社、一九九九年を参照。

11 文部省 編纂『学校衛生叢書第三輯 衛生教育』帝国学校衛生会、一九二七年。

12 健康教育運動の詳細は、拙稿「昭和前期における健康教育運動の興隆過程」（『東京大学教育学研究科紀要』四五、三五五—三六三頁　所収）、二〇〇六年。中薗伸二「昭和前期における健康教育に関する一考察」（『東京大学教育学部紀要』二八、四〇九—四一九頁　所収）、一九八八年。田邉信太郎・柴若光昭・坂本ゆかり・中薗伸二・髙石昌弘「「健康教育」の概念に関する一考察　—昭和一〇年代前半の文献を中心として—」（『東京大学教育学部紀要』二三、二四一—二六四頁所収）、一九八三年を参照。

13 野津謙「一、健康教育について」福井県下聯合教育研究会『健康教育の研究』一九三九年、二五八—二六一頁。

14 C.E.Turner, Principles of Health Education. D.C.Health Company : Boston. 1932. にモルデン・スタディの概要が説明され、一九三六年に高橋喜一訳『健康教育原論』（右文館）として簡訳されている。

15 和歌山高等小学校では、「本校は昨昭和九年五月本県学校衛生会から、突如学校衛生実地研究の委託を受けました」として、和歌山県学校衛生会の委託を受けて「健康教育」への取り組みを開始している。道府県や各地域に組織された学校衛生関連団体は、和歌山高等小学校のように、指定学校に「健康教育」実践を委託し、「健康教育」モデル校を立ち上げることにより、地域に「健康教育」の推進し、拡大する試みとして事業を展開している。（和歌山高等小学校校長 川村徳治「はしがき」『学校衛生に関する調査並に研究』一九三五年［和歌山県立図書館所蔵］を参照）。実践指定校の多くは、帝国学校衛生会事業である「学校衛生表彰」により表彰されており、地域の「健康教育」拠点校として注目されている。

16 学校衛生調査会は、学識者で組織され、学校衛生主事会議（後に学校衛生技師会議）は、道府県に配置された学校衛生主事（後に学校衛生技師）で組織され、全国聯合学校衛生会総会は、帝国学校衛生会による全国学校衛生関係者によって組織されている。

17▼例えば、文部大臣官房体育課「聯合学校衛生会建議事項」（『学校衛生』八（七）、四七―四九頁　所収）、一九二八年。無記名「学校衛生に関する建議陳情」（『学校衛生』一一（五）、六六―六七頁　所収）、一九三一年を参照。

18▼C.E.Turner. I Remember. Vantage Press：New York.1974. pp.107-108.

19▼前掲[13]、二五三―二五五頁。

20▼中尾勇『健康教育の基準』賢文館、一九三九年、三〇―三九頁。

21▼静岡県の学校衛生技師として健康教育運動を推進した村山午朔は、「国民の健康はただ衛生行政の局にある者のみの努力ではどうすることもできない。国民体位の向上は国民それ自身の自覚の下に不断の健康生活への精進が其の根本問題でなければならぬ。それはどういう方法でこの国民衛生運動を起こしたらよいか。兎に角一度軍部側地方側と一堂に集まって懇談してみやう」と提案している（村山午朔「余の提唱する国民体位向上策」（『学校衛生』一七（七）、一六―一八頁　所収）、一九三七年を参照）。

22▼前者は、大西永次郎の著書「大西永次郎『体錬科中心健康教育要義』右文館、一九四〇年」として、後者は、「高橋喜一『学年別教材配当健康訓練教範』右文館、一九三九年」に代表される著作にみることができる。

23▼例えば、前掲[20]、四―七頁を参照。

24▼柳田茂一『健康教育の施設及経営と其の実際』永昌社、一九三七年、三一―四頁。

25▼杉浦守邦「体錬科衛生の出発」黒田芳夫 執筆代表『教師のための学校保健』ぎょうせい、一九七五年、五七五―五七六頁。

26▼富山市總曲輪尋常小学校「我が校の衛生教育」（富山市役所教育課『富山市学校衛生に関する研究』一―一二頁　所収）、一九三五年。（富山県立図書館所蔵）

27▼同書、六―七頁。

28▼米子市啓成尋常小学校『学校衛生施設経営概要』一九三六年、三六―三八頁。（鳥取県立図書館所蔵）

29▼和歌山県西牟婁郡秋津川尋常高等小学校『健康教育』一九三八年、三五頁。（和歌山県立図書館所蔵）

30▼「健康科」新設の議論については、前掲[20]、三九―四九頁を参照。

31▼このような改革によって、国民学校では　体錬科教授要項「三教授上ノ注意（四）衛生ニ関スル事項」において、「衛生ニ於テハ実際的訓練ヲ主トシ之ニ依リ体得シタル事項ハ常ニ之ヲ日常生活ニ於テ実践セシムルニカムベシ」と実践に重きがおかれ、さらに、他教科との連繋によって、「衛生ノ指導ニ当リテハ児童ヲシテ自己ノ身体ニ就テノ関心ヲ深カラシムルニカムベシ」と説明された。

32▼他教科に見られる「衛生」内容との具体的接点について、国民科と修身科については石橋武彦が「石橋武彦『国語教科書に現れた保健体育思想の研究』不昧堂、一九七五年」、「石橋武彦『修身教科書に現れた保健体育思想の研究』不昧堂、一九七一年」に詳しい分析を行っている。

33▼高橋喜一『学年別教材配当健康訓練教範』右文館、一九三九年、一―二頁。

34▼福井師範学校附属小学校「健康教育の姿態」（福井県下聯合教育研究会『健康教育の研究』一―三頁所収）、一九三九年（福井県敦賀市立図書館所蔵）、また、兵庫県師範学校訓導の横

田初治も同じように、学級担任が「健康教育」の中心を担うべきであるとの考えを示している（横田初治『健康教育の理論と実際』明治図書出版、一九三八年、三四―三五頁を参照）。

35▼他には学校衛生婦、学校養護婦等がおかれた学校があった。大正一一年頃には全国を通じてわずか一〇〇人前後に過ぎなかった学校看護婦は、一九四〇年代はじめには全国で五〇〇〇人に達している（重田定正・新井英夫『学校と結核予防』大日本教化図書出版、一九四二年、一二〇―一二一頁を参照）。

36▼国民学校令第十八條第二項には「養護訓導ハ女子ニシテ国民学校養護訓導免許状ヲ有スル者タルベシ」、同條第四項には「養護訓導免許状ハ養護訓導ノ検定ニ合格シタル者ニ地方長官之レヲ授与ス」とされている。さらに養護訓導の検定に合格する方法を説明すると、無試験検定と試験検定に大別される。無試験検定は、「一、文部大臣の指定した学校又は養成所を卒業した者、二、看護婦免状と国民学校訓導免許状を持っている者」の両方か、このいずれかに該当する者について行われる。一方、試験検定は、その資格として、看護婦免許状を有しており、その上で「一、高等女学校を卒業しているか、二、専門学校入学者検定規程に依り試験検定に合格しているか、一般の専門学校入学に関し無試験検定を受ける資格があるか、三、地方長官に特に適任と認められたか、即ち現に学校に勤務し、二年以上勤務して成績優良と認められているか、そのいずれかでなければならない」とされている。
養護訓導の試験科目は、修身・公民科・教育・学校衛生の四科目で、その程度は師範学校本課第二部女生徒のそれに準ずるとされ、試験科目学校衛生の中には、学校衛生施設（設備衛生・教授衛生・身体検査・学校給食・衛生訓練・要養護児童の養護・疾病の予防・救急看護）・学校衛生法規・学校衛生実技（衛生訓練・身体検査・救急訓練）が含まれている。

37▼文部省体育局衛生課課長の重田定正は、新たな教育職員である養護訓導の職務について、「養護訓導は、児童の衛生訓練に関すること、身体虚弱、精神薄弱等の特別養護を要する児童の養護に関することなどを扱ふ外、教職員や児童の身体検査を手伝ふとか、学校医や学校歯科医の補助をしなければならぬ。（中略）養護訓導は、学校身体検査規程にある、特別養護を要する児童の為にのみ働くのだといふ考へも亦正しくない。固より之は養護訓導の職務中、主要なものの一つであるが、その全部ではないことは前述の通りである。
養護訓導が看護婦であり同時に教育職員であるのは、医師であり同時に軍人として軍務に服する軍医とも似ている。今後国民学校の衛生養護の分野に於ける養護訓導の責務は、洵に重大であるから、養護訓導たるものは、教育方面の学問にも興味を持つと共に、看護婦本来の仕事に就いてもその研究を怠ってはならない」（重田定正・新井英夫『学校と結核予防』大日本教化図書出版、一九四二年、一二二―一二三頁を参照）。

38▼前掲20）、三〇―三九頁。

39▼前掲20）、三九―四九頁。

40▼韮崎尋常高等小学校『我校の躾教育衛生教育理論と実際』一九三七年、一六六―一六七頁。（著者蔵）

41▼唐津市尋常小学校校長 中島太「はしがき」『健康教育の実際』一九三七年。（唐津市近代図書館所蔵）

42▼前掲34）

43▼前掲33）

44▼前掲20）、四六―四七頁。

45▼柳田茂一『健康教育の施設及経営と其の実際』永昌社、一九三七年、一六五—一六六頁。

46▼同書、一六五—一六六頁。

47▼国民学校の誕生とともに、「学校身体検査規程」は、一九四一（昭和一六）年四月八日に再び改正され、同規程外に「学校職員身体検査規程」が公布され、学生・生徒・児童の身体検査規程と切り離された。さらに一九四四（昭和一九）年五月一七日、同規程、ならびに「学校職員身体検査規程」を廃止し、「学校身体検査規程」を制定した。

48▼戦時下においては、国民の「体力」に関心が集まっており、鹿野政直はこの時代のことを「体力の時代」と呼ぶことからも、「体力」は時代を象徴している（鹿野政直『健康観にみる近代』朝日選書、二〇〇一年、および鹿野政直 編『朝日百科 日本の歴史 別冊 歴史を読みなおす二三（桃太郎さがし—健康観の近代）』朝日新聞社、一九九五年を参照）。

49▼崎田嘉寛『戦後初期学校体育の研究 —広島県の小学校を手掛かりとして—』渓水社、二〇〇九年。

50▼前掲20)、四二—四四頁を参照。広島高等師範学校附属小学校を中心とする研究会については、「広島高等師範学校附属小学校学校教育研究会 編集『皇国日本健康教育の指標（臨時増刊「学校教育」第三二六号）』寶文館、一九三九年」、「九州健康教育協会『新制度国民学校に於ける健康教育経営の理論と実際』一九四〇年」等を参照。

51▼前掲20)、四四—四五頁。

52▼清水康幸「橋田邦彦における科学と教育の思想 —戦時下教育思想への一視角—」（『日本の教育史学』二五、三二—五二頁所収）、一九八二年。清水康幸「戦時下教育における「科学」の問題」（『講座日本教育史 第四巻 現代Ⅰ／現代Ⅱ』一〇〇—一二六頁 所収）、第一法規、一九八四年。

53▼新村拓「衛生の内面化に向けた健康教育」『健康の社会史 養生、衛生から健康増進へ』法政大学出版局、二〇〇六年、二〇三—二二七頁を参照。

54▼横田初治『健康教育の理論と実際』明治図書、一九三八年、三一—三二頁。または、武立清『健康教育経営の実際』明治図書、一九三八年、三三頁を参照。

55▼前掲40)、二一三—二一四頁。（著者蔵）

56▼横田初治『健康教育の理論と実際』明治図書、一九三八年、二二頁。

57▼佐賀県唐津市唐津尋常小学校『皇国民錬成への健康教育』一九四〇年、九八頁。（北海道大学附属図書館所蔵）

58▼寺﨑昌男・戦時下教育研究会 編『総力戦体制と教育 皇国民「錬成」の理念と実践』東京大学出版会、一九八七年。

59▼鴨田忠男『国民学校衛生要義』聖紀書房、一九四二年、一〇四頁。

60▼アルフォンス・ラービッシュ「文明化の過程における健康概念と医療」（『思想』八七八、一二一—一五三頁 所収）、一九九七年。および、Alfons Labisch, Homo Hygienicus. Campus Verlag. 1992.

61▼森真一『自己コントロールの檻 —感情マネジメント社会の現実—』講談社、二〇〇〇年。

62▼拙稿「今を生きるとはどういうことか」（『埼玉大学教育学部同窓会（教友会）会報』九、二〇〇九年。

63▼吉見俊哉『シリーズ日本近現代史⑨ ポスト戦後社会』岩波新書、二〇〇九年、八七頁。

64▼ Nel Noddings, The Challenge to Care in Schools-An Alternative Approach to Education-. Teachers College Press：New York, 1992.（ネル・ノディングス『学校におけるケアの挑戦―もう一つの教育を求めて―』ゆみる出版、二〇〇七年）。

編者・執筆者略歴

［編者］

寒川恒夫（そうがわ　つねお）

一九四七年生まれ。筑波大学大学院体育科学研究科博士課程修了（学術博士）。現在、早稲田大学スポーツ科学学術院教授。一九九二年から二〇一一年まで東京大学教育学部・大学院教育学研究科講師

専攻　スポーツ人類学

編著　『21世紀スポーツ大事典』（大修館書店）ほか

著　『遊びの歴史民族学』（明和出版）

『日本武道と東洋思想』（平凡社）ほか

［執筆者］執筆順

寒川恒夫（そうがわ　つねお）第1章執筆　前掲

中澤篤史（なかざわ　あつし）第2章執筆

一九七九年生まれ。東京大学教育学部卒業、東京大学大学院教育学研究科修了（教育学博士・東京大学）。一橋大学大学院社会学研究科・准教授を経て、現在、早稲田大学スポーツ科学学術院・准教授

専攻　体育学・スポーツ社会学・社会福祉学

著　『運動部活動の戦後と現在：なぜスポーツは学校教育に結び付けられるのか』（青弓社）

共著　『Routledge Handbook of Youth Sport』（Routledge）ほか

出町一郎（でまち　いちろう）第3章執筆

一九六九年生まれ。東京大学大学院教育学研究科修了（修士　教育学）。現在、大学講師、バスケットボールコーチ

専攻　スポーツ社会学、スポーツビジネス

共著　「スポーツ観客の統計」（『スポーツの統計学』朝倉書店）

「労働と文化のグローバリゼーションの支店からみるＮＢＡの世界戦略」（『現代スポーツ社会学序説』杏林書院）

「エスノサイエンスの身体ＫｅＷａ族の例から」（『教養としてのスポーツ人類学』（大修館書店）ほか

著者略歴

澤井和彦（さわい　かずひこ）第4章執筆

一九六六年生まれ。教育学博士。東京大学大学院教育学研究科博士課程単位取得退学、東京大学大学院教育学研究科助手、江戸川大学社会学部准教授、桜美林大学健康福祉学群准教授を経て、現在、明治大学商学部准教授

専攻　スポーツ科学・スポーツマネジメント論・スポーツ社会学など

共著　「第7章　スポーツリーグのマネジメント」（『スポーツマネジメント　改訂版』大修館書店）

『スポビズガイドブック'08―'09』（プレジデント社）

「第6章　スポーツとジェンダーのパラドクス～女性選手のスポーツ参加について」（『現代スポーツ社会学序説』杏林書院）

「「第22章　スポーツ選手のパフォーマンスを規定する社会的要因について～日本的文脈とイメージの逸脱者「中田英寿」～」（同書）ほか

新　雅史（あらた　まさふみ）第5章執筆

一九七三年生まれ。東京大学大学院人文社会系研究科博士課程単位取得退学、修士（社会学）。現在、学習院大学、一橋大学非常勤講師

専攻　産業社会学・スポーツ社会学

編著　「企業スポーツとは何(だったの)か？　ＹＭＣＡ・繊維工場・オリンピック」（『現代スポーツ評論』９号　創文企画）

「フィットネス化する社会：集合的なスポーツ実践からの退却」（『論座』二〇〇六年四月号　朝日新聞社）ほか

著　『商店街はなぜ滅びるのか ―社会・政治・経済史から探る再生の道』（光文社・新書）

『「東洋の魔女」論』（イースト・新書）

東原文郎（つかはら　ふみお）第6章執筆

一九七七年生まれ。東京大学大学院教育学研究科博士課程満期退学、修士（教育学）。現在、札幌大学地域共創学群准教授

専攻　スポーツマネジメント・スポーツ産業学・スポーツ政策論

共著　「一般成人におけるタイプ別スポーツ参加と社会経済的特徴の関係」（『スポーツ産業学研究』25巻2号）

「体罰と権力 ―文化人類学と〈体育会就職〉論からみた体罰考―」（『体育の科学』63巻10号）

著　「1912年～2008年夏季オリンピック日本代表選手団に関する資料：所属組織と最終学歴を中心に」（『スポーツ科学研究』10巻）

「道内私学の〈体育会系〉就職―卒業生調査の結果から―」（『札幌大学総合論叢』32号）

「〈体育会系〉神話に関する予備的考察 ―〈体育会系〉と〈仕事〉に関する実証研究に向けて―」（『札幌大学総合論叢』26号）ほか

竹田直矢（たけだ　なおや）第7章執筆

一九八二年生まれ。東京大学大学院教育学研究科修了（修士　教育学）

専攻　スポーツ社会学

七木田文彦（なきだ　ふみひこ）第8章執筆

一九七四年生まれ。東京大学大学院教育学研究科博士課程修了、教育学博士。現在、埼玉大学教育学部准教授

専攻　保健科教育学

博士（教育学）

編著　『日本学校保健会八十年史』（財）日本学校保健会

『日本学校保健学会50年史』日本学校保健学会　ほか

著　『健康教育教科「保健科」成立の政策形成 ―均質的健康空間の生成―』学術出版会

『雑誌「養護」の時代と世界 ―学校の中で学校看護婦はどう生きたか―』大空社

近代《きんだい》日本《にほん》を創《つく》った身体《しんたい》

NDC780／vii, 262p／19cm

初版第一刷発行――二〇一七年二月二〇日

編著者――寒川《そうがわ》恒《つね》夫《お》

発行者――鈴木一行
発行所――株式会社大修館書店
〒一一三-八五四一　東京都文京区湯島二-一-一
電話03-3868-2651（販売部）　03-3868-2299（編集部）
振替00190-7-40504
［出版情報］http://www.taishukan.co.jp

装丁・組版――島内泰弘（島内泰弘デザイン室）
印刷所――三松堂
製本所――三水舎

ISBN978-4-469-26813-3　Printed in Japan

関連図書のご紹介

21世紀スポーツ大事典

（編）中村敏雄・髙橋健夫・寒川恒夫・友添秀則
B5判（上製・函入）・1378頁　本体32000円

教養としてのスポーツ人類学

（編）寒川恒夫
B5判・280頁　本体2500円

スポーツ人類学入門

K・ブランチャード、A・チェスカ 著
大林太良（監訳）、寒川恒夫（訳）
A5判・248頁　本体1800円

相撲の人類学

（編）寒川恒夫
四六判・256頁　本体2000円

21世紀の伝統スポーツ

（監修）寒川恒夫
（編）伝統スポーツ国際会議実行委員会
四六判・250頁　本体2000円

定価＝本体＋税（2017年1月現在）